ENSINO, APRENDIZAGEM E EXPRESSÃO MUSICAL:

PESQUISAS DO PROGRAMA DE PÓS-GRADUAÇÃO EM MÚSICA DA UEM

Editora Appris Ltda.
1.ª Edição - Copyright© 2023 dos autores

Catalogação na Fonte
Elaborado por: Josefina A. S. Guedes
Bibliotecária CRB 9/870

E598e
2023

Ensino, aprendizagem e expressão musical: pesquisas do Programa de Pós Graduação em Música da UEM / Vania Malagutti, Alfeu Rodrigues de Araújo Filho, Rael Bertarelli Gimenes Toffolo (orgs.). – 1. ed. – Curitiba : Appris, 2023.
264 p. ; 23 cm.

Inclui referências.
Título da coleção geral.
ISBN 978-65-250-5164-2

1. Música . 2. Composição (Música). 3. Música – Execução. I. Malagutti, Vania. II. Araújo Filho, Alfeu Rodrigues de. III. Toffolo, Rael Bertarelli Gimenes. IV. Título.

CDD – 780.7

Livro de acordo com a normalização técnica da ABNT

O presente trabalho foi realizado com apoio da Coordenação de Aperfeiçoamento de Pessoal de Nível Superior – Brasil (CAPES) - Código de Financiamento 001.

Appris editora

Editora e Livraria Appris Ltda.
Av. Manoel Ribas, 2265 – Mercês
Curitiba/PR – CEP: 80810-002
Tel. (41) 3156 - 4731
www.editoraappris.com.br

Printed in Brazil
Impresso no Brasil

Vania Malagutti
Alfeu Rodrigues de Araújo Filho
Rael Bertarelli Gimenes Toffolo
(org.)

ENSINO, APRENDIZAGEM E EXPRESSÃO MUSICAL:

PESQUISAS DO PROGRAMA DE PÓS-GRADUAÇÃO EM MÚSICA DA UEM

Appris editora

FICHA TÉCNICA

EDITORIAL	Augusto Coelho Sara C. de Andrade Coelho
COMITÊ EDITORIAL	Marli Caetano Andréa Barbosa Gouveia (UFPR) Jacques de Lima Ferreira (UP) Marilda Aparecida Behrens (PUCPR) Ana El Achkar (UNIVERSO/RJ) Conrado Moreira Mendes (PUC-MG) Eliete Correia dos Santos (UEPB) Fabiano Santos (UERJ/IESP) Francinete Fernandes de Sousa (UEPB) Francisco Carlos Duarte (PUCPR) Francisco de Assis (Fiam-Faam, SP, Brasil) Juliana Reichert Assunção Tonelli (UEL) Maria Aparecida Barbosa (USP) Maria Helena Zamora (PUC-Rio) Maria Margarida de Andrade (Umack) Roque Ismael da Costa Güllich (UFFS) Toni Reis (UFPR) Valdomiro de Oliveira (UFPR) Valério Brusamolin (IFPR)
SUPERVISOR DA PRODUÇÃO	Renata Cristina Lopes Miccelli
ASSESSORIA EDITORIAL	Jibril Keddeh
REVISÃO	Ana Carolina de Carvalho Lacerda
PRODUÇÃO EDITORIAL	Miriam Glmes
DIAGRAMAÇÃO	Andrezza Libel
CAPA	Eneo Lage

SUMÁRIO

INTRODUÇÃO

Esta produção bibliográfica se constitui na primeira publicação coletiva do Programa de Pós-graduação em Música (PMU) da Universidade Estadual de Maringá (UEM). O objetivo foi reunir em um livro os resultados das dissertações de mestrado da primeira turma do curso, visando mais disseminação e visibilidade da pesquisa em música. O PMU contempla duas linhas de pesquisa. Na linha 1 está "Processos de ensino e aprendizagem musical", e, na linha 2, "Processos e práticas de construção e expressão musicais". O programa recebeu sua primeira turma em 2019, da qual derivou este livro.

O PMU se caracteriza como uma referência no interior do Paraná, onde a Universidade Estadual de Maringá representa um importante patrimônio público de ensino e pesquisa do sul do país, destacando-se na produção científica e em diversos projetos socioeconômicos que têm contribuído para o desenvolvimento local e regional. Os cursos de pós-graduação funcionam como catalisadores do conhecimento acadêmico para a sociedade, tanto por meio da formação de profissionais em nível de pós-graduação como do desenvolvimento de métodos e produtos inovadores. O PMU tem possibilitado a continuidade dos trabalhos de iniciação científica, com aprofundamento das investigações, atraindo profissionais da área de música de outras regiões e favorecendo o crescimento científico da práxis e da epistemologia da pesquisa em música.

Este livro tem como capítulo inicial um texto do Prof. Dr. Luis Ricardo Silva Queiroz, presidente da Associação de Pesquisa e Pós-graduação em Música (gestão 2022-2024), intitulado "A pesquisa em música no Brasil: das dimensões históricas à conjuntura atual da produção de conhecimento no país". Na primeira parte do texto, o autor apresenta um panorama histórico amplo, oferecendo um mapeamento da construção da música enquanto campo científico. Na segunda parte, aborda aspectos pontuais que contemplam os desafios e o estado da pesquisa em música no Brasil. Trata-se de um material com contribuições pontuais e significativas para o campo da música. Na sequência, são apresentados 7 capítulos, sendo 4 vinculados à linha 1 do programa e 3 à linha 2, conforme segue.

O espaço virtual é trazido para o livro por meio do texto de Alerson Donizete de Oliveira e Vania Malagutti, que abordam o ensino e a aprendizagem da guitarra elétrica em um curso on-line. A partir do conceito de

Comunidade de Práticas, a pesquisa foi desenvolvida por meio da netnografia. Os resultados do trabalho destacam o papel dos professores e monitores do curso – e especialmente do idealizador e gestor do curso, Matheus Starling, uma referência para os guitarristas brasileiros – que interagem diariamente com os alunos em grupos virtuais e na plataforma do curso, de modo que todos são constantemente assistidos. A relação entre os diversos alunos do curso também é destacada pela dinâmica acolhedora e pelo engajamento de todos os participantes. Os dados da pesquisa indicam que quando há dedicação, planejamento e seriedade na proposta pedagógica, o curso on-line oferece uma oportunidade importante de formação musical.

A educação musical humanizadora é o foco do texto de Wellington Gouvea e Vania Malagutti. Nele, é apresentado os resultados de uma pesquisa realizada na Escola Teia Multicultural, que possui uma proposta de desenvolvimento integral dos alunos, sem a hierarquização dos conteúdos e fundamentada na humanização e inovação escolar. O objetivo da investigação foi compreender como o ensino de música ocorre no âmbito dessa escola. Destaca-se a formação humana oferecida pela escola e a relação professor-aluno ao longo das aulas. Embora os conteúdos musicais sigam o que comumente é praticado no Brasil, a escola se diferencia pela forma como o faz. Assim, o capítulo oferece uma interessante abordagem metodológica para o ensino da música na escola.

O capítulo 4, de Débora Santos Porta Calefi Pereira e Cássia Virgínia Coelho de Souza, desenvolveu um estudo de caso do Programa Residência Pedagógica, subprojeto Música, desenvolvido pela equipe de professores e alunos da Universidade Estadual de Maringá. O referencial teórico tomou por base a complexidade das políticas públicas, focando a atuação prática. O campo de pesquisa, um colégio estadual de Sarandi, Paraná, se concretizou como um espaço de formação docente para os discentes da graduação. Os resultados mostraram os benefícios da parceria escola-universidade, oferecendo visibilidade e possibilidades do trabalho com música na educação básica para toda a equipe envolvida, professores orientadores e alunos bolsistas atuantes no programa, bem como para os professores da escola e seus alunos.

A Educação Musical Especial é contemplada no Capítulo 5, de autoria de Karine Rayara Peres Duarte e Cássia Virgínia Coelho de Souza, sua orientadora. Nesse capítulo, as autoras apresentam como se dá a formação docente dos educadores musicais nesse campo nos cursos de música das universidades públicas do estado do Paraná. Para isso, foram analisados os projetos pedagógicos dos cursos das universidades e entrevistados os docentes responsáveis pelas disciplinas e projetos relativos à Educação Musical Especial nos cursos pesquisados. A pesquisa aponta para a falta de docentes universitários com formação específica na área e da necessidade de que os alunos que desejarem seguir carreira nesse campo necessitarão seguir seus estudos em formação continuada. Contudo, vale salientar que se trata de um conteúdo presente em todos os cursos de música das universidades públicas paranaenses.

Abrindo os capítulos concernentes à linha 2 do programa, temos o texto de José Roberto de Oliveira Oleriano e John Kennedy Pereira de Castro, que apresentam um estudo da música sertaneja de raiz à luz da Semiologia Musical, entendendo-a como um Fato Social Total. A questão central da pesquisa foi como construir um processo interpretativo com aporte teórico da Semiologia Musical e Modelo Tripartite de Jean-Jacques Nattiez e Jean Molino que contribua para a performance da Música Caipira de Raiz. O texto apresenta inicialmente uma síntese do aporte teórico e segue apresentando as análises das obras musicais "Rei do Gado", de Teddy Vieira de Azevedo, e "Boi Soberano", de Adauto Ezequiel. Dentre as conclusões das análises desenvolvidas na pesquisa, está a constatação da funcionalidade social das músicas elencadas.

Na sequência, temos o capítulo de Laís Fernandes dos Santos e Alfeu Rodrigues de Araújo Filho, que apresenta um projeto de preparação para a performance a partir dos protocolos do PMBOK, que é um guia de gerenciamento de projeto. A justificativa da pesquisa e proposta é oferecer ao performer mais autonomia e qualidade de estudos e preparação musical. A pesquisa, de âmbito prático-experimental, teve como referencial teórico as ideias de John Dewey, destacando a experiência vivida pela própria autora no uso do protocolo de gerenciamento. O eixo chave do trabalho é a integração entre a performance musical, a prática musical e o indivíduo. Os resultados indicaram que quando do uso sistemático do PMBOK, o uso do tempo e o foco na resolução de problemas performáticos incidiram em maior qualidade musical.

Por fim, o livro é fechado com um mosaico que discute como a relação espaçotemporal influencia nossa experiência perceptual em uma composição audiovisual. Os autores, Tauan Gonzalez Sposito e Rael Bertarelli Gimenes Toffolo, oferecem uma análise dessa relação por meio de um passeio por diferentes áreas do conhecimento, dentre elas o campo audiovisual, a percepção, a música e a escuta, a neurociência e a empatia como ressonância espaçotemporal na experiência estética. Os estudos e reflexões decorrentes levaram para dois estudos audiovisuais desenvolvidos em 2020 e 2021, Escombros e Mandala e A Mandala Entre os Escombros, e a conclusão foi que a multiplicidade de sentidos experimentadas em uma experiência audiovisual é proporcional à complexidade de significados e sensações que se dão no espaço-tempo em que ocorrem.

Em um panorama em que há um desmantelamento dos cenários artístico e científico, a feitura desta obra significa um ato de resistência e perseverança no âmbito da universidade pública. Acreditamos que as contribuições das pesquisas e reflexões aqui compartilhadas fortaleçam a produção de conhecimento da área e sua disseminação.

Desejamos uma ótima leitura.

Os organizadores.

1

PESQUISA EM MÚSICA NO BRASIL: DAS DIMENSÕES HISTÓRICAS À CONJUNTURA ATUAL DA PRODUÇÃO DE CONHECIMENTO NO PAÍS

Luis Ricardo Silva Queiroz
Universidade Federal da Paraíba
luisrsqueiroz@gmail.com
luisricardoqueiroz.com

INTRODUÇÃO

A pesquisa em música no Brasil se encontra em uma importante fase para sua consolidação, com a expansão dos programas de pós-graduação *stricto sensu*, o desenvolvimento quantitativo e qualitativo da produção científica na área, a incorporação de temas e questões fundamentais para a música e a sociedade brasileiras, e a (re)estruturação, (re)definição e (re)criação de abordagens científicas que sejam capazes de abarcar as diferentes perspectivas investigativas e os múltiplos campos de estudo do fenômeno musical.

Utilizando bases epistêmicas e metodológicas características das ciências humanas, e até mesmo das ciências naturais, bem como caminhos singulares da produção de conhecimento musical, a música tem se constituído como um campo potencial e em constante crescimento no Brasil. Todavia, por mais explícitos que sejam os avanços, é preciso destacar que ainda há muitos desafios a serem enfrentados pela área, o que demanda investimentos e redefinições importantes para consolidar, cada vez mais, sua inserção profissional na cena da pesquisa científica, tanto no país quanto no cenário internacional.

Como enfatizado por diversos estudos sobre a pesquisa em música no contexto brasileiro, realizados nas primeiras décadas deste século XXI, é preciso ter consciência das características, singularidades, avanços e lacunas da produção de conhecimento que temos efetivado. Assim, será possível compreender o estado da arte de nossa produção e a necessidade de sua expansão (TOMÁS, 2015; 2020); lidar com os desafios para sua inserção no universo das políticas para ciência, tecnologia e inovação no país (DEL-BEN, 2014b); incorporar definições vitais para práxis investigativas pautadas na boa conduta e na atuação ética (QUEIROZ; 2013); desenvolver e incorporar uma ampla diversidade de perspectivas metodológicas e investigativas que sejam contextualizadas com a pluralidade dos fenômenos musicais (BARROS; PENNA, 2022; BRAGAGNOLO; DALTRO; SANCHEZ, 2022; BUDASZ, 2009; FREIRE, 2010; SOTUYO BLANCO, 2021); alargar a abrangência de temas e questões cruciais para uma produção de conhecimento equânime, inclusiva e vinculadas às nuances da música e da cultura nacional (NOGUEIRA, 2022; NOGUEIRA; FONSECA, 2013; SANTOS; SODRÉ; SANTOS, 2022; QUEIROZ, 2020).

Considerando a atual conjuntura da pesquisa em música, este texto apresenta e analisa aspectos fundamentais que têm caracterizado a produção do conhecimento científico-musical no Brasil, apontando para dimensões políticas, formativas e metodológicas que configuram o campo da música como ciência. As discussões realizadas estão embasadas em pesquisa bibliográfica, sobretudo em publicações relacionadas ao campo da musicologia e da produção do conhecimento musical; pesquisa documental em fontes diversas que contemplam a ciência e a pós-graduação no Brasil; e também experiências empíricas obtidas por meio da minha atuação como pesquisador e orientador de cursos de pós-graduação *stricto sensu* na área.

O que é pesquisa em música na conjuntura atual do Brasil?

As definições "clássicas/tradicionais" de ciência e pesquisa tendem a restringir tais conceitos a dimensões construídas a partir da lógica da "racionalidade moderna", concebendo a produção de conhecimento científico como um conjunto de estratégias investigativas pautadas na razão, na objetividade a na lógica fundante da ciência que emerge a partir das bases da modernidade europeia no século XVI (GROSFOGUEL, 2010; MALDONADO-TORRES; MIGNOLO, 2011; QUEIROZ, 2020).

Superando esses paradigmas, a diversidade da música e a sua dimensão humana e subjetiva têm nos guiado a concepções mais alargadas, entendendo que, na pesquisa em música, racionalidade, objetividade e rigor científico são necessários, porém não suficientes para abarcar a complexidade do fenômeno musical. Assim, somam-se a esses parâmetros dimensões como criatividade, sensibilidade, relações humanas, entre outros aspectos vitais para a investigação de uma expressão cultural ampla, diversificada, complexa e subjetiva como a música.

Sob esse ponto de vista, tenho definido a pesquisa em música, na conjuntura atual, como um conjunto sistemático de estratégias lógicas, racionais, objetivas, sensíveis, humanas e interpretativas utilizadas para a produção de conhecimento inovador na área. A pesquisa em música, sob esse ponto de vista, nunca é um fim em si mesma, mas uma forma complexa de descobrir, sistematizar e divulgar aspectos do mundo musical que ainda não são conhecidos. É a partir dessa perspectiva de pesquisa que analiso a seguir traços históricos e características atuais que têm marcado a produção de conhecimento em música no Brasil.

Aspectos históricos da pesquisa em música

Uma discussão mais aprofundada sobre aspectos históricos da pesquisa em música foge aos objetivos deste texto. Todavia há tendências e diretrizes mais gerais que marcaram os rumos da produção do conhecimento científico-musical e que merecem ser mencionadas, considerando que estão na base do desenvolvimento e das perspectivas que norteiam a atual realidade dos estudos em música. Assim, nesta primeira parte do trabalho, apresento um breve panorama histórico sobre a consolidação da área de música como ciência.

A configuração da música como campo de pesquisa científica

A partir do século XIX, com o realinhamento das perspectivas e direcionamentos dos estudos sobre música, estabeleceu-se o que poderíamos chamar de bases epistêmicas e metodológicas da pesquisa musical contemporânea. Em linhas gerais, percebe-se que a área de música incorporou mudanças e sistematizações relacionadas a definições gerais acerca dos modos de produção do conhecimento que foram decisivas para os rumos da ciência "moderna". Definições essas que problematizaram o *corpus* de conceitos, diretrizes investigativas, "objetos" de pesquisa, anseios e funções da produção de conhecimento, legitimação do saber científico, entre outros aspectos que marcaram a ciência do século XIX.

Nesse contexto, a musicologia, termo empregado para designar um campo científico que abrangia praticamente todo o escopo do conhecimento musical, ganhou forma e status de ciência, delineando de maneira sistemática as abordagens e fenômenos de estudos que constituíam o campo investigativo da música. Segundo Kerman (1987, p. 1), o termo musicologia foi originalmente entendido como um vasto campo que incluía "o pensamento, a pesquisa e todos os aspectos possíveis da música". Assim, "a musicologia abrangia desde a história da música ocidental até a taxonomia da música 'primitiva', como era então chamada, desde a acústica até a estética, e desde a harmonia e o contraponto até a pedagogia pianística". Nessa perspectiva, subáreas da música como: educação musical, etnomusicologia, composição, entre outras, estavam, de certa forma, contempladas no âmbito da "musicologia", mesmo que de forma restrita em relação às definições e perspectivas de estudo atuais desses campos.

O fato é que estudos sobre música certamente existiam desde, pelo menos, a Grécia antiga, mas eram realizados dentro de perspectivas mais gerais do conhecimento, sem caracterizar um campo autônomo de produção científica. Como afirma Duckles *et al.* (2020, n.p.), "até a segunda metade do século XIX, o estudo da música foi considerado não como uma disciplina independente, mas como parte de conhecimentos gerais que davam tratamento teórico a questões especificamente musicais"[1]. Para o referido autor, Karl Franz Chrysander foi quem evidenciou que a musicologia deveria ser tratada como uma ciência autônoma, com seu próprio campo de domínio e que, portanto, estaria no mesmo patamar de outras áreas científicas.

De acordo com Bastos (1991), Chrysander estabeleceu, por volta de 1863, o termo ciência musical (*Musikalische Wissenchaft*), transmutado posteriormente para Ciência da Música (*Musikwissenschaft*), marcando uma nova configuração para o campo científico dos estudos musicais.

> [...] com essa palavra [, *Musikwissenschaft,*] o que Chrysander pretendeu foi indicar uma nova ordem nos tradicionais estudos de História da Música e de Teoria Musical, ordem essa que postulava que a **música do passado** deveria ser editada e executada rigorosamente conforme o espírito de sua época e **locus** de criação, sem concessões aos gostos presentes (BASTOS, 1991, p. 118, grifos do autor).

No fim do século XIX, a partir das definições de Guido Adler (1885), a musicologia passou a ser entendida como "musicologias", apontando para singularidades, intrínsecas à área de música, que caracterizavam diferentes focos investigativos. A partir desse período, emergiram especificações de

[1] Until the second half of the 19th century, the study of music was regarded not as an independent discipline but as that part of general knowledge which gave theoretical handling to specifically musical questions.

uma musicologia que abarcava outros repertórios e culturas musicais para além do ocidente, concebendo a chamada "musicologia comparada" como uma das vertentes musicológicas da época. Desde esse período, passou-se a utilizar uma classificação para as musicologias, dividindo-as em pelo menos três grandes campos de estudo: "musicologia histórica", "musicologia sistemática" e "musicologia comparada" (tendo essa última servido de base para as primeiras pesquisas de um campo que posteriormente, sob novas bases epistêmicas e metodológicas, se tornaria a etnomusicologia).

Os estudos musicais sob a ótica do positivismo

O pensamento positivista estabelece aspectos que ainda hoje estão na base de abordagens contemporâneas da pesquisa. Ao visar a unidade da ciência, o que ficava implícito na ótica positivista era a premissa de que os fenômenos sociais e culturais deveriam ser tratados da mesma forma que os objetos físicos das ciências exatas. "Essa posição é consistente com a ideia realista de que existe uma separação entre o cognoscente e o objeto conhecido" (SANTOS FILHO, 2001, p. 17). De acordo com esse ponto de vista, os fenômenos sociais e culturais constituídos a partir de interações humanas, assim como os objetos físicos, têm uma existência independente do observador e de seu interesse. Nesse sentido, a pesquisa em ciências humanas deveria ser uma atividade neutra em que o pesquisador não poderia avaliar ou fazer julgamentos, agindo "objetivamente" a ponto de evitar que suas convicções e valores pessoais interferissem no processo investigativo.

Na abordagem positivista, o trabalho de pesquisa é considerado fundamentalmente uma atividade racional que visa explicar os "objetos de estudo", estabelecendo relações de causa e efeito entre as suas variáveis. O importante, nessa concepção, é traçar diretrizes objetivas que permitam encontrar regularidades entre os fenômenos, a ponto de estabelecer graus de generalização acerca das suas relações.

De acordo com as palavras de Freire e Cavazotti (2007, p. 18), os estudos realizados nessa vertente investigativa são caracterizados por:

> [...] pesquisas que valorizam a neutralidade e a objetividade como os requisitos primordiais para se fazer ciência, considerando que a atividade de pesquisa é desenvolvida por um sujeito que "olha" para um objeto (seja ele musical ou não) e busca identificar ou caracterizar as "verdades" que esse objeto porta. Técnicas de coleta e mensuração de "dados",

> de experimentação e observação, de tratamento estatístico são particularmente relacionáveis ao positivismo. (FREIRE E CAVAZOTTI, 2007, p. 18)

O positivismo representou, então, na segunda metade do século XIX e nas primeiras décadas do século XX um importante paradigma da ciência, inclusive no âmbito das ciências sociais. Como consequência da difusão das tendências positivistas no cenário científico da época, os estudos musicológicos também incorporaram essa perspectiva de produção do conhecimento, tendo parte significativa dos trabalhos realizados nesse período definidos a partir dessa dimensão teórico-ideológica da ciência.

Refletindo acerca da produção musicológica sobre a ótica do positivismo, Joseph Kerman (1987, p. 47) afirma que "os musicólogos ocupavam-se do verificável, do objetivo, do incontroverso e do positivo". Para o autor, as perspectivas positivistas estiveram fortemente presentes na base dos estudos musicais até a segunda metade do século XX, conforme atesta sua afirmação de que:

> Ler sobre musicologia da década de 50 [século XX] é experimentar uma distorção intelectual do tempo. É notável como as palavras escritas por R.G. Collingwood acerca da historiografia positivista alemã no século XIX se enquadram perfeitamente na situação musical 75 anos depois, tanto no tocante à linha dominante de trabalho quanto aos descontentamentos que começam a ser expostos. (KERMAN, 1987, p. 48-49)

Todavia, mesmo sendo um paradigma bastante consolidado no âmbito da ciência, o positivismo se enfraqueceu consideravelmente no âmbito das ciências humanas ao longo do século XX. Desse modo, passou-se a considerar outras vertentes de pesquisa, "que respeitassem mais a realidade dos objetos de estudo em ciências humanas; levou-se em conta outros métodos, menos intervenientes e capazes de construir o saber esperado" (LAVILLE; DIONE, 1999, p. 35). É com essa perspectiva de ciência que a pesquisa em música entra na segunda parte do século XX, consolidando-se academicamente e inserindo-se em novas realidades de um mundo em transformação, conforme discutido a seguir.

As mudanças na perspectiva da pesquisa em música a partir da segunda metade do século XX

A pós-modernidade, entranhada por uma complexidade de fenômenos que emergiram principalmente a partir da segunda metade do século XX, delineou, e vem delineando, caminhos que arquitetaram um "novo" mundo.

> Um mundo marcado pela acentuada velocidade das transformações sociais e culturais; pela problematização, (re) definição e relativização dos conhecimentos e dos valores estabelecidos; pelo crescimento demográfico e a urbanização exacerbada; e pela profunda e veloz expansão tecnológica e dos meios de comunicação; entre outros aspectos. (QUEIROZ, 2011, p. 136-137)

Para Lyotard (1993, p. 15), a pós-modernidade demarca "o estado da cultura após as transformações que afetaram as regras dos jogos da ciência, da literatura e das artes". Gatti, nessa mesma direção, afirma que tais transformações se consolidaram principalmente a partir dos anos de 1950, com o estabelecimento de novos cenários sociais: "cibernético-informáticos, informacionais e comunicacionais" (GATTI, 2005, p. 599).

Nesse contexto, a ciência se transformou consideravelmente e os caminhos da pesquisa em música ganharam novos contornos, sobretudo a partir das grandes transformações consolidadas no período pós Segunda Guerra Mundial. Essas transformações mudaram tanto a forma de pensar e fazer ciência quanto processos de criação, circulação e transmissão do fenômeno musical (QUEIROZ, 2011).

Dessa maneira, a produção do conhecimento científico em música se redefiniu a partir desses dois parâmetros: a nova configuração da ciência no século XX e as inovações e avanços no cenário musical à época. Para Joseph Kerman, "como em muitas áreas do pensamento e da expressão artística – talvez em todas elas – o final da guerra [Segunda Guerra Mundial] marcou o início de um período de importantes mudanças, no qual virtualmente todos os aspectos da música foram transformados" (KERMAM, 1987, p. 14).

Com efeito, o relativismo cultural, o reconhecimento da cultura como elemento fundamental na produção musical, os novos aparatos tecnológicos utilizados para o registro do som, entre diversos outros aspectos, marcam a (re)definição dos rumos da pesquisa em música na contemporaneidade. De tal maneira, a área se estabeleceu e vem se estabelecendo de forma mais consistente e coerente, definindo campos bem delineados, mas inter/transdisciplinares, para "olhar", analisar e compreender a música a partir de diferentes lentes interpretativas. Nesse universo, consolidaram-se subáreas que atualmente configuram o campo de estudos da música e que vêm definindo, cada vez mais, bases epistemológicas e metodologias de pesquisa capazes de abarcar as particularidades que caracterizam a investigação científica de diferentes facetas do fenômeno musical. É importante destacar também as perspectivas de estudos dialógicos, transversais, interáreas e transdisciplinares, tendências cada vez mais utilizadas para abordagens investigativas no campo da música.

As etnociências e suas implicações para a pesquisa em música

A partir da década de 1950, o termo etnociência passou a ser utilizado para designar o estudo científico de culturas, considerando as especificidades dos conhecimentos, valores, significados e demais características que se constituem a partir de peculiaridades de cada universo social. Para Meehan (1980), as perspectivas das etnociências são constituídas por um conjunto de conceitos, proposições e teorias que são únicas para cada grupo de cultura em particular.

Grosso modo, a definição de etnociência não se aplica a um campo específico de estudo, mas sim a um conjunto de saberes que, em diferentes áreas de conhecimento, visam compreender cientificamente uma determinada cultura a partir dos seus elementos específicos. Nas palavras de Rist:

> Etnociências são essencialmente multi-disciplinares, com base no aumento da colaboração entre ciências sociais e humanas (antropologia, sociologia, história da ciência, psicologia, filosofia) com as ciências naturais, como biologia, ecologia, agronomia, climatologia, astronomia, ou a medicina. Ao mesmo tempo etnociências são cada vez mais transdisciplinar em sua natureza[2] [...] (2006, p. 473).

No âmbito da pesquisa em música, essa concepção ganhou projeção, sobretudo no campo da etnomusicologia que, numa perspectiva mais "atual", em relação à da musicologia comparada do século XIX, visa estudar músicas a partir de suas diversas inter-relações com os sujeitos, grupos e indivíduos que as produzem e com os contextos culturais dos quais fazem parte. Apesar de encontrar maior representação no âmbito dos estudos etnomusicológicos, as perspectivas das etnociências influenciaram, direta ou indiretamente, outros campos da música, como as musicologias histórica e sistemática, a educação musical, a composição e a performance, que também passaram a considerar abordagens culturais como perspectiva, conceitual e investigativa, para suas pesquisas. O fato é que todos esses

---

[2] "Ethnosciences are essentially cross-disciplinary, based on increased collaboration between social sciences and humanities (anthropology, sociology, history of science, psychology, philosophy) with natural sciences such as biology, ecology, agronomy, climatology, astronomy, or medicine. At the same time ethnosciences are increasingly transdisciplinary in their nature".

campos, na atualidade, reconhecem que as facetas dos fenômenos musicais que estudam podem ser interpretadas e compreendidas somente a partir da contextualização dos elementos sonoros com dimensões mais abrangentes do universo cultural que os circundam.

As tecnociências e seus impactos na produção do conhecimento musical

As chamadas tecnociêncas são vertentes de produção de conhecimento que associam a pesquisa científica ao desenvolvimento de tecnologia, tendo surgido no período da Segunda Guerra Mundial, mas ganhou projeção mundial a partir dos anos de 1950. De acordo com Echeverría (2009, p. 23), as características que distinguem a tecnociência contemporânea da ciência "tradicional" estão relacionadas ao fato de que:

> A ciência busca, antes de tudo, conhecer como é o mundo: descrevê-lo, interpretá-lo, compreendê-lo, explicá-lo e, na melhor das hipóteses, prever, a priori, os eventos que irão ocorrer e retrodizer o que aconteceu, explicando a posteriori. O principal objetivo da tecnociência, no entanto, é transformar o mundo, quer natural, social ou artificial. A tecnociência está interessada no conhecimento, por isso tem um componente científico, mas com uma diferença importante: para um cientista, o conhecimento é um fim em si mesmo, enquanto para um técnico-cientista é um meio para alcançar outros objetivos. Para aqueles que promovem e financiam a tecnociência não é suficiente que a pesquisa gere conhecimento. Além disso, pretendem que dessas investigações surjam desenvolvimentos tecnológicos e, mais recentemente, também inovações[3].

Apesar de o termo tecnologia designar variadas ferramentas utilizadas pelo ser humano em épocas diversas, no âmbito das tecnociências a junção de ciência e tecnologia designa o fenômeno que emerge da incorporação da inovação e do aparato tecnológico da pós-modernidade como o cerne

[3] "La ciencia pretende ante todo conocer cómo es el mundo: describirlo, interpretarlo, comprenderlo, explicarlo y, en el mejor de los casos, predecir a priori los sucesos que vayan a ocurrir y retrodecir lo que sucedió, explicándolo a posteriori. El objetivo principal de la tecnociencia, en cambio, consiste en transformar el mundo, sea éste natural, social o artificial. A la tecnociencia le interesa el conocimiento, por eso tiene una componente científica, pero con una diferencia importante: para un científico el conocimiento es un fin en sí, mientras que para un tecnocientífico es un medio para lograr objetivos de otra índole. A quienes promueven y financian la tecnociencia no les basta con la investigación que genera conocimiento. Además, pretenden que de dicha investigación surjan desarrollos tecnológicos y, más recientemente, también innovaciones".

da produção de conhecimento. No universo da pesquisa, a tecnologia tem ocupado um duplo papel, sendo por vezes o foco ou o produto da investigação científica (como visa as tecnociências), mas desempenhando, também, papel fundamental como um meio para a produção de conhecimento nos diferentes campos da ciência. Nessa última dimensão, as tecnologias contemporâneas têm impactado, consideravelmente, bases metodológicas da ciência em geral, sendo imprescindíveis na atual realidade da pesquisa acadêmica.

No que tange ao universo da música, a partir da ascensão das tecnociências, há uma profunda mudança nas formas de registro, produção, circulação e transmissão musical. De tal forma que a expressão da música em si é diretamente afetada por essa realidade. No que concerne à pesquisa em música, as novas ferramentas tecnológicas que emergiram a partir do arsenal produzido na era das tecnociências estabeleceram e vêm estabelecendo novas formas de registros e análise do som, mecanismos para o processamento de áudio, recursos de captação e edição audiovisual, entre outros aspectos, que têm impactado consideravelmente nossas formas de fazer pesquisa, tanto na produção/coleta e análise de dados quanto no processo de divulgação e circulação dos trabalhos produzidos. Sem dúvida essa é uma vertente de grande importância para a pesquisa em música a partir de meados do século XX e que vem se transformando rapidamente, possibilitando recursos para a pesquisa musical inimagináveis para a ciência do século XIX.

É nesse cenário de transformações, com recursos e possibilidades de pesquisa que se redefinem em uma velocidade exacerbada, que entramos no século XXI. Assim como as demais áreas de conhecimento, a música, enquanto ciência, delineia suas perspectivas de pesquisa por caminhos já experimentados e consolidados, mas em constante processo de atualização e transformação. Nesse sentido, a pesquisa na área encontra-se em ascensão e, com vistas a compreender a face multifacetada da música, vem estabelecendo, cada vez mais, perspectivas investigativas como um campo autônomo, mas extremamente dialógico e inter/transdisciplinar, de produção de conhecimento científico.

Pesquisa em música no Brasil

Se em um panorama mais global podemos considerar que a pesquisa em música se estabeleceu, de fato, a partir da segunda metade do século XIX, no Brasil tal realidade só se consolidou a partir de meados do século XX. Entretanto, é válido salientar que diversas pesquisas e estudos com foco musical foram realizados no país ainda no século XIX e constituem, ainda hoje, importantes referenciais para a área. Esses trabalhos, em linhas gerais, não se alinham às perspectivas investigativas, tal qual concebemos atualmente, não tendo sido, portanto, realizados a partir de critérios e objetivos explícitos, delineados com base no rigor científico-metodológico e nas nuances humanas e culturais da ciência contemporânea.

Segundo Binder e Castagna (1998), desde o século XVIII podemos encontrar teóricos brasileiros que se dedicaram a estudos sobre música, a exemplo de Caetano de Melo Jesus, Luis Alvares Pinto e André da Silva Gomes. Entretanto, para Castagna (2008), à exceção de Caetano de Melo Jesus, as obras de tais autores estavam essencialmente ligadas a dimensões práticas da música, sem uma abordagem de cunho mais teórico. De acordo com as palavras Castagna (2008, p. 19):

> Essa visão proliferou-se no século XIX, com obras de José Mauricio Nunes Garcia, Francisco Manuel da Silva, Rafael Coelho Machado e outros. No século XX, embora a teoria tenha se desenvolvido consideravelmente com autores como Luiz Cosme, José Paulo da Silva, Savino de Benedictis, Osvaldo Lacerda e outros, predominou seu caráter prático e foi menos comum a teoria musical enquanto especulação acerca dos elementos constitutivos da música.

Assim, os materiais produzidos no século XIX e início do século XX no Brasil, com estudos e reflexões sobre música, não podem ser considerados produções científicas, em uma perspectiva contemporânea de ciência, tendo em vista o seu caráter descritivo e especulativo. No entanto, é valido salientar que tais produções se tornaram fontes documentais importantes para a pesquisa, caracterizando-se como registros significativos do pensamento e da produção musical do país nesse período.

A pesquisa em música no Brasil na primeira metade do século XX[4]

Nas primeiras décadas do século XX, as pesquisas musicais no Brasil foram marcadas por empreendimentos e esforços individuais de estudiosos que se dedicaram ao registro, descrição e análise da música sob diferentes perspectivas. No âmbito da história da música nacional, Castagna (2008, p. 17) destaca os trabalhos de Guilherme de Mello (1908),

[4] Para uma abordagem mais aprofundada sobre estudiosos da música brasileira nos séculos XIX e XX, Cf. Castagna (2008).

Vincenzo Cernicchiaro (1926) e Renato Almeida (1926; 1948), que constituíram os primeiros trabalhos impressos com perspectivas históricas acerca da música no Brasil.

Vale destacar também os pioneiros trabalhos de Mário de Andrade que, por distintas abordagens, realizou estudos e publicações que buscaram retratar aspectos da música brasileira (1929; 1941a; 1964; 1965). Mário de Andrade iniciou, também, no âmbito da pesquisa musical no país, a partir de 1928, estudos que tiveram como base trabalhos de campo, numa perspectiva etnográfica, com diretrizes investigativas bastante similares às empregadas nos estudos etnomusicológicos a partir da segunda metade do século XX (1941b; 1959; 1963).

Outro estudioso que investiu significativamente na pesquisa musical brasileira ainda na primeira metade do século XX foi Luiz Heitor Correia de Azevedo. Seus trabalhos resultaram em estudos arquivístico-musicais, sobretudo acerca das obras de José Mauricio Nunes Garcia (1930; 1935), abordagens literárias sobre a música no país (1950; 1956) e mapeamentos acerca da diversidade de músicas do Brasil (1954).

É preciso mencionar ainda o trabalho de Francisco Curt Lange que, a partir da pesquisa arquivística, deu um impulso significativo para as abordagens da musicologia histórica, subárea que se consolidou como um significativo campo da pesquisa musical no país. As pesquisas de Curt Lange em Minas Gerais iniciaram-se na primeira metade do século XX (1946) e se estenderam até os anos de 1990 (1979a;1979b; 1990).

Os trabalhos listados ilustram as características gerais que determinaram os rumos dos estudos sobre música na primeira metade do século. Todavia, é importante salientar que diversos outros trabalhos e autores mereceriam ser mencionados com mais afinco, mas dado os limites do texto, selecionei aqueles que representam um panorama mais geral da produção existente no Brasil.

A segunda metade do século XX e as novas dimensões para a pesquisa em música no Brasil

Com as transformações e os avanços da ciência, sobretudo a partir de meados do século XX, a pesquisa em música no país cresceu substancialmente. Nesse contexto, trabalhos com diferentes enfoques já apontavam para perspectivas investigativas sob lentes mais sistemáticas e, alinhadas a correntes de áreas como arquivologia, antropologia, psicologia, educação, entre outras, começaram a estabelecer um perfil mais autônomo para a investigação científica da área de música.

Os estudos relacionados ao campo da musicologia histórica representaram importantes iniciativas para o desenvolvimento da pesquisa em música no Brasil na segunda metade do século XX. Entre os diversos estudos e publicações realizados que marcaram significativamente a produção musical brasileira, podem ser mencionados os trabalhos de Bruno Kiefer (1976), José Maria Neves (1981), Vasco Mariz (1981), Regis Duprat (1985), entre outros. Vale mencionar também, ainda no âmbito das abordagens históricas, produções da literatura nacional mais centradas no campo da música brasileira popular e que também serviram de base para os estudos sistemáticos na área, a exemplo das obras de Ary Vasconcelos (1977; 1984) e de Mozart de Araújo (1963).

Outros trabalhos que trouxeram perspectivas importantes para a pesquisa musical foram realizados a partir de abordagens no campo da etnomusicologia, valendo destacar os estudos de Rafael José Meneses Bastos (1976; 1978), pioneiros nas abordagens sobre música indígena com enfoque nas práticas musicais, e o importante trabalho de Manuel Veiga (1981) que, mesmo realizado fora do país, retratou um panorama significativo dos estudos etnomusicológicos no Brasil.

Relacionados às abordagens educacionais sobre música, trabalhos relevantes emergiram nos anos de 1980, podendo ser mencionadas, entre outros, os estudos de Conde e Neves (1984-1985) e as discussões e reflexões de Ricardo Tacuchiam (1982). Uma relação mais detalhada de estudos importantes para a definição da pesquisa em música na segunda metade do século XX exigiria uma discussão mais aprofundada acerca do assunto, aspecto que foge aos objetivos deste texto. Desse modo, sem a pretensão de apresentar uma classificação hierárquica e exaustiva, os trabalhos mencionados são suficientes para apontar as principais tendências que marcaram as pesquisas e publicações sobre música e que estão na base de perspectivas e tendências que constituem o cenário atual da pesquisa em música.

A pós-graduação em música no Brasil e os novos rumos da pesquisa a partir dos anos de 1980

Nas décadas de 1970 e 1980, profissionais da área titulados em cursos de pós-graduação *stricto sensu* (doutorado) começaram a se inserir mais especificamente no âmbito das universidades brasileiras. Com efeito, a partir de trabalhos dos primeiros doutores no campo da música, ou em campos afins (com atuação específica na pesquisa em música), a produção do conhecimento científico e a formação de pessoal qualificado conferiram à área uma inserção acadêmica mais consistente. Nesse cenário, emergiram trabalhos investigativos nos diferentes campos da música, inclusive em subáreas que, à época, tinham pouca relação com a pesquisa científica, como era o caso da performance musical e da composição. Esses dois campos potenciais, mas ainda limitados no universo da produção de conhecimento científico no Brasil, tiveram na década de 1980 suas pesquisas pioneiras na pós-graduação do país, a exemplo dos estudos de Weinberger (1983) e Paula (1984).

Entre as bases para o fortalecimento da pesquisa e da formação em música está a criação da pós-graduação na área, que se iniciou no Brasil no ano de 1980 com a implementação do primeiro curso de pós-graduação *stricto sensu*, o Mestrado em Música da Universidade Federal do Rio de Janeiro (UFRJ), que contava inicialmente com áreas de concentração em Práticas Interpretativas (performance musical) e Composição (PROGRAMA DE PÓS-GRADUAÇÃO EM MÚSICA DA UFRJ, 2023). Em 1982, o Conservatório Brasileiro de Música (CBM) criou o segundo curso de mestrado, oferecendo, pela primeira vez, a educação musical como subárea específica. Esse curso foi descredenciado pela Capes em 1998 e teve seus últimos mestrandos formados em 2000[5]. Com a chegada no Brasil de doutores titulados no exterior, principalmente nas universidades americanas (NOGUEIRA, 1996), a Universidade Federal do Rio Grande do Sul criou o terceiro mestrado em música no ano de 1987 (PROGRAMA DE PÓS-GRADUAÇÃO EM MÚSICA DA UFRGS, 2023). Com a abertura desses cursos, a década de 1980 foi finalizada com três cursos de mestrado em música em funcionamento no país.

Nos anos de 1990, a pós-graduação na área foi expandida com a criação de mais três cursos de mestrado acadêmico específicos, respectivamente, na Universidade Federal da Bahia (UFBA), em 1990 (PROGRAMA DE PÓS-GRADUAÇÃO EM MÚSICA DA UFBA, 2023), na Universidade Federal do Estado do Rio de Janeiro (UniRio), em 1993 (PROGRAMA DE PÓS-GRADUAÇÃO EM MÚSICA DA UNIRIO, 2023) e na Universidade Federal de Minas Gerais, em 1999 (PROGRAMA DE PÓS-GRADUAÇÃO EM MÚSICA DA UFMG, 2023). Ainda na década de 1990 foram criados

[5] Apesar de não ter encontrado referências sobre o descredenciamento desse curso nem na literatura científica da área e nem na página do CBM, eu mesmo confirmo essa informação com base no fato de ter sido aluno da última turma do Curso, concluinte em 2000, e ter, portanto, acompanhado esse processo pessoalmente.

os primeiros doutorados em música: o curso pioneiro, da UFRGS, em 1995 (PROGRAMA DE PÓS-GRADUAÇÃO EM MÚSICA DA UFRGS, 2023); o curso da UFBA, em 1997 (PROGRAMA DE PÓS-GRADUAÇÃO EM MÚSICA DA UFBA, 2023); e o da UniRio, em 1998 (PROGRAMA DE PÓS-GRADUAÇÃO EM MÚSICA DA UniRio, 2013).

Algumas universidades que não contavam com o contingente necessário de professores com perfil adequado para abrir um curso específico de pós-graduação em música criaram, nas décadas de 1980 e 1990, áreas de concentração ou linhas de pesquisa dentro de programas de pós-graduação em Artes, como foi o caso da Universidade de Campinas (Unicamp), em 1989; da Universidade Federal de Goiás (UFG), em 1995; da Universidade de São Paulo (USP), em 1993; e da Universidade Estadual Paulista Júlio de Mesquita Filho (Unesp), em 1997 (KER; CARVALHO, 2005). Esses cursos contribuíram significativamente para a formação de profissionais com titulação de mestrado em Artes, com ênfase em música, e fortaleceram o desenvolvimento da pesquisa científico-musical no país.

O século XXI se iniciou com uma expansão significativa dos programas de pós-graduação em música, sendo criados nas primeiras duas décadas e no início desta terceira, mais dez cursos de mestrado acadêmico: na Universidade Federal da Paraíba (UFPB), em 2004 (PROGRAMA DE PÓS-GRADUAÇÃO EM MÚSICA DA UFPB, 2023); na Universidade de Brasília (UNB), em 2004 (PROGRAMA DE PÓS-GRADUAÇÃO EM MÚSICA DA UNB, 2023); na Universidade Federal do Paraná (UFPR), em 2006 (PROGRAMA DE PÓS-GRADUAÇÃO EM MÚSICA DA UFPR, 2023); na Universidade do Estado de Santa Catarina (Udesc), em 2007 (PROGRAMA DE PÓS-GRADUAÇÃO EM MÚSICA DA UDESC, 2023); na Universidade Federal do Rio Grande do Norte (UFRN), em 2013 (PROGRAMA DE PÓS-GRADUAÇÃO EM MÚSICA DA UFRN, 2023); na Universidade Federal de Uberlândia (UFU), em 2015, a partir da divisão do Programa de Pós-graduação em Artes da Instituição (PROGRAMA DE PÓS-GRADUAÇÃO EM MÚSICA DA UFU, 2023); na Universidade Federal de Pernambuco (UFPE), em 2016 (PROGRAMA DE PÓS-GRADUAÇÃO EM MÚSICA DA UFPE, 2023); na Universidade Federal de São João del-Rei (UFSJ), em 2019 (PROGRAMA DE PÓS-GRADUAÇÃO EM MÚSICA DA UFSJ; 2023); na Universidade Estadual de Maringá (UEM), em 2019 (DEPARTAMENTO DE MÚSICA E ARTES CÊNICAS DA UEM, 2023); e na Universidade Estadual do Paraná (Unespar), também em 2019 (PROGRAMA DE PÓS-GRADUAÇÃO EM MÚSICA DA UNESPAR, 2023). Merece destaque a aprovação, pela CAPES, em 2023, do Curso de Mestrado em Música na Amazônia, da Universidade do Estado do Pará, o primeiro de mestrado acadêmico da Região Norte do país (CAPES, 2023). Esse é um marco importante para a redução de assimetrias regionais na pós-graduação e, consequentemente, na produção de conhecimento em música no Brasil, mas é um processo que ainda precisa ganhar mais força e investimento.

Além disso, no fim dos anos de 1990 e ao longo da década de 2000, cursos antes vinculados aos programas de artes, como os já mencionados casos da UFG[6], Unicamp, Unesp e USP foram transformados em programas específicos de pós-graduação em música, respectivamente, em 1999, 2001, 2002 e 2006 (KER; CARVALHO, 2005). Outro fato importante que vem marcando o atual cenário da pós-graduação em música no Brasil, é a expansão dos cursos de doutorado acadêmico, tendo sido criados a partir dos anos 2000 mais sete cursos, um aumento de mais de 200% em relação à década anterior, com os cursos da Unicamp, em 2001 (PROGRAMA DE PÓS-GRADUAÇÃO EM MÚSICA DA UNICAMP, 2023); da USP, em 2006 (PROGRAMA DE PÓS-GRADUAÇÃO EM MÚSICA DA USP, 2023); da Unesp, em 2008 (PROGRAMA DE PÓS-GRADUAÇÃO EM MÚSICA DA UNESP, 2023); da UFMG, em 2012 (PROGRAMA DE PÓS-GRADUAÇÃO EM MÚSICA DA UFMG, 2023); da UFPB, em 2013 (PROGRAMA DE PÓS-GRADUAÇÃO EM MÚSICA DA UFPB, 2023); da UFRJ, em 2015 (PROGRAMA DE PÓS-GRADUAÇÃO EM MÚSICA DA UFRJ, 2023); e da Udesc, em 2019 (PROGRAMA DE PÓS-GRADUAÇÃO EM MÚSICA DA UDESC, 2023); e da UNB, em 2023 (PROGRAMA DE PÓS-GRADUAÇÃO EM MÚSICA DA UNB, 2023).

Merece destaque ainda, no contexto atual, a criação dos cursos de mestrado profissional da área, sendo o primeiro na UFBA, em 2012, com abertura em 2013 (PROGRAMA DE PÓS-GRADUAÇÃO PROFISSIONAL EM MÚSICA, 2023), e os demais, respectivamente, na UniRio, em 2013, com início das atividades em 2014 (PROGRAMA DE MESTRADO PROFISSIONAL EM ENSINO DAS PRÁTICAS MUSICAIS, 2023); na UFRJ, em 2015, com início das atividades em 2016 (PROGRAMA DE PÓS-GRADUAÇÃO PROFISSIONAL EM MÚSICA DA UFRJ, 2023); e na UEMG, em 2021 (PROGRAMA DE PÓS-GRADUAÇÃO EM PRÁTICAS MUSICAIS DA UEMG, 2023). A abertura de mais cursos profissionais de mestrado e, em breve, de doutorado é uma tendência que deve crescer no país nos próximos anos.

[6] O Programa de Pós-Graduação em Música da UFG foi descredenciado pela Capes na avaliação quadrienal 2013-2016 (CAPES, 2023b). Portanto, este programa não está mais em funcionamento.

Esse é, portanto, o cenário da pós-graduação *stricto sensu* em música no Brasil das duas primeiras décadas do século XXI: o país conta com 22 programas de pós-graduação, sendo que sete oferecem somente mestrado acadêmico, 11 mestrado e doutorado acadêmicos, e quatro mestrado profissional[7]. Além dos programas específicos, o país possui programas de pós-graduação em Artes, a exemplo do Programa de Pós-Graduação em Artes da Universidade Federal do Pará (UFPA), que oferece mestrado e doutorado, contando com a participação de orientadores da área de música (PROGRAMA DE PÓS-GRADUAÇÃO EM MÚSICA DA UFPA, 2023). Esse cenário retratado deve ser ampliado brevemente, pois muitos programas já existentes visam a ampliar seus cursos, sobretudo oferecendo doutorado. Além disso, universidades que ainda não possuem programas de pós-graduação em música almejam criá-los nos próximos anos.

Tão significativa quanto a expansão da pós-graduação tem sido o aumento da produção de pesquisa, resultando em publicações bibliográficas, materiais didáticos, produção artística e produção técnica no país, dando novos rumos para os estudos sobre música e fazendo com que a área alcance projeção nacional e internacional. Nesse contexto, o diálogo e inserção junto aos órgãos de fomento à pesquisa passaram a fazer parte da realidade da produção do conhecimento científico-musical, e a música, a exemplo dos demais campos da ciência, vem alcançando, cada vez mais, espaço, respeito e status acadêmico.

Merece menção ainda a organização da área em associações científicas que passaram a ter papel primordial na troca de informações e no diálogo entre os pares, favorecendo, entre outros aspectos, o fortalecimento da produção científica em música. Assim, a partir da década de 1980 foram criadas associações que nos dias de hoje vêm desempenhando importante papel para a pesquisa em música, valendo mencionar as já consolidadas: Associação Nacional de Pesquisa e Pós-Graduação em Música (ANPPOM), criada em 1988; a Associação Brasileira de Educação Musical (ABEM), criada em 1991; a Associação Brasileira de Etnomusicologia (ABET), criada em 2000; Associação Brasileira de Performance Musical (ABRAPEM), criada em 2011; Associação Brasileira de Musicologia (ABMUS), criada em 2012; Associação Brasileira de Regentes de Coros (NOVA ABRACO), criada em 2021. Além de outras associações que estão em fase de consolidação, movimento que fortalecerá ainda mais as pesquisas e publicações no campo da música.

---

[7] A relação completa dos cursos recomendados pela Capes, com o conceito atribuído a cada curso. Disponível em: https://www.gov.br/capes/pt-br/acesso-a-informacao/acoes-e-programas/avaliacao/avaliacao-quadrienal/resultado-da-avaliacao-quadrienal-2017-2020. (CAPES, 2023a). Acesso em: 27 jul. 2023.

A atual realidade da pesquisa em música no Brasil

Na contemporaneidade, um olhar analítico para a produção científica da área de música no Brasil evidencia a amplitude e a pluralidade que constituem o conhecimento musical no país. Além do crescimento do número de teses e dissertações, de artigos em periódicos, de publicações em anais de eventos, de livros, de concertos/shows/turnês, entre outros formatos de produção e circulação do conhecimento científico-musical, houve um aumento significativo na formação de pesquisadores, reflexo da ampliação da pós-graduação na área.

Estudos e publicações da literatura recente têm evidenciado a preocupação de estudiosos da música com diferentes aspectos que permeiam as articulações da área com o cenário da pesquisa no Brasil. Nesse sentido, para mencionar somente algumas tendências, é possível encontrar trabalhos que refletem acerca das dimensões políticas da pesquisa no país e os desafios para a música nesse contexto (CAESAR, 2003, DEL-BEM, 2014b); discussões que abrangem aspectos epistêmicos relacionados à pesquisa em música em geral (BORGES, 2021; BUDASZ, 2009; FREIRE; CAVAZOTTI, 2007; FREIRE, 2010; TOMÁS, 2015; 2020); e estudos que apresentam e analisam temáticas, metodologias e perspectivas da pesquisa em distintas subáreas, como a composição (CHAGAS, 2019; LIMA, 2014; ROSSETTI, 2023; SILVA *et al.*, 2016) a educação musical (DEL-BEN, 2001; 2014a; BELLOCHIO, 2003; FIGUEIREDO, 2010; BARROS; PENNA, 2022), a etnomusicologia (LÜHNING, 2014; LÜHNING; TUGNY, 2016; OLIVEIRA PINTO, 2008; PIEDADE, 2010; QUEIROZ, 2006), a musicologia (CASTAGNA, 2008; COTTA, 2011) e a performance musical (AQUINO, 2003; BERRENECHEA, 2003; BORÉM, 2005; BRAGAGNOLO; DALTRO; SANCHEZ, 2022; GERLING; SANTOS, 2010; LIMA, 2019; NOGUEIRA, 2022).

Na nossa atual realidade, são muitas as subdivisões internas que têm caracterizado a pesquisa em música, todavia, a partir de uma análise das áreas de concentração e das linhas de pesquisa existentes nos programas de pós-graduação, e dos trabalhos de pesquisa concluídos ou em andamento, divulgados nos congressos e nos periódicos da área, fica evidente a consolidação de, pelo menos, cinco grandes subáreas: composição, educação musical, etnomusicologia, musicologia (histórica e sistemática) e práticas interpretativas / execução musical / performance musical. Além disso, é notória a existência de outros campos que estão em fase de consolidação, começando a emergir nos cursos de pós-graduação e a agregarem um número significativo de pesquisadores, como é o caso da musicoterapia, da sonologia, da semiologia da música, entre outras.

Merecem destaque ainda, na produção de pesquisa em música, estudos realizados em outras áreas do conhecimento, mas que abordam fenômenos musicais em suas investigações, podendo ser mencionadas as pesquisas realizadas nas áreas de Antropologia, História, Educação, Linguística, Literatura, Informática, entre outras. Também é importante mencionar a tendência, cada vez mais forte, dos estudos inter/trans disciplinares que abordam o fenômeno musical a partir de perspectivas transversais, sem se vincularem às dimensões mais disciplinares tanto das subáreas da música quanto de outros campos de conhecimento. Considerando a ampliação da área e a produção científica já consolidada sobre diferentes facetas do fenômeno musical, atenho-me a seguir à análise de aspectos gerais que definem a pesquisa no país, refletindo sobre a inserção da música nessa realidade.

Espaços institucionais de produção da pesquisa em música no Brasil

A produção de pesquisa na área de música se dá, no Brasil, principalmente nas universidades e, mais especificamente, nos cursos de mestrado e doutorado. Sendo as universidades instituições responsáveis pela formação dos pesquisadores, bem como órgãos que, por excelência, se dedicam à produção do conhecimento, os recursos destinados à pesquisa têm sido direcionados, sobretudo, para esses contextos institucionais. Algumas áreas têm dimensões mais abrangentes e estão inseridas de forma significativa em institutos de pesquisa e, até mesmo, em empresas privadas, mas essa realidade é ainda pouco comum no campo da música.

Fora das universidades, nos últimos anos, têm sido realizadas pesquisas em música em órgãos como o Ministério da Cultura (MINC), sobretudo a partir das ações do Instituto do Patrimônio Histórico e Artístico Nacional (IPHAN), com estudos acerca da música como patrimônio cultural imaterial do Brasil. Ainda em relação aos estudos culturais, com perspectivas significativas para estudos e registros de música, merece menção as ações da Fundação Casa de Rui Barbosa (2013), contexto que precisa ser mais explorado pelos pesquisadores da área.

De forma bastante restrita, é possível encontrar trabalhos de pesquisa realizados em empresas privadas, com finalidades específicas relacionadas à política sociocultural dessas instituições, como registro de manifestações para gravação de CD comerciais, documentação de manifestações musicais históricas que evidenciam compromisso com a cultura local, entre outras finalidades de cunho comercial e de marketing institucional.

O financiamento da pesquisa no país

No Brasil, a grande maioria da produção de pesquisa é financiada pelo poder público, sobretudo se considerarmos áreas mais ligadas ao campo das ciências humanas, como a música. Em âmbito nacional, o Conselho Nacional de Desenvolvimento Científico e Tecnológico (CNPq) é o principal órgão de fomento à pesquisa. Vinculado ao Ministério da Ciência, Tecnologia e Inovação (MCTI), o CNPQ tem como principais atribuições "fomentar a pesquisa científica, tecnológica e de inovação e promover a formação de recursos humanos qualificados para a pesquisa, em todas as áreas do conhecimento" (CNPQ, 2023). Dessa forma, é o órgão responsável pelo financiamento de projetos individuais, bolsas de pesquisa para pesquisadores, bolsas de pós-doutoramento, entre outros investimentos relacionados à produção de ciência, tecnologia e inovação.

A Coordenação de Aperfeiçoamento de Pessoal de Nível Superior (CAPES) também ocupa um importante papel no fomento à pesquisa no país, sendo responsável mais diretamente pelo investimento na formação de "mão de obra qualificada" para a atuação na pesquisa. A Capes "desempenha papel fundamental na expansão e consolidação da pós-graduação *stricto sensu* [...] em todos os estados da Federação" (CAPES, 2023c). Esse órgão tem se ocupado, cada vez mais, da gestão das bolsas de mestrado e doutorado, bolsas de doutorado sanduíche no exterior, financiamentos dos cursos de pós-graduação, entre outras ações relacionadas à qualificação profissional do pesquisador.

Outro órgão importante para a gestão da pesquisa brasileira, responsável mais diretamente pela política de inovação no país, é a Financiadora de Estudos e Projetos (Finep), empresa pública também vinculada ao MCTI. A Finep tem como missão "promover o desenvolvimento econômico e social do Brasil por meio do fomento público à Ciência, Tecnologia e Inovação em empresas, universidades, institutos tecnológicos e outras instituições públicas ou privadas" (FINEP, 2013). A atuação da Finep tem possibilitado, sobretudo na pós-graduação, a melhoria da infraestrutura e a aquisição de materiais de grande porte para a pesquisa, já tendo contemplado diversas propostas da área de música de universidades do país.

É preciso destacar também a importante iniciativa de agências estaduais de fomento à pesquisa, como a Fundação de Amparo à Pesquisa do Estado de Minas Gerais (FAPEMIG), a Fundação de Amparo à Pesquisa do Estado de São Paulo (FAPESP), a Fundação de Amparo à Pesquisa do Estado da Bahia (FAPESB), a Fundação de Amparo à Pesquisa do Estado do Pará (FAPESPA), entre outras, que desempenham, nos seus estados, papéis similares ao do CNPq e ao da Capes juntos, e que têm contribuído efetivamente para o crescimento da pesquisa nas diversas áreas, inclusive no campo da música. Todavia, há estados que ainda não investiram devidamente em políticas dessa natureza, o que representa um atraso na produção do conhecimento científico local.

Vale destacar também que alguns programas da iniciativa privada e também do setor público têm fomentado a pesquisa por meio de editais de incentivo à cultura, a exemplo de leis de fundos estaduais (Minas Gerais, Rio de Janeiro, Paraíba, Pernambuco, entre outros) e de programas como o do BNB Cultura (Banco do Nordeste, 2013), do Itaú Cultural (2013), entre outros. Essas iniciativas são destinadas, sobretudo, ao fomento de políticas culturais, mas têm forte relação com a pesquisa em música à medida que mantêm entre as suas linhas de ação recursos destinados ao registro e estudos de manifestações culturais brasileiras.

Os espaços de formação do pesquisador em música

A formação de pesquisadores se dá nos cursos de pós-graduação *stricto sensu*, mestrado e doutorado, sendo mais evidenciada no âmbito profissional a partir do doutoramento. Assim, os pesquisadores em música são formados nos cursos de mestrado e doutorado reconhecidos no país, ou em instituições estrangeiras que ofereçam cursos que possam ser reconhecidos a partir das diretrizes dos programas brasileiros. Vale destacar que, assim como o financiamento de pesquisa está concentrado sobretudo no poder público, os cursos de formação de pesquisadores em música no país são todos oferecidos em universidades públicas, não existindo nenhum mestrado ou doutorado na área ofertado em instituição privada de ensino. Tal fato destaca, ainda mais, a vinculação da produção de pesquisa musical ao cenário das políticas públicas de fomento à pesquisa.

Os principais problemas da pesquisa em música no Brasil

Mesmo reconhecendo o significativo avanço da pesquisa musical no país é preciso destacar que ainda há muitos problemas para a consolidação da área como campo de produção do conhecimento científico. Entre as principais dificuldades ainda encontradas, pode-se destacar:

- A carência significativa de profissionais "qualificados" para a prática da pesquisa, retratada na limitada participação da área nos recursos destinados à pesquisa, sobretudo pelo CNPq, a CAPES e a FINEP.
- A difícil realidade da formação profissional e do fomento à pesquisa no país, considerando que ainda são poucos os cursos de formação de pesquisadores em música e que os investimentos têm privilegiado campos de saberes mais vinculados a setores econômicos e de desenvolvimento tecnológico.
- A falta de conhecimentos específicos de diretrizes metodológicas que atendam as especificidades da área, por vezes utilizando perspectivas investigativas de outros campos, sem a devida adequação às necessidades de estudo do fenômeno musical.
- A carência de literatura em língua portuguesa sobre determinadas dimensões epistêmicas e metodológicas da pesquisa em música, o que dificulta o acesso à produção científica da área, principalmente pelos alunos de graduação.
- As dificuldades para a consolidação da pesquisa nos cursos de graduação, o que tem dificultado a consolidação de bases para a prática da pesquisa desde a formação inicial.
- A separação artificial entre teoria e prática, resultado da tendência colonial/moderna, que ainda permeia a área, fazendo com que muitos profissionais atuantes nas universidades não se interessem efetivamente pela pesquisa.
- A concorrência, junto às agências de fomento e dentro das próprias universidades, com outras áreas de conhecimento que têm campos de pesquisa já consolidados.

Caminhos para a pesquisa em música

Para analisar os caminhos já trilhados pela pesquisa em música no Brasil, os que estamos trilhando atualmente e os que poderemos e queremos trilhar, precisamos fazer um diagnóstico da área considerando, pelo menos, duas perspectivas. A primeira é interdisciplinar, avaliando a pesquisa em música em relação à produção de outras áreas de conhecimento. Sob essa ótica, se compararmos a música com, por exemplo, campos das ciências humanas mais consolidados como antropologia, letras, educação, história, entre outros, pode-se verificar que se trata ainda de uma área pequena, que precisa avançar muito em relação à formação e à produção no âmbito da pesquisa. Mas se comparada às demais áreas de artes, como dança, teatro, artes visuais, por exemplo, tem-se outra percepção, identificando que a música já se encontra em um processo de consolidação bastante significativo, que lhe atribui certo status acadêmico em relação a determinados campos do saber.

É fundamental, também, realizar uma análise intradisciplinar, considerando a música em relação a ela mesma e, nesse sentido, é notório o avanço conquistado, conforme já destacado neste texto. O fato é que o constatado aumento no número de programas de pós-graduação, no número de pesquisadores formados, na quantidade de trabalhos publicados, na inserção da área nas políticas de fomento à pesquisa, entre outros aspectos, faz vislumbrar rumos cada vez mais promissores para a consolidação da pesquisa em música no país.

De tal maneira, a análise intradisciplinar mostra o quanto a área cresceu em relação à produção de pesquisa, mas a comparação com outros campos mais consolidados aponta para diretrizes que ainda precisam ser estabelecidas para a música como ciência. Entre as muitas questões que poderiam ser destacadas, aponto àquelas que considero fundamentais para o fortalecimento e a consolidação, cada vez mais, do conhecimento musical no país. Assim, é preciso investir, sobretudo, nos seguintes aspectos:

- Consolidação ainda maior da pós-graduação, com a abertura de novos cursos de mestrado e doutorado em música, bem como o fortalecimento dos programas já existentes, com vistas a fortalecer quantitativa e qualitativamente a formação de pesquisadores.
- Criação de estratégias e ações de pesquisa e qualificação profissional que estabeleçam uma aproximação real entre os cursos de graduação e os de pós-graduação *stricto sensu*, favorecendo a

produção integrada do conhecimento científico, bem como uma articulação entre a formação inicial do estudante da graduação e o universo de formação de mestres e doutores.

- Conscientização dos profissionais da área, em seus diferentes campos de atuação musical, sobre a importância e a necessidade da pesquisa e da produção científica, bem como das possibilidades de vinculação da música como ciência à atuação prática do músico.
- Inserção, cada vez mais cedo, dos estudantes de graduação em programas de iniciação científica, em projetos coletivos de pesquisa, na elaboração e na apresentação de trabalhos acadêmicos, entre outras alternativas, a fim de fortalecer a formação de mão de obra qualificada para a prática da pesquisa.
- Estabelecimento de diálogos entre as diversas instituições e entre os pesquisadores da área de música no país, consolidando projetos interinstitucionais e integrando grupos de pesquisa de diferentes contextos.
- Participação mais efetiva da área nas políticas públicas de fomento, gestão e definição da produção de ciência no país, com base em projetos consistentes de pesquisa.
- Diálogo e atuação mais direta em temas, questões e desafios que marcam o Brasil no século XXI, potencializando a força e poder da música em práxis investigativas e ações relevantes para a cultura e a sociedade como um todo.

Certamente, diversos outros aspectos poderiam ser mencionados, mas esses listados ilustram questões centrais que devem estar na pauta das definições e práticas de pesquisadores e instituições que fazem a pesquisa em música. A partir de perspectivas contextualizadas com o cenário de produção de conhecimento na atualidade e com as especificidades investigativas da música, será possível inserir a área no universo da ciência e da tecnologia contemporâneas, favorecendo o reconhecimento e a valorização da produção do conhecimento científico-musical a partir das perspectivas de inovação científica almejada para o Brasil do século XXI.

Considerações Finais

A definição da música como um campo autônomo a partir da segunda metade do século XIX evidencia uma trajetória já representativa de inserção da área na produção de conhecimento científico. Ao longo de sua histórica como ciência, a música incorporou diversas vertentes e perspectivas de estudo, transformando-se a partir das bases epistêmicas e metodológicas de cada época, das inovações técnicas e conceituais na prática de pesquisa, das especificidades da expressão musical em suas diferentes manifestações e de temas e questões fundamentais para a sociedade em seus múltiplos contextos.

Especificamente no Brasil, mesmo tendo se consolidado academicamente somente a partir da segunda metade do século XX, a pesquisa em música é caracterizada por importantes trabalhos que, desde o século XIX, estabeleceram registros e discussões acerca da produção musical. Nesse cenário, as iniciativas de músicos e estudiosos da área plantaram sementes investigativas que representam, nos dias de hoje, importantes fontes para o delineamento de pesquisas relacionadas ao universo histórico-cultural, estético-estrutural, composicional, interpretativo e educacional da música no país.

A origem e o fortalecimento da pós-graduação, a organização da área em associações de pesquisa, o aumento quantitativo e qualitativo da produção acadêmica, entre outros aspectos dessa natureza, delineiam caminhos promissores para a produção do conhecimento científico-musical no país. Ao ganhar espaço e projeção acadêmica, a pesquisa em música no Brasil vem amadurecendo e definindo suas estratégias de pesquisa de forma mais autônoma, utilizando-se da inter/trans/pluridisciplinaridade – e em alguns casos até mesmo da a/indisciplinaridade (tema para um outro texto) – como base para a sua identidade como área de estudo científico.

Considerando as conquistas, os avanços e os problemas que permeiam a realidade da área de música no país, é preciso traçar estratégias e ações que permitam continuar avançando na consolidação da pesquisa musical, o que significa investir ainda mais na expansão e na qualificação da produção acadêmica, na formação de novos profissionais e na inserção efetiva da música nas políticas nacionais de produção de conhecimento.

É preciso ainda buscar uma mudança cultural na área em relação à pesquisa, a partir da conscientização dos seus profissionais acerca da importância da investigação e da produção científica para o avanço da música no país. É fundamental despertar a consciência de que pesquisar não significa, em hipótese alguma, entregar-se ao deleite disciplinar, burocrático e teórico da ciência. Significa, de fato, investigar, descobrir e sistematizar rumos mais consistentes e conscientes para ampliar os nossos campos de conhecimento. No caso específico da música, essa ampliação precisa ser estabelecida com base em estratégias investigativas que nos permitam registrar, sistematizar, compreender e, consequentemente, divulgar e valorizar a vasta produção musical brasileira.

Além da ampliação do conhecimento musical em si, é importante destacar a relevância social das pesquisas em música, que têm possibilitado, em alguns casos, acesso a patrimônios musicais/culturais de grande valor para o Brasil, favorecendo a criação de bibliotecas, acervos e arquivos sonoros públicos. Além disso, estudos musicais têm revelado perspectivas para práticas educacionais, artísticas e culturais em geral que, se devidamente refletidas e incorporadas a intervenções efetivas do poder público, podem resultar em ações de grande impacto social. Essas tendências evidenciam a necessidade de avançar ainda mais na ampliação e difusão da pesquisa em música no Brasil.

Por fim, a reflexão que fica, sobretudo para os estudiosos da área, é que o caráter subjetivo e simbólico da música exige pesquisadores cada vez mais capacitados para lidar com a riqueza, a diversidade e a complexidade que caracterizam os meandros das práticas e das produções musicais em geral. Precisamos, portanto, assumir a nossa responsabilidade, criando caminhos consistentes para contemplar as especificidades que permeiam o fenômeno musical. Dessa forma, é preciso pensar a pesquisa como uma estratégia de produção de conhecimento que não só permite conhecer, mas também ampliar as dimensões científicas, artísticas e culturais da música como expressão humana de significativo valor humano e social. Assim, fortalecer o campo da música, produzindo conhecimento e tornando-o acessível, deve ser um compromisso de todos: professores, pesquisadores, profissionais em geral e estudantes da área. É isso que a ciência espera de quem produz conhecimento e, certamente, é isso que a sociedade espera de nós!

REFERÊNCIAS

ADLER, Guido. Umfang, methode und ziel der musikwissenschaf. *Vierteljahrsschrift für Musikwissenschaft,* Berlin, n. 1, p. 5-20, 1885.

ALMEIDA, Renato. *História da música brasileira.* Rio de Janeiro: F. Briguiet e Comp. Editores, 1926.

ALMEIDA, Renato. *Compêndio de história da música brasileira.* Rio de Janeiro: F. Briguiet, 1948.

ANDRADE, Mário de. *Música do Brasil*. Curitiba: Guaíra, 1941a.

ANDRADE, Mário de. *Compêndio sobre a música brasileira*. 2. ed. São Paulo: Chiarato, 1929.

ANDRADE, Mário de. *Aspectos da música brasileira*. São Paulo, Martins, 1965.

ANDRADE, Mário de. *Modinhas imperiais*. São Paulo, Martins, 1964.

ANDRADE, Mário de. A nau catarineta. *Revista do Arquivo Municipal,* São Paulo, v. 73, p. 61-76, jan. 1941b.

ANDRADE, Mário de. *As danças dramáticas do Brasil*. São Paulo: Livraria Martins Editora, 1959. (3 volumes).

ANDRADE, Mário de. *Música de feitiçaria no Brasil*. São Paulo: Martins, 1963.

AQUINO, Felipe Avellar de. Práticas Interpretativas e a pesquisa em música: dilemas e propostas. *Opus – Revista da Associação Nacional de Pesquisa e Pós-Graduação em Música,* Goiânia, n. 9, p. 103-112, 2003. Disponível em: http://www.anppom.com.br/opus/opus9/opus9-8.pdf. Acesso em: 10 ago. 2011.

ARAÚJO, Mozart de. *A modinha e o lundú no século XVIII*: uma pesquisa histórica e bibliográfica. São Paulo: Ricordi, 1963.

AZEVEDO, Luiz Heitor Correia de. Folk Music: Brazilian. *In:* BLOM, Eric (ed.). *Grove's dictionary of music and musicians*. 5. ed. London: Macmillan, 1954. v. 3, p. 198-201.

AZEVEDO, Luiz Heitor Correia de. *150 anos de música no Brasil (1800-1950)*. Rio de Janeiro: José Olympio Editora, 1956. (Coleção Documentos Brasileiros, v. 87).

AZEVEDO, Luiz Heitor Correia de. *Música e músicos do Brasil*: história, crítica, comentários. Rio de Janeiro: Casa do Estudante do Brasil, 1950.

AZEVEDO, Luiz Heitor Correia de. José Maurício Nunes Garcia. *Boletín Latino Americano de Música,* Montevideo, n. 1, p. 133-150, 1935.

AZEVEDO, Luiz Heitor Correia de. Obras do padre José Maurício Nunes Garcia existentes na Biblioteca do Instituto Nacional de Música. *Ilustração Musical,* Rio de Janeiro, n. 3, p. 81, out. 1930.

BANCO DO NORDESTE. *Cultura*. Disponível em: http://www.bnb.gov.br/content/Aplicacao/Grupo_Principal/Home/conteudo/home_cultura.asp. Acesso em: 11 mar. 2013.

BARROS; Matheus H. da Fonsêca; PENNA, Maura (org.). *Pesquisa-ação e educação musical*: desvendando possibilidades. Petrolina: Editora IFSertãoPE, 2022.

BASTOS, Rafael José Meneses de. *A musicológica Kamayura*: para uma antropologia da comunicação no Alto Xingu. 1976. Dissertação (Mestrado em Antropologia) – Programa de Pós-Graduação em Antropologia Social, Universidade de Brasília, Brasília, 1976.

BASTOS, Rafael José Meneses de. Notas sobre a construção da música do passado, a invenção do homem e o nascimento dos saberes musicais ("musicologias"). *Revista Art - Revista da Escola de Música da Universidade Federal do Brasil*, Salvador, n. 18, p. 117-120, 1991.

BELLOCHIO, Cláudia Ribeiro. Da produção da pesquisa em educação musical à sua apropriação. *Opus – Revista da Associação Nacional de Pesquisa e Pós-Graduação em Música*, Goiânia, n. 9, p. 35-48, 2003. Disponível em: http://www.anppom.com.br/opus/opus9/opus9-4.pdf. Acesso em: 10 ago. 2011.

BERRENECHEA, Lúcia. Pesquisa no Brasil: balanço e perspectivas. *Opus – Revista da Associação Nacional de Pesquisa e Pós-Graduação em Música*, Goiânia, n. 9, p. 113-118, 2003. Disponível em: http://www.anppom.com.br/opus/opus9/opus9-9.pdf. Acesso em: 10 ago. 2011.

BINDER, Fernando; CASTAGNA, Paulo. Teoria musical no Brasil: 1734-1854. *In:* SIMPOSIO LATINO-AMERICANO DE MUSICOLOGIA, 1., 1997, Curitiba. *Anais*... Curitiba: Fundação Cultural de Curitiba, 1998. p. 198-217.

BORÉM, Fausto. Metodologia de pesquisa em performance musical no Brasil: tendências, alternativas e relatos de experiência. *In:* RAY, Sonia (org.). *Performance musical e suas interfaces*. Goiânia: Editora Vieira, 2005. p. 13-38.

BORGES, Renato Pereira Torres. Conceitos para falar de pesquisa na área de Música. *DEBATES - Cadernos do Programa de Pós-Graduação em Música*, Rio de Janeiro, v. 25, n. 1, 2021. Disponível em: http://seer.unirio.br/revistadebates/article/view/11711. Acesso em: 24 fev. 2023.

BRAGAGNOLO, Bibiana; DALTRO, Emyle; SANCHEZ, Leonardo Pellegrim. *Pesquisa artística*: performance, criação e cultura contemporânea. Rio Branco: Stricto Sensu Editora, 2022. Disponível em: https://sseditora.com.br/ebooks/pesquisa-artistica-performance-criacao-e-cultura-contemporanea/. Acesso em: 22 fev. 2023.

BUDASZ, Rogério (org.) *Pesquisa em música no Brasil*: métodos, domínios, perspectivas. São Paulo: ANPPOM, 2009. (Série Pesquisa em Música no Brasil, v. 1).

CAESAR, Rodolfo. Produção de conhecimento e políticas para a pesquisa em música: Música e Tecnologia. *Opus – Revista da Associação Nacional de Pesquisa e Pós-Graduação em Música,* Goiânia, n. 9, p. 28-34, 2003. Disponível em: http://www.anppom.com.br/opus/opus9/opus9-3.pdf. Acesso em: 10 ago. 2011.

CASTAGNA, Paulo. A musicologia enquanto método científico. *Revista do Conservatório de Música - UFPel,* Pelotas, n. 1, p. 7-31, dez. 2008. Disponível em: http://www.ufpel.edu.br/conservatorio/revista/revista1.html. Acesso em: 8 ago. 2011.

CAPES. *Cursos avaliados e reconhecidos*. Disponível em: https://sucupira.capes.gov.br/sucupira/public/consultas/coleta/programa/quantitativos/quantitativoAreaAvaliacao.jsf. Acesso em: 27 jul. 2023a.

CAPES. *Resultado da Avaliação Quadrienal 2017*. Disponível em: https://www.gov.br/capes/pt-br/acesso-a-informacao/acoes-e-programas/avaliacao/avaliacao-quadrienal-2017/resultados/resultado-da-avaliacao-quadrienal-2017. Acesso em: 22 fev. 2023b.

CAPES. *História e* missão. Disponível em: https://www.gov.br/capes/pt-br/acesso-a-informacao/institucional/historia-e-missao. Acesso em: 22 fev. 2023c.

CAPES. *220ª Reunião do CTC-ES. 22 a 26 de maio de 2023. Propostas de Cursos Novos.* Disponível em: https://www.gov.br/capes/pt-br/centrais-de-conteudo/documentos/conselho-tecnico-cientifico-da-educacao-superior/07062023_Resultado_CTC_ES_220.xlsx. Acesso em: 27 jul. 2023d.

CNPQ. *Apresentação*. Disponível em: https://www.gov.br/cnpq/pt-br/acesso-a-informacao/institucional/institucional. Acesso em: 22 fev. 2023.

CERNICCHIARO, Vincenzo. *Storia della musica nel Brasile*. Milão: Fratelli Ricordi, 1926.

CHAGAS, Paulo César de Amorim. Som e verdade: pesquisa interdisciplinar em som e composição musical. *Revista da Tulha,* São Paulo, v. 5, n. 2, p. 107-132, 2019. Disponível em: https://www.revistas.usp.br/revistadatulha/article/view/165091. Acesso em 27 jul. 2023.

CNPQ. *Apresentação*. Disponível em: https://www.gov.br/cnpq/pt-br/acesso-a-informacao/institucional/institucional. Acesso em: 22 fev. 2023.

CONDE, Cecília; NEVES, José Maria. Música e educação não formal. *Pesquisa e Música*, Rio de Janeiro, v. 1, n. 1, p. 41-52, 1984-1985.

COTTA André Guerra. Novas considerações sobre o acesso ao patrimônio musical no Brasil. *Liinc em Revista*, Rio de Janeiro, v. 7, n. 2, p. 466-484, 2011. Disponível em: http://revista.ibict.br/liinc/index.php/liinc/article/viewFile/440/330. Acesso em: 11 nov. 2011.

DEL-BEN, Luciana Marta. A delimitação da educação musical como área de conhecimento: contribuições de uma investigação junto a três professoras de música do ensino fundamental. *Em Pauta*, Porto Alegre, v. 12, n. 18/19, 2001. Disponível em: http://seer.ufrgs.br/EmPauta/article/view/8537. Acesso em: 22 fev. 2023.

DEL-BEN, Luciana. (Para) Pensar a pesquisa em educação musical. *Revista da ABEM*, v. 18, n. 24, p. 25–33, 13 abr. 2014a. Disponível em: http://www.abemeducacaomusical.com.br/revistas/revistaabem/index.php/revistaabem/article/view/200. Acesso em: 22 fev. 2023.

DEL-BEN, Luciana. Políticas de ciência, tecnologia e inovação no Brasil: perspectivas para a produção de conhecimento em educação musical. *Revista da ABEM*, v. 22, n. 32, p. 130–142, 3 Jul 2014b. Disponível em: http://www.abemeducacaomusical.com.br/revistas/revistaabem/index.php/revistaabem/article/view/467. Acesso em: 31 dez. 2019.

DEPARTAMENTO DE MÚSICA E ARTES CÊNICAS DA UEM. *Histórico*. Disponível em: http://www.dmc.uem.br/. Acesso em: 22 fev. 2022.

DUCKLES, Vincent *et al.* Musicology. *In: Grove Music Online*. *Oxford Music Online*. 2020. Disponível em: https://www.oxfordmusiconline.com/grovemusic/view/10.1093/gmo/9781561592630.001.0001/omo-9781561592630-e-0000046710. Acesso em: 27 jul. 2023.

DUPRAT, Régis. *Garimpo musical*. São Paulo: Novas Metas, 1985.

ECHEVERRIA, Javier. Interdisciplinariedad y convergencia tecnocientífica nano-bio-info-cogno. *Sociologias* [online], n. 22, p. 22-53, jul./dez. 2009. Disponível em: http://www.scielo.br/pdf/soc/n22/n22a03.pdf. Acesso em 10 jun. 2011.

FIGUEIREDO, Sérgio Luiz Ferreira de. Considerações sobre a pesquisa em educação musical. FREIRE, Vanda Bellard (org.). *Horizontes da pesquisa em música*. Rio de Janeiro: 7 Letras, 2010. p. 155-175.

FINEP. *Sobre a FINEP*. Disponível em: http://www.finep.gov.br/a-finep-externo/sobre-a-finep. Acesso em: 23 fev. 2023.

FREIRE, Vanda Bellard; CAVAZOTTI, André. *Música e pesquisa*: novas abordagens. Belo Horizonte: Escola de Música da UFMG, 2007.

FREIRE, Vanda Bellard. Pesquisa em música e subjetividade: Bases filosóficas e pressupostos. *In:* FREIRE, Vanda Bellard (org.). *Horizontes da pesquisa em música*. Rio de Janeiro: 7 Letras, 2010. p. 21-24.

FREIRE, Vanda Bellard (org.). *Horizontes da pesquisa em música*. Rio de Janeiro: 7 Letras, 2010. p. 63-81.

FUNDAÇÃO CASA DE RUI BARBOSA. *Políticas e culturas comparadas*. Disponível em: https://www.gov.br/casaruibarbosa/pt-br. Acesso em: 23 fev. 2023.

GATTI, Bernardete A. Pesquisa, educação e pós-modernidade: confrontos e dilemas. *Cadernos de Pesquisa* [online], São Paulo, v. 35, n. 126, p. 595-608, set./dez. 2005. Disponível em: http://www.scielo.br/scielo.php?pid=S0100=15742005000300004-&script-sci_arttext. Acesso em: 23 fev. 2023.

GERLING, Cristina Capparelli; SANTOS, Regina Antunes, Teixeira dos. Pesquisas qualitativas e quantitativas em práticas interpretativas. *In:* FREIRE, Vanda Bellard (Org.). *Horizontes da pesquisa em música*. Rio de Janeiro: 7 Letras, 2010. p. 96-138.

GROSFOGUEL, Ramón. The Epistemic Decolonial Turn: Beyond Political-Economy Paradigms. *In:* MIGNOLO, W. D.; ESCOBAR, A. (org.). *Globalization and the Decolonial Option*. New York; London: Routledge, 2010. p. 65–71.

ITAÚ CULTURAL. *Rumos*. Disponível em: https://rumositaucultural.org.br/. Acesso em 13 fev. 2023.

KERMAN, Joseph. *Musicologia*. Tradução de Álvaro Cabral. São Paulo: Martins Fontes, 1987.

KERR, Dorotéa; CARVALHO; Any Raquel. A pesquisa sobre órgão no Brasil: estado da arte. *Per Musi – Revista Acadêmica de Música*. Belo Horizonte, n. 12, p. 25-38, jul./dez. 2005. Disponível em: http://www.musica.ufmg.br/permusi/port/numeros/12/num12_cap_02.pdf. Acesso em: 22 fev. 2023.

KIEFER, Bruno. *História da música brasileira* dos primórdios ao início do século XX. Porto Alegre: Movimento, 1976.

LANGE, Francisco Curt. História da música na Capitania Geral das Minas Gerais. v. 2: A Irmandade de São José dos Homens Pardos ou Bem Casados. *Anuário do Museu da Inconfidência*, Ouro Preto, n. 6, p. 9-231, 1979a.

LANGE, Francisco Curt. *História da música nas irmandades de Vila Rica*: Freguesia de Nossa Senhora do Pilar do Ouro Preto – primeira parte. Belo Horizonte: Imprensa Oficial do Conselho Estadual de Cultura, 1979b. (Publicações do Arquivo Público Mineiro, v.1).

LANGE, Francisco Curt. A música em Minas Gerais: um informe preliminar. *In:* MOURÃO, Rui. *O alemão que descobriu a América*. Belo Horizonte: Itatiaia; Brasília: Instituto Nacional do Livro, 1990. p. 99-179. (Reconquista do Brasil, série 2, v. 181).

LANGE, Francisco Curt. La música en Minas Gerais: un informe preliminar. *Boletín Latino Americano de Música*, Rio de Janeiro, ano 6, n. 6, p. 409-494, abr. 1946.

LAVILLE, Cristian; DIONE, Jean. *A construção do saber*: manual de metodologia da pesquisa em ciências humanas. Belo Horizonte. Ed. UFMG, 1999.

LIMA, Sonia Regina Albano (org.). *Performance musical em perspectiva*. São Paulo: Cartago Editorial, 2019.

LÜHNING, Angela. Temas emergentes da etnomusicologia brasileira e seus compromissos sociais. *Música em Perspectiva*, v. 7, n. 2, p. 7–25, 2014. Disponível em: https://revistas.ufpr.br/musica/article/view/41501/25451. Acesso em: 20 fev. 2023.

LÜHNING, Angela; TUGNY, Rosangela Pereira De (org.). *Etnomusicologia no Brasil*. Salvador: EDUFBA, 2016.

LYOTARD, Jean-François. *O pós-moderno*. 4. ed. Rio de Janeiro: José Olympio, 1993.

MALDONADO-TORRES, Nelson. Sobre la colonialidad del ser: contribuciones al desarrollo de un concepto. *In:* CASTRO-GÓMEZ, S.; GROSFOGUEL, R. (org.). *El giro decolonial*: reflexiones para uma diversidad epistémica más allá del capitalismo global. Bogotá: Universidad Javeriana-Instituto Pensar, Universidad Central-IESCO, Siglo del Hombre Editores, 2007. p. 127–167. Disponível em: http://ram-wan.net/restrepo/decolonial/17-maldonado-colonialidad%20del%20ser.pdf. Acesso em: 28 jan. 2023.

MARIZ, Vasco. *História da música no Brasil*. Rio de Janeiro: Civilização Brasileira, 1981. (Coleção Retratos do Brasil).

MEEHAN, P. Science, enthnoscience, and agricultural knowledge utilization. *In:* WARREN, D. M.; BROKENSHA, D.; WERNER, O. (ed.). *Indigenous knowledge systems and development.* Lanham: University Press of America, 1980. p. 383-391.

MELLO, Guilherme Theodoro Pereira de. *A música no Brasil desde os tempos coloniaes até o primeiro decênio da República por Guilherme Theodoro Pereira de Mello.* Bahia: Typographia de S. Joaquim, 1908.

MIGNOLO, Walter D. *The darker side of western modernity: global futures, decolonial options.* Durham & London: Duke University Press, 2011.

NEVES, José Maria. *Música contemporânea brasileira.* São Paulo: São Paulo: Ricordi, 1981.

NOGUEIRA, Ilza. Seminário de Avaliação da área de música: um esforço pela efetividade e otimização do fomento à música. *In:* ENCONTRO ANUAL DA ASSOCIAÇÃO NACIONAL DE PESQUISA E PÓS-GRADUAÇÃO EM MÚSICA, 9., 1996. *Anais*... Rio de Janeiro: ANPPOM, 1996, p. 39-44.

NOGUEIRA, Isabel Porto. Cartas do Deserto: reflexões para uma pesquisa artística feminista e decolonial. *TRANS,* Barcelona, v. 26, p. 1-19, 2022.

NOGUEIRA, Isabel Porto; FONSECA, Susan Campos (org.). Estudos de gênero, corpo e música: abordagens metodológicas. Goiânia/Porto Alegre: ANPPOM, 2013. (Série Pesquisa em Música no Brasil, v. 3).

OLIVEIRA PINTO, Tiago de. Etnomusicologia: da música brasileira à música mundial. *Revista USP* [online], n. 77, p. 6-11. 2008.

PAULA, Francisco José Colares de. *A pesquisa da sonoridade através da sugestão contida nos títulos escolhidos pelo compositor.* 1984. Dissertação (Mestrado em Música) – Programa de Pós-Graduação em Música, Universidade Federal do Rio de Janeiro, Rio de Janeiro, 1984.

PIEDADE, Acácio Tadeu de Camargo. Algumas questões da pesquisa em etnomusicologia. In: FREIRE, Vanda Bellard (org*.). Horizonte da pesquisa em música.* Rio de Janeiro: 7Letras, 2010, p. 63-81.

PROGRAMA DE MESTRADO PROFISSIONAL EM ENSINO DAS PRÁTICAS MUSICAIS da UNIRIO. *PROEMUS.* Disponível em: http://www.unirio.br/proemus. Acesso em: 22 fev. 2023.

PROGRAMA DE PÓS-GRADUAÇÃO EM MÚSICA DA UDESC. *Apresentação*. Disponível em: http://www.ceart.udesc.br/ppgmus/apresentacao.htm. Acesso em: 22 fev. 2023.

PROGRAMA DE PÓS-GRADUAÇÃO EM MÚSICA DA UFBA. *Histórico*. Disponível em: http://www2.ppgmus.ufba.br/pt-br/historico. Acesso em: 22 fev. 2023.

PROGRAMA DE PÓS-GRADUAÇÃO EM MÚSICA DA UFMG. *Histórico*. Disponível em: https://musica.ufmg.br/ppgmus/historico/. Acesso em: 22 fev. 2023.

PROGRAMA DE PÓS-GRADUAÇÃO EM ARTES DA UFPA. *Apresentação*: Disponível em: https://ppgartes.propesp.ufpa.br/index.php/br/programa/apresentacao. Acesso em: 23 fev. 2023.

PROGRAMA DE PÓS-GRADUAÇÃO EM MÚSICA DA UFPB. *Apresentação*. Disponível em: http://www.ccta.ufpb.br/ppgm/contents/menu/apresentacao. Acesso em: 22 fev. 2023.

PROGRAMA DE PÓS-GRADUAÇÃO EM MÚSICA DA UFPE. *Sobre*. Disponível em: https://www.ufpe.br/ppgmusica. Acesso em 22 fev. 2023.

PROGRAMA DE PÓS-GRADUAÇÃO EM MÚSICA DA UFPR. *Histórico e contextualização*. Disponível em: http://www.prppg.ufpr.br/site/ppgmusica/pb/historico-e-contextualizacao/. Acesso em: 22 fev. 2023.

PROGRAMA DE PÓS-GRADUAÇÃO EM MÚSICA DA UFRGS. *Apresentação*. Disponível em: https://www.ufrgs.br/ppgmusica/. Acesso em: 22 fev. 2023.

PROGRAMA DE PÓS-GRADUAÇÃO EM MÚSICA DA UFRN. *Apresentação*. Disponível em: https://sigaa.ufrn.br/sigaa/public/programa/apresentacao.jsf?lc=pt_BR&id=7261. Acesso em: 22 fev. 2023.

PROGRAMA DE PÓS-GRADUAÇÃO EM MÚSICA DA UFSJ. *Programa de Pós-Graduação em Música – PPGMUSI*. Disponível em: https://ufsj.edu.br/ppgmusi/. Acesso em: 22 fev. 2023.

PROGRAMA DE PÓS-GRADUAÇÃO EM MÚSICA DA UFU. Disponível em: http://www.ppgmu.iarte.ufu.br/cursos/mestrado/mestrado-em-musica. Acesso em: 22 fev. 2023.

PROGRAMA DE PÓS-GRADUAÇÃO EM MÚSICA DA UNB. *Histórico*. Disponível em: http://www.ida.unb.br/posmus.html. Acesso em: 22 fev. 2023.

PROGRAMA DE PÓS-GRADUAÇÃO EM MÚSICA DA UNESP. *Apresentação*. Disponível em: http://www.ia.unesp.br/#180,180. Acesso em: 22 fev. 2023.

PROGRAMA DE PÓS-GRADUAÇÃO EM MÚSICA DA UNESPAR. *Mestrado em Música – PPGMUS*. Disponível em: http://ppgmus.unespar.edu.br/. Acesso em: 22 fev. 2023.

PROGRAMA DE PÓS-GRADUAÇÃO EM MÚSICA DA UNICAMP. *Pós-graduação em Música*. Disponível em: https://www.iar.unicamp.br/pos-graduacao-em-musica/. Acesso em: 22 fev. 2023.

PROGRAMA DE PÓS-GRADUAÇÃO EM MÚSICA DA UNIRIO. *Histórico*. Disponível em: http://200.156.25.90/this2/page.php?menu_id=1254860676&pos=esq&site_id=2. Acesso em: 22 fev. 2023.

PROGRAMA DE PÓS-GRADUAÇÃO EM MÚSICA DA USP. *História*. Disponível em: http://www.pos.eca.usp.br/index.php?q=pt-br/node/269. Acesso em: 22 fev. 2023.

PROGRAMA DE PÓS-GRADUAÇÃO EM MÚSICA UFRJ. *Apresentação e proposta*. Disponível em: https://ppgm.musica.ufrj.br/about/. Acesso em: 22 fev. 2023

PROGRAMA DE PÓS-GRADUAÇÃO EM PRÁTICAS MUSICAIS DA UEMG. *Conheça o PPGPM*. Disponível em: https://mestrados.uemg.br/ppgpm. Acesso em: 22 fev. 2023.

PROGRAMA DE PÓS-GRADUAÇÃO PROFISSIONAL EM MÚSICA DA UFBA. *Histórico*. Disponível em: https://ppgprom.ufba.br/pt-br/historico-0. Acesso em: 22 fev. 2023.

PROGRAMA DE PÓS-GRADUAÇÃO PROFISSIONAL EM MÚSICA DA UFRJ. *Programa*. Disponível em: https://promus.musica.ufrj.br/programa/. Acesso em: 22 fev. 2023.

QUEIROZ, Luis Ricardo Silva. Até quando Brasil? Perspectivas decoloniais para (re)pensar o ensino superior em música. *PROA: Revista de Antropologia e Arte*, v. 1, n. 10, p. 153–199, 2020. Disponível em: https://www.ifch.unicamp.br/ojs/index.php/proa/index. Acesso em: 27 jul. 2023.

QUEIROZ, Luis Ricardo S. Criação, circulação e transmissão musical: inter-relações e (re)definições a partir dos cenários tecnológico e midiático contemporâneos. *Música Hodie*, Goiânia, v. 11, n. 1, p. 135-150, 2011. Disponível em http://www.musicahodie.mus.br/11.1/Musica%20Hodie_111.pdf. Acesso em: 10 fev. 2023.

QUEIROZ, Luis Ricardo S. Pesquisa quantitativa e pesquisa qualitativa: perspectivas para o campo da etnomusicologia. *Claves – Revista do Programa de Pós-Graduação em Música da Universidade Federal da Paraíba*, João Pessoa, n. 2, p. 87-98, 2006.

RIST, Stephan; DAHDOUH-GUEBAS, Farid. Ethnosciences: a step towards the integration of scientific and indigenous forms of knowledge in the management of natural resources for the future. *Environ Dev Sustain*, n. 8, p. 467-493, 2006. Disponível em: http://www.vliz.be/imisdocs/publications/115290.pdf. Acesso em: 8 set. 2011.

ROSSETTI, Danilo. Pesquisa em composição e análise: Ferramentas computacionais, inter-relações e emergências. *Revista Vórtex*, v. 11, n. 1, p. 1–31, 2023. Disponível em: https://periodicos.unespar.edu.br/index.php/vortex/article/view/7382. Acesso em 27 jul. 2023.

SANTOS FILHO, J. Camilo dos. Pesquisa quantitativa *versus* pesquisa qualitativa: o desafio paradigmático. *In:* SANTOS FILHO, J. Camilo dos; GAMBOA, Silvio Sánchez. *Pesquisa educacional*: quantidade-qualidade. 4. ed. São Paulo: Cortez, 2001. p. 13-59.

SANTOS, Eurides Souza; SODRÉ, Luan; SANTOS, Marcos S. (org.). *Música e Pensamento Afro-diaspórico*. Salvador: Diálogos Insubmissos, 2022. (Série Pesquisa em Música no Brasil, v. 11).

SILVA, Alexandre Reche *et al. Produção de pesquisa em composição musical*. Natal: EDUFRN, 2016.

SISTE, Cláudia Elena. *A pesquisa em práticas interpretativas*: estudos recentes nas universidades estaduais paulistas, 2009, 118f. Dissertação (Mestrado em Música) – Programa de Pós-Graduação em Música, Universidade de São Paulo, São Paulo, 2009.

SOTUYO BLANCO, Pablo (org.). *Estudos de iconografia musical na transversalidade*. Salvador: EDUFBA, 2021. Disponível em: estudos-iconnografia-musical-transversalidade_miolo.pdf. Acesso em: 22 fev. 2023.

TACUCHIAN, Ricardo. A música na educação como processo. *In:* PEREIRA, M. de Lourdes M. (coord.). *A Arte como Processo na educação*. 2. ed. Rio de Janeiro: Funarte, 1982.

TOMÁS, Lia. *Leituras de Brasil nas pesquisas acadêmicas na área de música*. Pelotas: Anppom, 2020. (Série Pesquisa em Música no Brasil, v. 8).

TOMÁS, Lia. *Pesquisa acadêmica* na área de música: um estado da arte (1988-2013). São Paulo: Anppom, 2015. (Série Pesquisa em Música no Brasil, v. 4)

VASCONCELOS, Ary. *Panorama da música popular brasileira na belle époque*. Rio de Janeiro: Santana, 1977.

VASCONCELOS, Ary. *Carinhoso etc.*: história e inventário do choro. Rio de Janeiro: Editora do Livro, 1984.

VEIGA JÚNIOR, Manuel Vicente Ribeiro. *Toward a brazilian ethnomusicology: amerindian phases*, 1981. 347f. Tese (Doutorado em Música) – University of California, Los Angeles, 1981.

WEINBERGER, Margarida Maria Furtado. *O non legato na obra de Johann Sebastian Bach para teclado*. 1983. Dissertação (Mestrado em Música) – Programa de Pós-Graduação em Música, Universidade Federal do Rio de Janeiro, Rio de Janeiro, 1983.

2

CURSO ON-LINE DE GUITARRA ELÉTRICA: O ENSINO E A APRENDIZAGEM DE MÚSICA NO ÂMBITO DE UMA COMUNIDADE DE PRÁTICA

Alerson Donizete de Oliveira
Vania Malagutti[8]

INTRODUÇÃO

O mundo passa por um profundo e dinâmico processo de transformação, sobretudo no que concerne às interações on-line entre indivíduos que navegam e se relacionam pela rede mundial de computadores. Com o advento das novas tecnologias, as dinâmicas de ensino e aprendizagem musicais estão se transformando consideravelmente. Nesse sentido,

> Ao modificar os modos de produção, difusão e de escuta musical, as diversas tecnologias que envolvem direta ou indiretamente esses processos acabam por modificar a própria linguagem musical, possibilitando a emergência de diversos novos modos de se fazer e de se pensar música. (GOHN, 2003, p. 10)

Partindo dessa perspectiva, sujeitos que antes almejavam aprender um instrumento musical e que precisavam encontrar um professor, instrutor ou escola de música presencialmente, em tempos contemporâneos encontram possibilidades pedagógicas viáveis a um clique de distância.

Essas concepções acerca das mudanças fomentadas pelas dinâmicas tecnológicas no ambiente virtual têm provocado consideráveis impactos para a área da educação musical, fazendo com que diversos autores se dediquem a estudar tal fenômeno. Na literatura nacional, destaco os estudos de Almeida *et al.* (2014), Passos (2016), Pequini (2016), Paiva (2019) e Caneca e Marins (2020). Já na internacional, os destaques são

[8] Professora orientadora de mestrado de Alerson Donizete de Oliveira, mestre em música pelo Programa de Pós-Graduação em Música da Universidade Estadual de Maringá.

Brandstrom e Lundstrom (2012), Godwin-Jones (2018), Havre *et al.* (2018), Lee *et al.* (2018), Marone e Rodriguez (2019), Rodriguez (2019) e Wang *et al.* (2021).

Nesse cenário, em que as possibilidades de ensinar e de estudar um instrumento musical por meio de cursos on-line se transformam gradativa e significativamente, somadas as possibilidades de interações oportunizadas pelas comunidades virtuais, surge a necessidade em aprofundar os estudos de modo a promover discussões acerca do tema.

Assim, tomei como campo empírico para esta pesquisa o curso on-line de guitarra elétrica produzido por Mateus Starling, o qual encontra-se hospedado na plataforma *Starling Academy of Music* virtual[9]. Mateus Starling cursou performance em guitarra elétrica na *Berklee College of Music*, em Boston, nos EUA, formando-se em 2008. Desde o seu retorno ao Brasil, destaca-se por sua atuação on-line por meio das redes sociais. Isso lhe trouxe grande notoriedade pela didática e formato de como ensina guitarra, principalmente por conta dos vídeos que posta em seu canal no *YouTube*[10], pelos conteúdos gratuitos que compartilha pelo *Instagram*[11] e pela metodologia adotada em seu curso de guitarra elétrica disponibilizado na plataforma on-line de estudos de música criada por ele. O curso ainda possui mediação e interação em dois grupos no *Telegram*[12], onde estão os alunos, dois professores-tutores, o administrador da plataforma e o próprio Mateus Starling.

Desse modo, minha pesquisa visou elucidar as seguintes questões: como se dá o processo de ensino e aprendizagem no curso on-line de guitarra elétrica de Mateus Starling? De que maneira ele organiza o conhecimento musical? Como ocorrem as interações interpessoais durante os estudos on-line de música? Como é a dinâmica do aluno frente às ferramentas tecnológicas que ele possui para aprender música em um curso on-line?

Portanto, meu objetivo geral com o estudo foi compreender de que forma se constitui o ensino e a aprendizagem da guitarra elétrica no curso on-line de Mateus Starling. Nesse sentido, interessou analisar este curso no que diz respeito à sua maneira de ensinar música, o qual organiza o conhecimento musical e o socializa em plataformas digitais. Os objetivos específicos foram: analisar qual é a estrutura conceitual, tecnológica e musical que sustenta esse curso; entender como se dá as interações interpessoais

[9] Disponível em: https://starlingacademy.com.br. Acesso em: 21 mar. 2021.

[10] *YouTube* é uma plataforma digital de compartilhamento de vídeos através da internet.

[11] *Instagram* é uma rede social on-line de compartilhamento de fotos e vídeos.

[12] O *Telegram* é um serviço de mensagens instantâneas baseado na nuvem.

durante os estudos on-line de música; e investigar as dinâmicas do aluno frente às ferramentas tecnológicas que possui para estudar guitarra em modalidade on-line.

Como colaboradores da pesquisa tive o proponente/produtor do curso; o administrador dos grupos virtuais criados para o acompanhamento dos alunos; dois professores-tutores que auxiliam Mateus Starling nesses grupos virtuais; e quatro alunos matriculados no curso.

A pesquisa foi respaldada principalmente pelo conceito de comunidades de prática (LAVE; WENGER, 1991; WENGER, 1998), termo este cunhado pelos pesquisadores Jean Lave e Étienne Wenger e difundido por estudos de Wenger (2003), Wenger e Snyder (2001) e Wenger, Mcdermontt e Snyder (2002). Dito isso, justifico que, neste trabalho, comunidade de prática e curso on-line serão utilizados como sinônimos.

A metodologia empregada consiste numa netnografia (KOZINETS, 1997, 1998, 2002, 2006, 2014, 2015), a qual é amparada pela abordagem qualitativa. Sendo assim, como pesquisador netnógrafo, me inscrevi como aluno do curso investigado e estive empenhado no processo de conhecê-lo, bem como viver a experiência de um curso on-line de guitarra elétrica na perspectiva de uma comunidade de prática.

Aponto que durante a produção deste texto, todas as traduções dos excertos em inglês foram realizadas e organizadas por mim. No entanto, os trechos originais encontram-se citados em minha dissertação de mestrado.

REFERENCIAL TEÓRICO: CONCEITOS, DEFINIÇÕES E IMBRICAMENTOS

Aprendizagem situada: participação periférica legitimada

Fundamento minha pesquisa no conceito de comunidades de prática. Em suas primeiras incursões acerca do conceito, Lave e Wenger (1991) argumentam que os indivíduos, enquanto aprendizes e seres sociais inseridos em comunidades de prática, estão envolvidos em processos nos quais o ato de aprender encontra-se situado histórica e culturalmente (LAVE; WENGER, 1991).

Os pesquisadores afirmam que para que recém-chegados em comunidades de prática possam dominar os conhecimentos e habilidades inerentes às práticas que constituem e formam essas comunidades, haveriam de tornarem-se participantes plenos em práticas socioculturais (LAVE; WENGER, 1991, p. 29). Nesse processo, membros periféricos fazem suas transições em direção a uma adesão mais centralizada em suas comunidades, procedimento esse que os autores intitularam por "participação periférica legitimada" (LAVE; WENGER, 1991, p. 29).

Definindo comunidades de prática

Ao contrapor os pressupostos tradicionais acerca do ato de aprender, Wenger acredita na "aprendizagem como participação social" (WENGER, 1998, p. 4), onde comunidades de prática podem ser definidas como "grupos que compartilham um interesse ou uma paixão por algo que fazem e aprendem como fazê-lo ainda melhor à medida que interagem regularmente" (WENGER, 2015, p. 1).

Wenger (1998) ainda aponta que esse conceito funda algo maior, em que a ideia que se tem sobre ele é parte constituinte de um todo. Segundo o autor, "ao utilizar o conceito de comunidade de prática [...], eu realmente o utilizo como um ponto de entrada para uma estrutura conceitual mais ampla da qual ele é um elemento constitutivo" (WENGER, 1998, p. 5). É justamente pelo fato de o próprio conceito integrar os componentes que constituem uma teoria social da aprendizagem (Figura 1) que lhe é concedido todo o seu poder analítico.

Figura 1 – Componentes da teoria da aprendizagem social

Fonte: Wenger, 1998, p. 5 (adaptada pelos autores)

Esses quatro elementos – significado, prática, comunidade e identidade (WENGER, 1998, p. 5) – não caminham em separado. É no entroncamento das definições de conceitos que os permeiam que se constitui os processos pelos quais bifurcam na ocorrência de aprendizagem.

Significado: aprender pela experiência

O termo "significado" é entendido como a experiência constituída por meio de uma experiência de sentido, onde o sentido da prática é tido como a experiência da vida cotidiana (WENGER, 1998, p. 52). Dessa forma, significado reside num processo denominado por Wenger como negociação de significado.

Por sua vez, a negociação de significado abarca o trato de um desenvolvimento constituído por participação e reificação, em que ambas "formam uma dualidade que é fundamental para a experiência humana de significado e, portanto, para a natureza da prática" (WENGER, 1998, p. 52).

Prática: aprender fazendo

É importante entender que a prática, como aqui se entende por caracterizante de uma comunidade de prática, "não existe no abstrato. Existe porque as pessoas estão engajadas em ações cujos significados negociam umas com as outras" (WENGER, 1998, p. 73). Logo, a prática aqui apresentada é a que se dá por meio da interação entre indivíduos, onde "o foco principal dessa teoria é a aprendizagem como participação social" (WENGER, 1998, p. 4).

Ou seja, quando se fala do conceito de comunidades de prática, tanto o entendimento típico que se tem sobre as comunidades quanto o que se sabe sobre prática são transformados, onde se compreende que "o conceito de prática conota o fazer, mas não só o fazer em si e por si mesmo. Fazer, num contexto histórico e social que dá estrutura e significação ao que fazemos. Nesse sentido, a prática é sempre prática social" (WENGER, 1998, p. 47).

Comunidade: aprender pertencendo

A ideia que Wenger (1998) defende demonstra que não é qualquer tipo de prática que está habilitada a ser considerada como caracterizante de uma comunidade de prática, pois não são todas as comunidades que comportam a prática como algo significativo. Sendo assim, é preciso que fiquem claras algumas dimensões que dão forma a esse tipo de comunidade (Figura 2), que são: 1) engajamento mútuo; 2) empreendimento conjunto; e 3) repertório compartilhado (WENGER, 1998, p. 73).

Figura 2 – Propriedades que caracterizam uma comunidade de prática

Fonte: Wenger, 1998, p. 73 (adaptada pelos autores)

Baseado em Wenger (1998), entendo por engajamento mútuo o próprio esforço dos membros de uma comunidade em manterem seus laços sociais enquanto se dedicam em ações conjuntas, cujos significados são negociados entre eles durante tais ações.

Já o empreendimento conjunto pode ser definido como "o resultado de um processo coletivo de negociação que reflete toda a complexidade do engajamento mútuo" (WENGER, 1998, p. 77). Logo, o movimento dos membros-participantes da comunidade em direção a esse empreendimento conjunto é justamente o que a determina.

Por conseguinte, o repertório compartilhado de uma comunidade de prática é o resultado da combinação dos processos de participação e reificação manipulados durante os empreendimentos em conjunto efetivados pelos membros da comunidade (WENGER, 1998, p. 83). Faz parte desse repertório o próprio ato de narrar as próprias histórias e experiências significativas acerca dos sentimentos de pertencimento e afiliação às comunidades.

Identidade: aprender sendo ou tornando-se

Torres (2008) aponta que "a identidade da comunidade de prática é definida pelo domínio compartilhado de interesses" (TORRES, 2008, p. 59). Com vista a essa afirmação, é interessante perceber que o conceito de identidade está atrelado ao próprio sentimento de pertencimento a ela. Para que esse sentimento de pertencimento ocorra, são articulados todos os outros elementos descritos, compreendendo as atitudes de participação, envolvimento e engajamento do membro ativo.

Nesse sentido, o membro que se identifica com a sua comunidade de prática se sente à vontade para experienciar práticas de "engajamento mútuo", por meio de "empreendimentos conjuntos" e se valendo de um "repertório compartilhado". A intrínseca soma desses elementos é o que gera o sentimento de pertencimento e de identidade à sua comunidade de prática.

METODOLOGIA: A CONSTRUÇÃO DO CAMINHO INVESTIGATIVO

Valendo-me da abordagem qualitativa, a metodologia empregada na investigação foi a netnografia, que é "uma forma especializada de etnografia adaptada às contingências específicas dos mundos sociais de hoje mediados por computadores" (KOZINETS, 2014, p. 10).

A coleta dos dados foi realizada a partir do espaço e dos sujeitos relacionados ao curso: a plataforma digital em que o curso está hospedado, os grupos virtuais criados para o curso, os dados de entrevistas com o proponente/professor, monitores do curso, administrador dos grupos on-line e com alunos/consumidores do curso, além da análise partindo da minha experiência pessoal como aluno matriculado.

A netnografia se mostrou uma importante aliada, pois se apresenta como uma

> ferramenta metodológica que amplia as possibilidades oferecidas pela etnografia tradicional ao permitir o estudo de objetos, fenômenos e culturas que emergem constantemente no ciberespaço a partir do desenvolvimento e da apropriação social das tecnologias da informação e da comunicação (TIC). (CORRÊA; ROZADOS, 2017, p. 2)

Dessa forma, a pesquisa considerou as cinco etapas da netnografia sugeridas por Kozinets (2014), as quais estão organizadas e exemplificadas no quadro que segue (Quadro 1):

Quadro 1 – Etapas da pesquisa baseadas nos quesitos da netnografia

Etapas da Netnografia	Atividades realizadas	Período
1 – Momento em que se define os tópicos que serão investigados	Cumprimento dos créditos	Ago./2019 a Jul./2020
2 – Fase em que se dá a decisão, identificação e seleção da comunidade a ser estudada	Escolha do tema/campo empírico da pesquisa	Nov./2019
3 – Etapa em que se faz necessária a participação do pesquisador como forma de observar e se envolver com a comunidade em seu interior	Coleta de dados por meio da inserção em campo como aluno do curso e pesquisador	Maio/2020 a Out./2020
4 – Momento em que ocorre a análise e as interpretações dos dados coletados	Categorização dos dados/ análise a partir do referencial teórico	Ago./2020 a Set./2021
5 – Etapa da confecção da produção escrita, dando suporte para as apresentações e relatos dos resultados do estudo	Escrita de artigos com resultados parciais da pesquisa e elaboração do texto final da dissertação	Ago./2020 a Set./2021

Fonte: elaborado pelos autores

Portanto, as análises que desenvolvi durante este trabalho foram baseadas em dados inventariados a partir dos apontamentos e sugestões de Kozinets (2014), os quais foram organizados, codificados e categorizados buscando um entendimento acerca de como Mateus Starling estrutura e organiza o curso online pesquisado.

Como os procedimentos metodológicos foram organizados?

Durante a pesquisa, pautei-me em dados levantados por meio de notas descritas em diário de campo da minha própria participação e experiência pessoais enquanto estudante de guitarra elétrica matriculado no curso, além dos diálogos e conteúdos gerados diariamente pelos participantes dos grupos virtuais no período de 31 de maio de 2020 a 15 de outubro de 2020. Dessas observações em diário, obtive 148 páginas manuscritas em um caderno com o tamanho e formato de folhas em 200mm por 275mm (Foto 1).

Foto 1 – Formato das folhas em manuscrito das anotações feitas em diário de campo

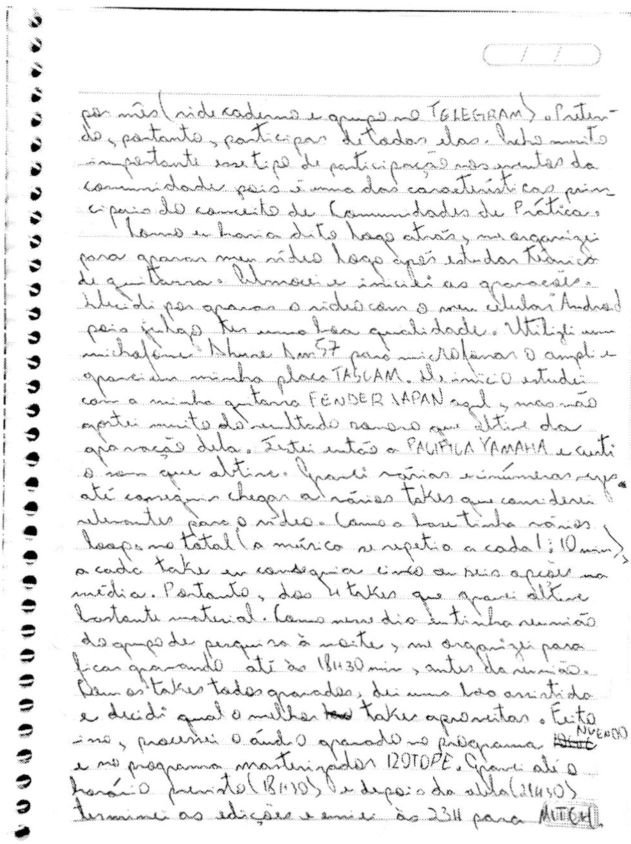
por mês (vide caderno e grupo no TELEGRAM). Pretendo, portanto, participar de todos eles. Acho muito importante esse tipo de participação nos eventos da comunidade pois é uma das características principais do conceito de Comunidades de Práticas.
Como eu havia dito logo atrás, me organizei para gravar meu vídeo logo após estudar técnica de guitarra. Almocei e iniciei as gravações. Decidi por gravar o vídeo com o meu celular Android pois julgo ter uma boa qualidade. Utilizei um microfone Shure Sm57 para microfonar o ampli e gravei na minha placa TASCAM. De início estudei com a minha guitarra FENDER JAPAN azul, mas não gostei muito do resultado sonoro que obtive da gravação dela. Testei então a PACIFICA YAMAHA e senti o som que obtive. Gravei várias e inúmeras vezes até conseguir chegar a vários takes que considerei relevantes para o vídeo. Como a base tinha vários loops no total (a música se repetia a cada 1:10 min), a cada take eu conseguia cinco ou seis opções na média. Portanto, dos 4 takes que gravei obtive bastante material. Como nesse dia eu tinha reunião do grupo de pesquisa à noite, me organizei para ficar gravando até às 18h30 min, antes da reunião. Com os takes todos gravados, dei uma boa assistida e decidi qual o melhor take aproveitar. Feito isso, processei o áudio gravado no programa NUENDO e no programa masterizador IZOTOPE. Gravei até o horário previsto (18h30) e depois da aula (21h30) terminei as edições e enviei às 23h para MITCH.

Fonte: elaborada pelos autores

Especificamente sobre as interações e observações ocorridas nos grupos virtuais do *Telegram*, arquivei todos os dados na íntegra e em texto, em dois arquivos *word*, totalizando 1.708 páginas.

Os dados coletados contaram ainda com gravações e transcrições de oito entrevistas semiestruturadas, realizadas com: o proponente/produtor e principal tutor do curso, Mateus Starling; o administrador dos grupos virtuais no *Telegram* e responsável pelo suporte técnico dado aos alunos, Mitch Gritlet; os dois professores-tutores, Bruno Albernaz e Lucas Mirim; e quatro alunos matriculados no curso, Elinton Lemes, Lauro Crivellaro, Ricardo Lima e Zé Netto. O volume de dados e período em que ocorreram tais entrevistas estão explicitados no quadro a seguir (Quadro 2):

Quadro 2 – Colaboradores entrevistados, duração e total de páginas transcritas das entrevistas

Colaborador	**Papel desenvolvido na plataforma**	**Tempo de entrevista**	**Total de páginas transcritas**
Mateus Starling	Fundador da plataforma virtual e proponente/professor do curso	01h24m e 01h03m	62 páginas
Zé Netto	Aluno do curso e membro da comunidade virtual no *Telegram*	02h17m	56 páginas
Lauro Crivellaro	Aluno do curso e membro da comunidade virtual no *Telegram*	01h37m e 30m	50 páginas
Ricardo Lima	Aluno do curso e membro da comunidade virtual no *Telegram*	01h18m	30 páginas
Elinton Lemes	Aluno do curso e membro da comunidade virtual no *Telegram*	01h40m	39 páginas
Bruno Albernaz	Professor-tutor do curso	01h47m	42 páginas
Lucas Mirim	Professor-tutor do curso	01h47m	40 páginas
Mitch Gritlet	Administrador da *Starling* virtual e dos grupos virtuais no *Telegram*	03h32m	79 páginas
		16h55m	**398 páginas**

Fonte: elaborado pelos autores

As análises originadas no decorrer da pesquisa levou em conta a caracterização do curso on-line de guitarra elétrica investigado como uma comunidade de prática, compreendendo: os sujeitos colaboradores da pesquisa como membros ativos na comunidade; os materiais músico-pedagógicos disponibilizados na plataforma *Starling Academy of Music* virtual como repertório compartilhado entre membros – participação e reificação –; e os grupos virtuais no *Telegram* como espaços de interações – engajamento mútuo – entre membros afiliados.

ESTRUTURA DO CURSO

Logística de funcionamento

A *Starling Academy of Music virtual* é a plataforma on-line de estudos de música onde estão hospedados os materiais músico-pedagógico, no formato assíncrono, disponibilizados aos ingressantes dela. A plataforma se constitui como parte integrante do processo de ensino e aprendizagem de guitarra elétrica do curso on-line pesquisado, onde o "todo" deste processo deve ser entendido como o domínio compartilhado (WENGER-TRAYNER, 2015) desse curso, em que a identidade dos membros da comunidade de prática é definida pelo domínio do empreendimento que se faz em conjunto – que, no caso, é o aprendizado da guitarra elétrica.

Tal definição exacerba a ideia típica que se tem do compartilhamento entre indivíduos de um simples espaço enquanto comunidade, ou ainda de uma mera rede de conexões pessoais. Ou seja, uma comunidade de prática se desvencilha de tais ideias à medida em que seus membros constroem uma identidade em comum a partir do domínio sobre a comunhão dos seus interesses mútuos (MURASSE, 2018).

O "núcleo duro" do curso on-line está estruturado em cinco módulos, sendo que o primeiro é um módulo adicional introdutório. Cada um deles é composto por eixos distintos de conhecimento, os quais estão fundamentalmente ancorados em aspectos relacionados aos módulos do curso de guitarra, mantendo-se sempre uma relação de entrelaçamento entre os materiais didático-musicais inspirados por esse módulo.

Baseados na disposição e organização dos módulos, os conteúdos músico-pedagógicos se apresentam em cinco níveis, divididos entre as classes de guitarra, improvisação, percepção e harmonia.

O módulo introdutório aborda principalmente assuntos relacionados à iniciação dos alunos na plataforma, apresentando instruções para navegação no interior dela e técnicas de estudo para um melhor aproveitamento dos conteúdos disponibilizados. Nesse módulo, está presente o "Fluxograma das aulas" (Figura 3), o qual apresenta o Núcleo Duro num esquema detalhado, numa espécie de cronologia organizada das aulas.

Figura 3 – Fluxograma da cronologia das aulas

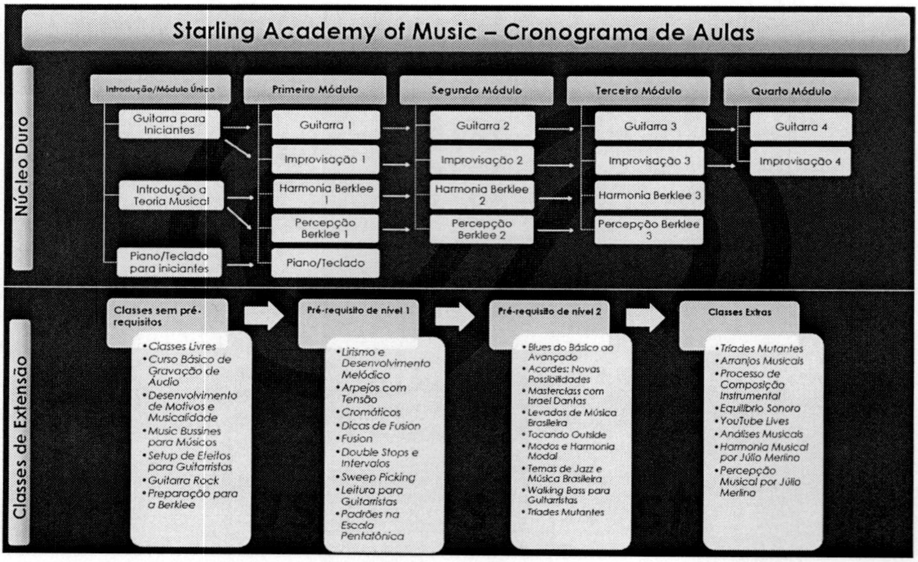

Fonte: site onde o curso está hospedado

Tal fluxograma me trouxe uma visão geral, resumida e objetiva dos conteúdos didáticos disponíveis aos membros recém-chegados. Vale destacar que o Núcleo Duro engloba os conteúdos em que se concentraram as observações e aferições da minha pesquisa, ou seja, os materiais musicais referentes ao aprendizado de guitarra elétrica e que estão disponibilizados como repertório compartilhado (WENGER, 1998) aos membros da comunidade de prática.

Faz parte da organização do curso dois grupos virtuais no *Telegram*, onde é oferecido suporte aos alunos e também intervenções efetivas entre professores-alunos e alunos-alunos. Dessa forma, no intuito de os membros centrais de nossa comunidade de prática melhor engajarem os recém-afiliados a ela e, assim, fazer com que a adesão plena desses membros se dê de maneira significativa, os referidos grupos virtuais são de fundamental importância.

A equipe de trabalho

Além de ter concebido, ser o principal professor à frente das gravações do curso on-line que criou e de ser um dos tutores dentro dos grupos virtuais de alunos/membros no *Telegram*, Mateus Starling possui outras atribuições técnicas exigidas durante o andamento dos trabalhos. Dentre essas funções, cito: a coordenação pedagógica dos materiais musicais disponibilizados aos alunos ingressantes; organização desses materiais no interior da *Starling* virtual; edição e produção de parte dos vídeos, inclusive para as suas redes sociais; e decisão sobre as linhas editoriais adotadas durante a produção dos conteúdos gratuitos disponibilizados nessas redes.

Uma das principais incumbências de Mateus Starling na comunidade de prática são os *feedbacks* diários direcionados aos alunos dentro dos grupos on-line no *Telegram*. Esses *feedbacks* se davam por meio das respostas de Mateus Starling aos alunos-membros que enviavam dúvidas durante o dia nos grupos virtuais (Imagem 2); ou então, a partir da sua avaliação pessoal dos vídeos postados pelos alunos. Os apontamentos de Mateus eram feitos nos formatos de texto, áudio ou vídeo.

Figura 4 – Mateus responde os alunos no grupo virtual do *Telegram*

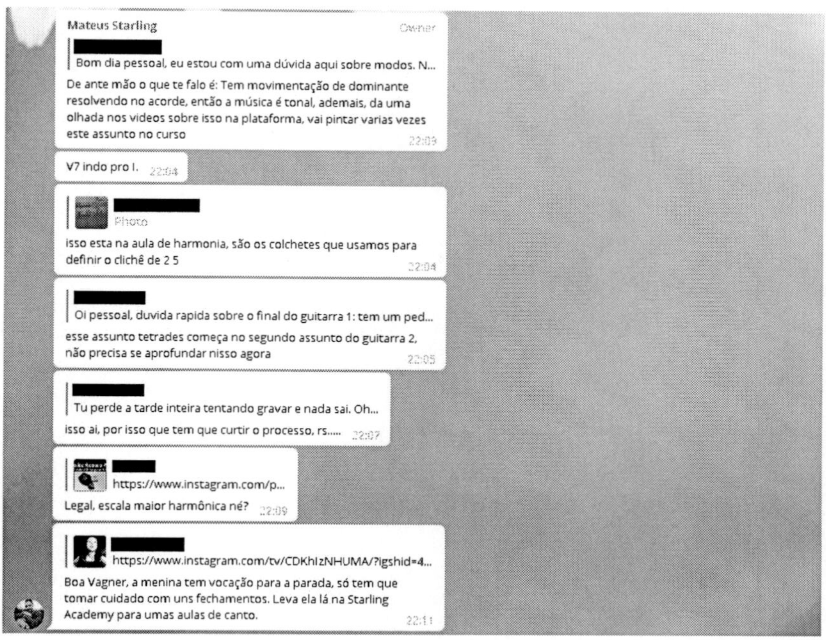

Fonte: grupo no *Telegram* criado para os alunos ingressantes

Todavia, Mateus Starling não atua de maneira solitária dentro da comunidade de prática, pois divide parte dessas incumbências com Mitch Gritlet, que é administrador da plataforma e dos grupos on-line no *Telegram*, e com os tutores do curso on-line de guitarra: Bruno Albernaz e Lucas Mirim. Desse modo, é possível admitir que tais membros da equipe, incluindo Mateus Starling, formam o grupo nuclear da comunidade de prática, o qual é responsável por energizá-la por meio de paixão e engajamento (KIMIECK, 2005).

Mitch Gritlet, além de exercer as funções técnicas e administrativas da plataforma, também realiza edições e finalizações da maioria das videoaulas que fazem parte do curso. Vale destacar que uma das preocupações dele e de Mateus Starling é a renovação dos materiais em áudio e vídeo contidos na plataforma. Não só a produção de novos materiais como também regravações de aulas antigas. Com isso, os processos de gravações, regravações, edições e finalizações dessas videoaulas se tornam contínuos, integrando a rotina diária de trabalho de Mitch Gritlet na comunidade de prática.

Mitch Gritlet também é responsável em oferecer suporte técnico aos alunos que estão matriculados no curso on-line. É importante frisar que esse suporte contempla não só os membros considerados veteranos na comunidade, mas também os recém-chegados.

Os outros dois integrantes da equipe são Bruno Albernaz e Lucas Mirim. Suas funções nos grupos virtuais são de monitorar os membros da comunidade de prática que porventura precisem de auxílio com os estudos. Quando perguntado por mim sobre as atribuições dentro dos grupos no *Telegram*, Bruno Albernaz me respondeu que *"basicamente, a minha atuação ali é observando o que os alunos postam dentro dos grupos, e quando solicitado eu avalio os vídeos. Procuro sempre dar dicas ali do que que a galera pode melhorar" (BRUNO ALBERNAZ, 2021).*

Os dois monitores também mantêm mentorias on-line semanais em modalidade síncrona, as quais ocorrem em grupo com os alunos-membros. A ideia das mentorias partiu da necessidade de atender os membros da comunidade em modalidade síncrona, em que o tutor/membro pudesse ter um contato mais próximo e pessoal com os alunos.

Os alunos do curso

A seleção dos colaboradores que seriam os meus entrevistados se deu de forma orgânica. Primeiramente, o convite foi feito a Mateus Starling, que me atendeu de pronto. Depois foi a vez de escolher os alunos/membros que estão matriculados no curso. Essa seleção se deu com a minha inserção nos grupos virtuais no *Telegram*. Por meio dos meus contatos iniciais com os alunos já inseridos nos grupos, pude observar quais membros participavam de forma mais ativa. Conforme observava, fui me aproximando deles para que tivéssemos uma relação amigável e, assim, pudesse fazer o convite para poder entrevistá-los.

Os colegas que selecionei para entrevistar eram muito participativos nos grupos. Postavam sempre, quase que diariamente, vídeos deles mesmos tocando ou estudando para que recebessem *feedback* do restante da turma, perguntas ao professor Mateus Starling relacionadas aos estudos musicais, e também iniciavam diálogos com os outros membros da comunidade de prática por meio de variadas postagens.

Como existiam dois grupos virtuais no *Telegram*, decidi entrevistar alunos com as características inerentes de cada grupo, ou seja, alunos que se consideravam iniciantes e alunos já mais experientes. Portanto, os alunos entrevistados foram, respectivamente: Zé Netto, Lauro Crivellaro, Ricardo Lima e Elinton Lemes.

A COMUNIDADE DE PRÁTICA ESTUDADA

A organização dos grupos virtuais no *Telegram*

Como já mencionado, além da plataforma virtual onde os materiais músico-pedagógicos estão aninhados, a comunidade de prática possui ainda dois grupos exclusivos no aplicativo *Telegram*: um grupo reunindo todos os membros ingressantes na comunidade e outro direcionado – mas não exclusivo – aos membros que se considerassem iniciantes[13]. Nesses grupos, os alunos têm acesso ao suporte on-line que ocorre todos os dias com o próprio Mateus Starling, com Mitch Gritlet, e com os professores-tutores Bruno Albernaz e Lucas Mirim. Além disso, todos os alunos/membros podem interagir entre si, sem limitações.

Os debates vivenciados nos dois grupos tiveram origem nas discussões, trocas de experiências e negociações de significados entre os membros da comunidade de prática. Estando ativo no grupo, percebi que as pautas dessas discussões partiam dos interesses em comum aos participantes, desde informações sobre equipamentos e materiais pedagógicos relacionados aos estudos de música, até pedidos de *feedback* coletivo acerca dos assuntos que estavam estudando em suas épocas.

[13] Esclareço que os alunos ingressantes tinham total liberdade para escolherem os grupos que gostariam de frequentar.

As interações passavam ainda por discussões acerca das curiosidades sobre tecnologias de gravação de áudio e vídeo profissionais relacionadas ao universo musical, como também pela divulgação dos próprios trabalhos artísticos dos membros, dentre outros interesses.

Vale frisar que quando me tornei membro da comunidade de prática só existia um grupo virtual de alunos no aplicativo *Telegram* vinculado ao curso. A criação de tal grupo se deu no intuito de disponibilizar um espaço onde os estudantes iniciantes da plataforma se sentissem mais à vontade para se expressarem e se exporem.

Mesmo com essa divisão, qualquer membro que optar pode transitar pelos dois grupos. Portanto, por vezes e durante a escrita deste texto, abordo os dois grupos como se fossem a constituição de apenas um, pois não havia nenhum tipo de restrição quanto a transitoriedade dos membros da comunidade em seus interiores.

A única convenção que estava subentendida na época da criação do segundo grupo era que neste os membros veteranos deveriam abrir espaço para as postagens dos membros que se considerassem iniciantes. Com essa atitude, emerge o que Wenger (1998) denominou por *encontro de limite de fronteira*, em que "em termos de negociação de significado, os efeitos de conexão dos encontros de fronteira dependem da distribuição das relações internas e de fronteira entre os envolvidos" (WENGER, 1998, p. 112).

As interações que ocorrem nos grupos virtuais do *Telegram* são as principais formas pelas quais nós, enquanto membros dessa comunidade de prática, conduzimos nossas experiências de significado. Por meio de um processo dualístico de participação e reificação (WENGER, 1998, p. 150), essas vivências são responsáveis por inúmeras negociações acerca de nossas identidades, onde "a experiência da identidade na prática é uma forma de estar no mundo" (WENGER, 1998, p. 151). Dessa maneira,

> [...] uma identidade, portanto, é uma camada de eventos de participação e reificação através dos quais nossa experiência e sua interpretação social se informam mutuamente. À medida que encontramos nossos efeitos no mundo e desenvolvemos nossas relações com os outros, essas camadas se constroem umas sobre as outras para produzir nossa identidade como um entrelaçamento muito complexo de experiências participativas e projeções reificativas. Reunindo os dois durante a negociação de significado, construímos quem somos. (WENGER, 1998, p. 151)

Para que o desenvolvimento das relações ocorra nesses grupos virtuais – e assim a construção de identidades –, os membros da comunidade de prática enviam e postam no grupo mensagens de texto, áudio e vídeo gravados por eles mesmos. Na maioria das vezes, tais materiais postados fazem alusão às evoluções pessoais nos estudos da guitarra elétrica, os quais se utilizam dessas postagens como forma de pedir a opinião dos demais colegas sobre as suas próprias performances (Figura 5).

Figura 5 – Exemplo da interação de alunos dentro do grupo no *Telegram*

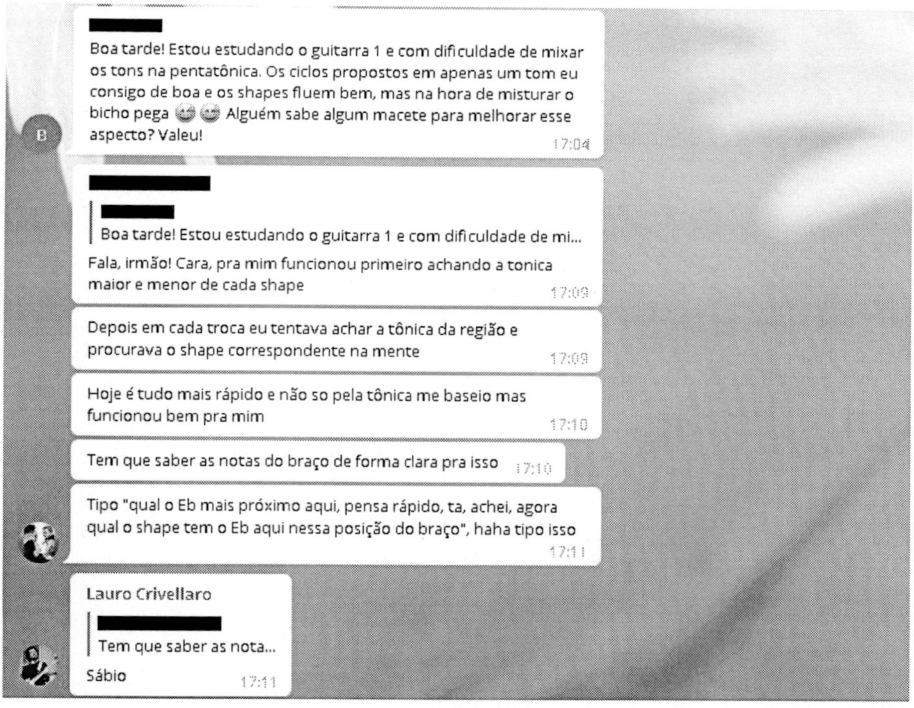

Fonte: grupo no *Telegram* criado para os alunos ingressantes no curso on-line de guitarra

Como resposta a essas postagens, os membros responsáveis por elas recebem *feedbacks* dos demais membros da comunidade sobre o material postado. Dessa maneira, são promovidas diversas interações relevantes para o estudo da guitarra elétrica e que fazem parte do cotidiano dessa comunidade de prática. Esse material postado também pode ser considerado como repertório compartilhado entre os membros, resultado da reificação de participações significativas no interior da comunidade. Logo, compartilhar repertórios também é um modo de interação e engajamento mútuo, os quais são imprescindíveis para a negociação de significado e de identidade (WENGER, 1998).

Baseado nas experiências de significado que vivenciei durante a rotina no interior da comunidade de prática junto aos demais participantes, percebi que ali se encontravam muitos membros que poderiam ser considerados veteranos, os quais possuidores de um senso de adesão à comunidade de prática mais pleno que os demais. Digo isso não pela destreza musical desses membros, mas sim porque seus ingressos datam de tempos atrás e suas postagens e *feedbacks* direcionados aos colegas possuem um caráter e desenvoltura mais familiares com as próprias dinâmicas e funcionamento dos grupos virtuais. Esta última característica, inclusive, revela a profunda identificação desses membros com a comunidade de prática.

Em outras palavras, entendo que as contribuições desses membros veteranos auxiliam consideravelmente as trajetórias de experiência dos membros novatos. Em vista disso, entendo que

> [...] como comunidade de prática, esses veteranos entregam o passado e oferecem o futuro [aos recém-chegados], tanto sob a forma de narrativas quanto participação. Cada um tem uma história para contar. Além disso, a própria prática dá vida a essas histórias, e a possibilidade de engajamento mútuo oferece uma maneira de entrar nessas histórias através da própria experiência. (WENGER, 1998, p. 156)

Os membros veteranos também proporcionavam a maioria dos *feedbacks* direcionados aos alunos que assim o desejassem. A essa dinâmica, envolvendo o encontro dos novos membros em comunidades de prática com os que já se encontram integrados a ela, Lave e Wenger (1991) deram o nome de "participação periférica legitimada".

Assim, a aprendizagem da guitarra elétrica na comunidade não se dá simplesmente por meio dos estudos dos materiais musicais disponibilizados para o curso, os quais estão hospedados na *Starling* virtual; ou ainda tão somente pelas dúvidas direcionadas e respondidas pelos professores ou tutores nos grupos on-line. Essa aprendizagem se estabelece à medida que se aflora um tipo de legitimidade e sentimento de pertencimento à comunidade conforme entrada e reunião dos recém-chegados com os veteranos, membros já pertencentes a ela.

A partir dessa reunião, os membros – recém-chegados e veteranos – interagem, compartilham repertórios e histórias, identificam-se e aprendem uns com os outros por meio dos empreendimentos que negociam mutuamente e em conjunto, ratificando a ideia de que a aprendizagem produz significado (WENGER, 1998). Tais atitudes fazem com que a aprendizagem situada (LAVE; WENGER, 1991) se estabeleça e, com ela, o próprio desenvolvimento das identidades e formas de estabelecimento e adesão à comunidade.

A importância dos grupos virtuais

Os grupos virtuais no *Telegram*, pensados por Mateus Starling no sentido de fomentar os estudos de guitarra elétrica entre os alunos do curso investigado, têm importância fundamental no desenvolvimento das atividades que ocorrem na comunidade de prática. Ratificando tal perspectiva, Ricardo Lima, um dos membros ativos na comunidade, ao ser indagado em entrevista sobre como seriam os estudos supondo a inexistência desses grupos, me respondeu que

> *[...] se não tivesse [...], eu acho que ficava um pouco solto, sem referência, sem um ambiente. Como o próprio Mateus diz que o grupo é um grupo de fomento, de você tá alimentando ali, tá pensando em música o tempo todo. Quando você tá sozinho, pensando sozinho em coisas, isolado, acho que fica mais difícil. Então, ali dentro do grupo, além dos vídeos, às vezes o cara tem uma dúvida que é parecida com a sua. E aí quando eu leio ali a resposta, isso enriquece bastante.* (RICARDO LIMA, 2020).

O entrevistado expressa a relevância de estar inserido nos grupos como forma de obter estímulo para que, ao se relacionar com outras pessoas, a assimilação dos estudos ocorra de maneira mais simples e enriquecedora. Aqui, entendo que o aprendizado acontece conforme as relações estabelecidas com o mundo e com os outros são afinadas em conformidade a partir de interações suscitadas perante os engajamentos em buscas conjuntas (WENGER, 1998). Sucintamente, isso é o que Wenger (1998) apresenta como definição para o conceito de prática.

Direcionando um outro olhar para tal raciocínio, Lauro Crivellaro acredita que a importância da interação nos grupos também se dá no sentido de obter trocas de experiências sociais com pessoas inseridas em culturas diversas e que vivem em variadas regiões do Brasil. Segundo o guitarrista,

> *[...] essa troca assim são portas. Daqui a pouco o cara vai praí, marca um bagulho contigo, conversa contigo, troca uma ideia. Ou tu vem pra cá pro sul e tu tem já uma referência. Então são*

> *portas, acho que em pensamentos diferentes. Porque por mais que a gente viva na mesma cultura do Brasil, é muito diferente Porto Alegre do Rio, do Rio pra interior de São Paulo, né? Então são culturas diferentes dentro da mesma cultura. É muito legal de ver, além dessa questão musical, da questão humana mesmo, de tu conversar, trocar uma ideia com pessoas que tão pelo mesmo objetivo que tu, que é aprender guitarra ou o violão, enfim. [...] Eu acho importante isso cara, essa troca, eu acho que é isso que é o mais legal.* (LAURO CRIVELLARO, 2020)

Lauro Crivellaro advoga para o fato de que ao manter contato com os outros membros da comunidade de prática através dos grupos virtuais, outras possibilidades são oportunizadas por conta desse relacionamento, abarcando horizontes que vão além do meio digital. Sua fala é instigante pois sua assimilação extrapola a própria ideia que se tem sobre as funções originais dos grupos virtuais criados para o curso. Além disso, tal perspectiva sobeja as próprias fronteiras entre o on-line e o off-line ao citar encontros presenciais com os membros da comunidade.

Numa perspectiva semelhante de pensamento, Elinton Lemes comenta que não haveriam diferenças consideráveis caso um dia viesse a conhecer Mateus Starling ou outros membros da comunidade presencialmente. Ao conversarmos sobre isso, ele me explicou que

> *[...] eu nunca falei com ele [Mateus Starling] pessoalmente. Mas assim, parece que é amizade, sabe? Não só com ele, mas também com o professor Bruno Albernaz. [...] Então assim, eu acho sensacional! Não acho que tenha diferença se eu conhecesse pessoalmente, eu acho, eu acredito que seria um bom relacionamento. Inclusive com vários [outros] colegas. Tem alguns colegas que deram altas dicas lá também já, que me levaram a estudar coisas que eu não pensaria sozinho. O grupo de fomento, que é aquele, juntar os alunos, como ele comentou, eu nunca tinha feito nada parecido, é sensacional! Ele te ajuda muito, não só os professores, como os colegas.* (ELINTON LEMES, 2020)

Uma outra importante experiência de significado promovida nos grupos virtuais é a negociação de repertórios compartilhados que ocorre por meio da produção de enquetes. Essas enquetes são organizadas esporadicamente pelos membros centrais da nossa comunidade de prática, e tem por intuito envolver os demais membros em decisões acerca dos materiais músico-pedagógicos disponibilizados na plataforma *Starling* virtual. Ao falar a respeito de tal prática, Mitch Gritlet me elucidou:

> *Vez ou outra o Mateus, ele "pow cara, vamo fazer uma enquete pra ver o que que o pessoal tá querendo". Daí surgiu por exemplo a aula de Harmonia Avançada, que é uma aula que, uma classe que a gente criou ali. Acho que a aula tá dividida em duas partes. [...] Isso veio de uma enquete que a gente fez dentro do grupo, tipo assim "ó, o que que vocês gostariam de ver [no curso]?".* (MITCH GRITLET, 2021)

Percebe-se nesse trecho transcrito, um cuidado especial no trato desses materiais musicais reificados e depositados na plataforma, os quais foram disponibilizados para nossa comunidade de prática. Nesse sentido, a própria classe de Harmonia Avançada citada por Mitch Gritlet pode ser entendida como produto reificado das práticas ocorridas por meio da produção das enquetes promovidas nos grupos virtuais – empreendimento conjunto –, as quais disponibilizadas aos membros da comunidade como repertório compartilhado.

Durante minhas observações, principalmente nos momentos em que participei ativamente dos empreendimentos em conjunto nos grupos virtuais, entendi que esse cuidado com os materiais musicais não era algo que acontecia de maneira verticalizada, ou seja, partindo de decisões ou ordens monocráticas de Mateus Starling. Pelo contrário: isso acontecia dando voz ativa aos membros da comunidade, independentemente do nível de suas adesões.

Portanto, compreendo que a criação dos grupos virtuais no *Telegram* e as dinâmicas oportunizadas pelas interações que ocorrem entre nós enquanto membros dessa comunidade de prática – engajamentos mútuos e empreendimentos conjuntos –, exercem forte influência no desenvolvimento dos materiais músico-pedagógicos – reificação – disponibilizados como repertório compartilhado na plataforma on-line de estudos musicais. Tal perspectiva se torna ainda mais presente pois são nesses grupos que ocorrem as negociações e experiências de significados que nos transformam enquanto membros, construindo e moldando de forma autêntica e dinâmica nossas próprias identidades de músicos e aprendizes da guitarra elétrica. Tudo isso faz com que a aprendizagem se torne a própria origem da estrutura social à qual pertencemos (WENGER, 1998).

A relação professor-aluno

Em nossa comunidade de prática, uma das características que destaco como uma das mais bem-sucedidas é que dificilmente o membro ingressante se sente desassistido pelos demais membros. Nesse sentido, uma das condições a ser mencionada é que os grupos virtuais dedicados ao curso "nunca dormem", ou seja, estão sempre acessíveis e abertos aos membros ativos, em quaisquer circunstâncias, em qualquer dia da semana, em qualquer hora da noite ou do dia. Portanto, os membros podem interagir ininterruptamente se assim o desejarem e, logicamente, se no momento oportuno estiverem on-line e conectados à internet.

Os formatos que aqui discuto e que são inspirados no referencial teórico que engloba o conceito de comunidades de prática (WENGER, 1998) não possuem guarida em modelos costumeiros onde se discutem o ensino e a aprendizagem de música. Nesses modelos, as figuras do professor e do aluno desempenham papéis centrais.

Dada essa realidade, surge a seguinte questão: como seria a melhor maneira de aproximar o conceito de comunidades de prática para um contexto considerado tradicional em ensino e aprendizagem musicais? Wenger (1998) responde:

> O que parece promissor são formas inventivas de envolver os estudantes em práticas significativas, de proporcionar acesso a recursos que aumentem sua participação, de abrir seus horizontes para que possam se colocar em trajetórias de aprendizagem com as quais possam se identificar, e de envolvê-los em ações, discussões e reflexões que façam a diferença para as comunidades que valorizam. (WENGER, 1998, p. 10)

A partir da minha perspectiva enquanto membro ativo na comunidade de prática, posso afirmar que são justamente esses os quesitos que os professores-tutores se preocupam em desenvolver com os alunos ingressantes no curso on-line investigado. Dado o contexto, aponto que além das interações que ocorrem entre os alunos/membros do curso, destaco a atuação desses professores-tutores, os quais exercem papéis específicos e fundamentais na assistência dada aos membros ingressantes.

Como já destacado neste texto, a atuação de Mateus Starling na comunidade de prática acontece diariamente. Essa sua postura, enquanto membro veterano e nuclear, demonstra que o professor de guitarra sabe da importância de sua presença como forma de demonstrar confiança e motivação aos demais membros.

As intervenções de Starling na comunidade ocorriam principalmente a partir dos materiais que os alunos postavam no grupo. Esses materiais podiam ser vídeos de performances musicais, vídeos executando exercícios na guitarra, perguntas por mensagem de texto ou áudio, entre outros. Mesmo se o membro postasse um vídeo tocando algum exercício na guitarra, como forma de pedir *feedback* aos demais membros da comunidade, na maioria das vezes esse vídeo era acompanhado com um texto explicando como esse exercício havia sido executado e qual era a finalidade do mesmo. Isso aconteceu quando eu gravei e postei um vídeo onde eu demonstrava um estudo de tríades (Figura 6), no qual pedia *feedback* aos membros da comunidade sobre tal estudo.

Figura 6 – Meu pedido de *feedback* e resposta de Mateus Starling na comunidade

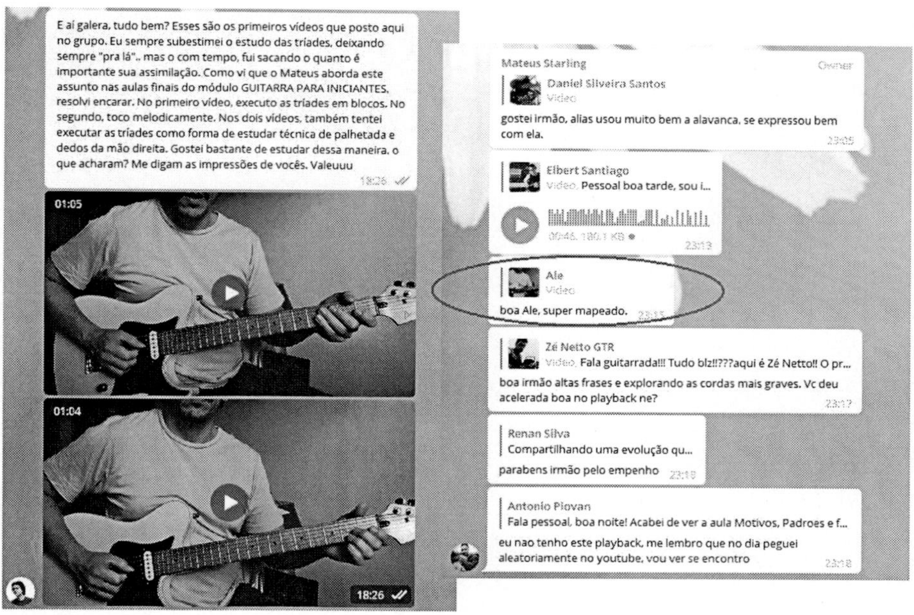

Fonte: grupo no *Telegram* criado para os alunos ingressantes no curso on-line de guitarra

A resposta de Mateus Starling foi bem curta e simples em relação ao vídeo que postei, porém a atitude do principal professor-tutor fez brotar em mim a sensação de pertencimento à comunidade, pois ressignificou minha experiência enquanto participante ativo. Toda a energia gasta enquanto estudava os exercícios das tríades, depois ao me preparar para gravar o que havia estudado, o trabalho de edição do vídeo e do áudio referentes ao material produzido, a própria postagem do vídeo no grupo culminando com o *feedback* de Mateus Starling ao final do processo, tudo isso se transformou em produto reificativo da minha própria experiência de identidade enquanto membro da comunidade.

Ou seja, esse processo fez com que eu entendesse que "o envolvimento na prática nos dá certas experiências de participação, e aquilo a que as nossas comunidades prestam atenção nos reifica como participantes" (WENGER, 1998, p. 150).

A relação aluno-aluno

Nos meses em que estive imerso no dia a dia das atividades relacionadas à comunidade de prática, percebia uma interação muito intensa que ocorria diariamente entre os membros da comunidade. Essas interações aconteciam primordialmente nos grupos virtuais criados para o acompanhamento dos indivíduos que estavam dispostos a debaterem assuntos pertinentes aos estudos da guitarra elétrica e a se exporem como forma de serem avaliados por meio dos *feedbacks* oportunizados pelos demais membros da comunidade.

Contudo, é evidente que nem todos os quase quatrocentos membros – número aproximado dos alunos ativos quando me afiliei à comunidade – se comportam, participam ou interagem uns com os outros ou com os professores-tutores da mesma forma, nem mesmo com a mesma intensidade ou periodicidade. Por vezes, tais envolvimentos se mostram sólidos e duradouros, enquanto que em outros é bastante volátil.

Ou seja, apesar de serem intensas e acontecerem todos os dias, não existe uma homogeneidade nas interações que se sucedem em nossa comunidade de prática, pois é na diversidade destas que se constituem e se moldam as identidades dos membros que ali se encontram. Ou, melhor dizendo, "é a interação de participação e a de não-participação que torna a experiência consequente" (WENGER, 1998, p. 165).

Nos grupos também ocorre o compartilhamento de histórias entre os membros. Sobre isso, Wenger (1998, p. 211) vai dizer que "o trabalho de construção da comunidade [...] requer a mutualidade que histórias compartilhadas produzem, um senso de passado e futuro conectados que cria laços". Sendo assim, as histórias inspiradas, contadas e compartilhadas pelos membros no interior dos grupos virtuais reifica nossa própria participação enquanto prática.

Na visão de Ricardo Lima, a partilha entre membros no interior dos grupos virtuais possui relevante contribuição para o aperfeiçoamento e evolução dos estudos musicais. Quando perguntei a ele em entrevista o que achava sobre manter contato com outros alunos do curso, ele me respondeu:

> *Eu acho importante porque traz uma motivação, de você tá dando continuidade dos estudos. Você consegue, eu acho que equiparar, [...] o quanto você evoluiu e perceber também o quanto os alunos, ao longo do curso, vêm evoluindo e desenvolvendo a cada vídeo ali postado, a linguagem do cara. Você nunca toca igual.* (RICARDO LIMA, 2020)

Sua fala sugere que ao conviver com outros membros da comunidade, os quais também em busca do mesmo objetivo que ele, a motivação pessoal ocorre, inclusive, no sentido de acompanhar a evolução musical dos demais colegas. Segundo ele, o acompanhamento se dá com a apreciação dos vídeos postados por outros membros da comunidade de prática. Ou seja, Ricardo Lima se motiva ao acessar o produto final reificado das experiências de prática desses colegas – participação e reificação (WENGER, 1998). O guitarrista continua:

> *Essa semana mesmo eu fiz uma frase com cromatismo e aí eu mandei pro Zé. Ele gravou e eu achei interessante que ele tem uma linguagem bem jazzística. Eu falei "poxa, se eu fosse gravar acho que ia sair mais rock'n'roll". E aí eu gostei bastante, hein Ale! Aquele suingue de semicolcheia do jazz tá ali presente no vídeo do Zé. É isso, você perceber a variedade de linguagens dentro do mesmo conteúdo é bacana.* (RICARDO LIMA, 2020)

Neste trecho, Ricardo Lima conta sobre sua experiência direta de interação junto ao colega de curso Zé Netto. O guitarrista relata que, ao gravar e reproduzir uma "frase com cromatismo" que ele compôs, ele compreendeu que Zé Netto transformou o próprio sentido musical daquele material que havia pensado *a priori*, onde o toque jazzístico representou essa transformação. Por sua vez, esse material musical reificado através dessa prática conjunta representa a troca de experiências entre os dois, onde o próprio ato de me relatar essa sua experiência de prática com o colega de comunidade já caracteriza a construção da sua identidade enquanto membro da nossa comunidade de prática. Sendo assim,

> [...] o engajamento contínuo na prática produz uma capacidade de interpretar e fazer uso do repertório dessa prática. Reconhecemos a história de uma prática nos artefatos, nas ações e na linguagem da comunidade. Podemos fazer uso dessa história porque temos sido parte dela e ela agora faz parte de nós; fazemos isso através de uma história pessoal de participação. Como identidade, isso se traduz em um conjunto pessoal de eventos, referências, memórias e experiências que criam relações individuais de negociabilidade com respeito ao repertório de uma prática. (WENGER, 1998, p. 153)

Em minhas incursões enquanto membro ativo nos grupos virtuais, percebi que a relação entre Ricardo Lima e Zé Netto se mostrou muito próxima e produtiva, pois os companheiros interagiam consideravelmente dentro desses grupos. Todavia, essa reunião de membros não se resumia somente aos dois, pois, segundo Zé Netto, Lauro Crivellaro também fazia parte do grupo. Ao me confirmar tal informação, Zé Netto relatou: "*eu converso muito com eles, e eu aprendo muito bicho, eu aprendo muito*" (ZÉ NETTO).

Ao falar sobre os diferentes tipos de intervenções vindo dos dois colegas de comunidade, Zé Netto explicou que:

> *Lauro tem observado pontos no meu som que eu nunca tinha prestado atenção, entendeu? Então o feedback dele é muito legal bicho, muito legal. Ricardo já tem um feedback diferente do de Lauro. É diferente porque Ricardo tá no faixa branca né, vamo colocar assim, feito o professor Mateus fala. Ele tá no faixa branca. Então a percepção do som dele é mais uma percepção no geral, mais holística do que a percepção do Lauro. Lauro já vai mais pontual.* (ZÉ NETTO, 2020)

Zé Netto descreve como se sente em relação aos *feedbacks* que os dois parceiros de comunidade dirigem a ele. Mesmo sendo diferentes quanto suas formas, os dois tipos de intervenções se tornam atributos motivadores para os estudos musicais de Zé Netto, num tipo de complementação de significados. Tais significados se fundem na prática, fazendo com que a reificação dessa fusão seja compartilhada com os demais membros da comunidade como repertório.

O próprio modo como Zé Netto relata o que sente em relação a essa prática que desenvolve com os colegas já se torna repertório compartilhado. Dessa maneira,

> [...] o repertório combina os aspectos reificativos e participativos. Ele inclui o discurso pelo qual os membros criam declarações significativas sobre o mundo, assim como os estilos pelos quais expressam suas formas de associação e suas identidades como membros (WENGER, 1998, p. 83).

Já Elinton Lemes, quando indagado por mim sobre a importância da relação com outros membros da comunidade, me respondeu: "*eu acho que é essencial a participação, se possível diária. Eu tento participar todo dia pelo menos uma ou duas vezes lá. E tentar responder os colegas, conversar com eles*" (ELINTON LEMES, 2020).

Cabe dizer que Elinton Lemes se mostrou um dos membros mais assíduos na comunidade de prática. Suas intervenções são no sentido de envolver os colegas em práticas que os auxiliem em trajetórias de participação, as quais constituídas pelo aprendizado (WENGER, 1998). Essas trajetórias "constroem histórias pessoais em relação às histórias de nossas comunidades, conectando assim nosso passado e nosso futuro em um processo de transformação individual e coletiva" (WENGER, 1998, p. 227).

Portanto, chego à conclusão de que as relações aluno-aluno, ou seja, relações entre membros aprendizes de guitarra elétrica em nossa comunidade de prática, ocorrem no sentido de constituir experiências de identidade muito significativas, as quais são responsáveis pela aprendizagem.

CONSIDERAÇÕES FINAIS

As análises dos dados levantados indicaram potenciais, desafios e especificidades contidos na comunidade de prática pesquisada. Diante dos processos que presenciei estando em campo, e conforme minha própria participação na comunidade se tornava mais ativa, pude perceber o quão importante era o engajamento e a interação dos alunos para que o aprendizado da guitarra ocorresse. Tudo isso fez brotar em mim uma espécie de sentimento de pertencimento a essa comunidade em que meus pares, também pertencentes a ela, partilhavam de um mesmo desejo e paixão em comuns: o aprendizado da guitarra elétrica.

O processo de ensino e aprendizagem no curso on-line de guitarra elétrica de Mateus Starling se dá de maneira interativa e dinâmica, principalmente em ambientes on-line – grupos no *Telegram* – nos quais ocorrem participações diversas entre os membros ativos e afiliados a essa comunidade.

Apesar de uma infinidade de materiais músico-pedagógicos em formato de videoaulas, áudios de *playbacks* para estudo e apostilas digitais para os alunos-membros baixarem, todos eles hospedados na plataforma *Starling* virtual, são nos grupos virtuais do *Telegram* que esses materiais são discutidos e reificados enquanto repertórios compartilhados, os quais são disponibilizados para a comunidade de prática.

Essa reificação ocorre por meio de diversas modalidades interativas, como as enquetes e perguntas feitas pelos membros nucleares diretamente aos alunos-membros matriculados no curso, que têm liberdade para discutirem, sugerirem e decidirem os conteúdos musicais que gostariam de encontrar hospedados na plataforma. Isso faz com que o produto dessa participação se reifique enquanto repertório compartilhado.

Dessa maneira, há espaço para "dar voz" ao membro afiliado da comunidade de prática, o que, por sua vez, auxilia esse membro a traçar sua trajetória rumo a uma participação mais plena. Essa atitude faz surgir no indivíduo participante um sentimento de pertencimento a essa comunidade, o que o auxilia nos estudos e na apregoação dos conteúdos. Por sua vez, reflete-se na identidade desse indivíduo o ato de aprender, por meio do qual ele constrói sua própria maneira de ser e de estar na comunidade.

As atividades reificativas também ocorrem por meio do compartilhamento entre membros de suas histórias de trajetórias musicais durante os estudos de guitarra elétrica. Essas histórias ocorrem de diferentes formas: depoimentos sobre as rotinas de estudos dos membros; desabafos acerca das frustrações em meio ao grande volume de materiais musicais a serem estudados; envolvimento em atuações profissionais musicais diversas; diálogos acerca das tecnologias abordando técnicas de gravação de áudio e vídeo; entre outros. Como todos esses diálogos ficam registrados nos grupos do *Telegram* – inclusive aos membros recém-chegados à comunidade –, julgo esses grupos, aos moldes de como ocorre com a plataforma *Starling* virtual onde os materiais músico-pedagógicos estão hospedados, como importantes depósitos de repertórios compartilhados e repositórios reificativos.

Na plataforma virtual, o conhecimento musical está organizado por módulos – ou classes –, tendo como inspiração o método de ensino de guitarra elétrica adotado pela *Berklee College of Music*. O curso ainda possui disciplinas musicais teóricas, como: teoria elementar, harmonia e percepção, as quais também são inspiradas pela mesma instituição. Parte dessas aulas são negociadas pelos membros da comunidade de prática nos grupos virtuais, onde essa negociação ocorre, na maioria das vezes, por meio de enquetes on-line.

Partindo da compreensão de que toda a preocupação em manter a qualidade dos materiais didáticos contidos na plataforma é acometida a partir da própria demanda dos alunos ingressantes, os quais têm voz ativa dentro da comunidade de membros, pude inferir que as dinâmicas de ensino e aprendizagem e de outros processos que englobam, inclusive, recursos técnicos para o bom desenvolvimento e funcionamento do curso se dão de forma horizontalizada e desierarquizada, tendo como amparo e aporte principais os grupos on-line de membros no *Telegram*.

No que diz respeito à atuação de Mateus Starling, Bruno Albernaz e Lucas Mirim enquanto professores-tutores do curso on-line, os alunos entrevistados destacaram as posturas e didáticas que eles adotam, gerando confiança e contribuindo para o desenvolvimento e expertise musicais dos membros da comunidade. Dessa forma, ao considerá-los como membros nucleares centrais dessa comunidade de prática, os professores de guitarra contribuem para que outros membros consigam direcionar suas próprias trajetórias rumo a uma participação mais plena. Isso faz com que os membros se remetam a um tipo de aprendizado que ocorre por meio da interação social através da prática em empreendimentos conjuntos.

No intuito de ter um contato mais próximo com os alunos/membros da comunidade, outro ponto a ser ressaltado é a consistência da presença diária de Mateus Starling nos grupos virtuais. Tal postura demonstra a seriedade com que Mateus Starling encara o trabalho docente on-line frente aos alunos-membros da comunidade de prática.

O ambiente de troca entre alunos do curso se mostrou acolhedor, frutífero e desafiador. Enquanto estive imerso na comunidade de prática, pude vivenciar ocasiões em que as trocas ressignificaram o próprio fazer musical dos membros, promovendo assim as negociações de significados entre eles. A maneira frequente de perceber essas trocas era por meio do compartilhamento de histórias. Ao presenciar os relatos das trajetórias musicais dos outros membros, o sentimento de pertencimento à comunidade era moldado em meu interior, fazendo com que essas histórias fossem amalgamadas à construção de minha própria identidade. Tudo isso concorria para que minha participação se tornasse ainda mais plena e ativa, o que resultava em aprendizagem.

Ao me colocar como espectador das histórias de outros membros da comunidade, pude refletir sobre diferentes olhares em relação aos mesmos temas de discussões. Isso fez com que eu me apercebesse como um indivíduo que almeja, a cada dia dedicado aos estudos, um melhor entendimento acerca daquilo que procuro enquanto músico e educador musical. Aponto ainda que os modos de se estudar música, narrados por cada aluno entrevistado, fez com que eu refletisse e ponderasse sobre as próprias formas de organizar os meus estudos. Penso que tal reflexão poderia inexistir caso eu não tivesse tido a oportunidade, possibilitada pela minha pesquisa, de ouvir esses companheiros de comunidade. Ao ter esse diálogo, renovou-se em mim um tipo de pensamento sobre minha própria trajetória formativa, contemplando aspectos musicais, artísticos, profissionais, pedagógicos, acadêmicos e científicos.

Por meio das práticas de engajamento mútuo e dos empreendimentos em conjunto promovidos pelos membros da comunidade de prática, repertórios eram compartilhados e reificados em seu interior, o que resultava em aprendizagens significativas e duradouras.

As análises demonstraram ainda que a modalidade de estudos de guitarra elétrica que ocorre nessa comunidade de prática possui forte aceitação e engajamento dos membros entrevistados. Os resultados demonstram que, até pouco tempo atrás, as possibilidades vislumbradas por esses alunos em tempos contemporâneos eram inimagináveis até então, evidenciando uma rápida escalada desse tipo de curso no ambiente on-line.

Diante dos relatos e análises suscitadas, esse tipo de modalidade on-line de estudos musicais possui particularidades diversas, em que cada aluno se posiciona conforme suas necessidades e de maneiras distintas perante as opções com as quais se deparam no universo on-line. A partir desse entendimento, pode-se afirmar que, apesar do interesse em comum dos estudantes de guitarra elétrica que o fazem se utilizando da internet, a comunidade on-line de guitarristas possui inclinações múltiplas, mostrando-se um meio plural e criativamente diversificado enquanto predileções e posturas que esses aprendizes irão adotar ao abordar os assuntos concernentes ao estudo do instrumento.

Por fim, friso que ao abordar problemáticas e levantar discussões pertinentes acerca dos estudos de guitarra elétrica que ocorrem em ambientes on-line, vejo a necessidade de um maior aprofundamento e reflexões suscitadas a partir dos dados obtidos durante minha pesquisa de mestrado. Dessa maneira, espero instigar outros pesquisadores que também desejam se enveredar por assuntos relacionados a temáticas de mesma natureza.

REFERÊNCIAS

ALBERNAZ, Bruno. Entrevista concedida a Alerson Donizete de Oliveira. Rio de Janeiro, 10 de maio de 2021.

ALMEIDA, Jéssica de; TEIXEIRA, Ziliane; LOURO, Ana L. Mídias e guitarra elétrica: narrativas sobre aulas para crianças. *In:* Encontro Regional Sul da ABEM, 2014. *Anais*... Regional Sul: ABEM, 2014. 1-10. Disponível em: http://www.abeducacaomusical.com.br/conferencias/index.php/regional_sul/regional_sul/paper/view/471/29. Acesso em: 5 set. 2021.

BRANDSTROM, Sture; WIKLUND, Christer; LUNDSTROM, Erik. Developing Distance Music Education in Arctic Scandinavia: Electric Guitar Teaching and Master Classes. *Music Education Research*, v. 14, n. 4, p. 448–456, 2012.

CANECA, Gabriel Lira; MARINS, Paulo Roberto Affonso. Ensino de guitarra elétrica à distância: o perfil de um curso e a adaptação do professor para o formato online. *In: XXX CONGRESSO DA ANPPOM*, 30, 2020, Manaus. *Anais...* Manaus: ANPPOM, 2020. 1-11.

CORRÊA, Maurício; ROZADOS, Helen. A netnografia como método de pesquisa em Ciência da Informação. *Encontros Bibli*: revista eletrônica de biblioteconomia e ciência da informação, Florianópolis, v. 22, n. 49, p. 1-18, 2017.

GODWIN-JONES, Robert. Chasing the butterfly effect: Informal language learning online as a complex system. *Language Learning & Technology*, v. 22, n. 2, p. 8-27, 2018.

GOHN, Daniel M. *Auto-aprendizagem musical*: alternativas tecnológicas. São Paulo: Annablume, 2003.

GRITLET, Mitch. Entrevista concedida a Alerson Donizete de Oliveira, Rio de Janeiro, 12 de maio de 2021.

HAVRE, Sigrid J.; VÄKEVÄ, Lauri; CHRISTOPHERSEN, Catharina R.; HAUGLAND, Egil. Playing to learn or learning to play? Playing Rocksmith to learn electric guitar and bass in Nordic music teacher education. *British Journal of Music Education*, v. 36, n. 1, p. 21-32, 2019.

KIMIECK, Jorge Luiz. Artefatos de conexão em comunidades de prática: multimedia story. *Cadernos da Escola de Comunicação*, Curitiba, v. 1, n. 3, p. 96-109, 2005.

KOZINETS, Robert. V. "I want to believe": a netnography of the X-Philes' subculture of consumption. *Advances In Consumer Research*, Duluth, v. 24, n. 1, p. 470-475, 1997.

KOZINETS, Robert. V. On netnography: initial reflections on consumer research investigations of cyberculture. *Advances in consumer research*, Duluth, v. 25, n. 1, p. 366-371, 1998.

KOZINETS, Robert. V. The field behind the screen: using netnography for marketing research in online communities. *Journal of marketing research*, v. 39, n. 1, p. 61-72, 2002.

KOZINETS, Robert. V. Click to connect: netnography and tribal advertising. *Journal of advertising research*, New York, v. 46, n. 3, p. 279-288, 2006.

KOZINETS, Robert. V. *Netnografia*: realizando pesquisa etnográfica online. Porto Alegre: Penso Editora, 2014.

KOZINETS, Robert. V. *Netnography*: redefined. Second Edition. Los Angeles: Sage, 2015.

LAVE, Jean; WENGER, Etienne. *Situated learning*: legitimate peripheral participation. Cambridge: Cambridge University Press, 1991.

LEE, Daniel A.; BAKER, William J.; HAYWOOD, Nick. Instrumental Teacher Education and the Incoming Tide of Information Technology: A Contemporary Guitar Perspective. *Australian Journal of Teacher Education*, Perth, v. 43, n. 5, p. 17-31, 2018.

LIMA, Ricardo. Entrevista concedida a Alerson Donizete de Oliveira, 15 set. 2020.

MARONE, Vittorio; RODRIGUEZ, Ruben C. "What's So Awesome with YouTube": Learning Music with Social Media Celebrities. *Online Journal of Communication and Media Technologies*, Utah, v. 9, n. 4, p. 1-15, 2019.

NETTO, Zé. Entrevista concedida a Alerson Donizete de Oliveira, Recife, 11 de set. de 2020.

OLIVEIRA, Alerson Donizete de. *Curso online de guitarra elétrica*: o ensino e a aprendizagem de música no âmbito de uma comunidade de prática. Maringá, 2021. 305 f. Dissertação (Mestrado em Música) – Departamento de Música e Artes Cênicas, Universidade Estadual de Maringá, Maringá, 2021.

PAIVA, Luciano Luan Gomes. *A aprendizagem musical mediada por tecnologias digitais, sob a ótica da complexidade*: uma pesquisa-ação com guitarristas do curso de extensão da UFRN. Natal, 2019. 139 f. Dissertação (Mestrado em Música) – Escola de Música, Universidade Federal do Rio Grande do Norte, Natal, 2019.

PASSOS, Geovanna. *Aperte o play e assista!*: YouTube, a sala de aula dos gamers?. Florianópolis, 2016. 160 f. Dissertação (Mestrado em Educação) – Universidade Federal de Santa Catarina, Florianópolis, 2016.

PEQUINI, Alexandre T. *O uso das tecnologias no cotidiano, na educação e no ensino musical sob uma perspectiva educacional e sociocultural*. São Paulo, 2016. 142 f. Tese (Doutorado em Música) – Universidade Estadual Paulista "Júlio de Mesquita Filho" (UNESP), São Paulo, 2016.

RODRIGUEZ, Ruben C. *Rocksmith All Nite*: Technology-Mediated Guitar Learning in an Online Affinity Space. San Antonio, 2019. Tese (Doutorado em Aprendizagem e Ensino Interdisciplinar) – The University of Texas at San Antonio, San Antonio, 2019.

STARLING, Mateus. *Web* Site – Mateus Starling. Disponível em: https://starlingacademy.com.br. Acesso em: 21 mar. 2021.

TORRES, Grace Filipak. *Canja de viola*: uma comunidade de prática musical em Curitiba. Curitiba, 2008. 115 f. Dissertação (Mestrado em Música) – Departamento de Artes, Setor de Ciências Humanas, Letras e Artes, Universidade Federal do Paraná, Curitiba, 2008.

WANG, Bryan; YANG, Mengyu; GROSSMAN, Tovi. Soloist: generating mixed-initiative tutorials from existing guitar instructional videos through audio processing. *In:* CHI Conference on Human Factors in Computing Systems (CHI '21), 2021, Yokohama. *Anais*... Yokohama: CHI '21, maio, 2021. 1-14.

WENGER, Etienne. *Communities of practice*: learning, meaning and identity. New York: Cambridge University Press, 1998.

WENGER, Etienne; SNYDER, William M. Comunidades de prática: a fronteira organizacional. *Coleção Harvard Business Review de aprendizagem organizacional.* Rio de Janeiro: Campus, 2001.

WENGER, Etienne; MCDERMONTT, Richard A.; SNYDER, William M. *Cultivating communities of practice*: A Guide to Managing Knowledge. Boston: Harvard Business School Press, 2002.

WENGER, Etienne. Communities of practice and social learning system. *In:* NICOLINI, D.; GHERARDI, S.; YANOW, D. (org.). *Knowing in organizations*: a practice-based approach. New York: ME Sharpe, 2003. p. 76-99.

WENGER, Etienne. *Communities of practice*: a brief introduction. April 15, 2015. Disponível em: http://www.ewenger.com/theory/index.htm. Acesso em: 19 ago. 2020.

3

OS FIOS DA TEIA: A EDUCAÇÃO MUSICAL HUMANIZADORA NA PRÁTICA

Wellington Gouvea
Vania Malagutti[14]

INTRODUÇÃO

A educação musical humanizadora se tornou meu escopo de pesquisa a partir de uma série de reflexões que vinham surgindo ao longo de minha formação e atuação como educador musical na educação básica e que se intensificaram com a chegada do meu primeiro filho. Com a recém (e fascinante) experiência de trazer uma criança ao mundo, eu e sua mãe pensamos muito sobre como iríamos educar e preparar nosso filho para viver em sociedade. Acredito que sempre tivemos um bom senso crítico e um interesse genuíno na busca pelo que possa dar sentido à vida, e a educação é peça fundamental nesse processo.

Inquieto, devido aos desafios que encontrei ao longo da jornada de trabalho, levantei diversos questionamentos como: por que as aulas das instituições de ensino precisam seguir um cronograma com horários e dias específicos para cada disciplina? Por que o currículo escolar prioriza algumas áreas do conhecimento em relação às outras? Por que é preciso tocar uma sirene para haver a troca entre aulas? Por que os alunos precisam andar em fila pela escola? Por que o sistema avaliativo pressupõe que todos os alunos são capazes de aprender as mesmas coisas, na mesma velocidade, nos mesmos dias, locais e horários? Por que os interesses dos alunos não são considerados relevantes? Por que há tanto problema de indisciplina e falta de interesse por parte dos alunos em relação à escola? Como me aproximar de cada aluno, e conhecê-los em suas individualidades, com uma quantidade tão grande de discentes em uma mesma sala?

---

[14] Professora orientadora de mestrado de Wellington Gouvea, mestre pelo Programa de Pós-Graduação em Música da Universidade Estadual de Maringá.

Além desses questionamentos, houve também aqueles específicos, que possuíram relação direta com o meu cargo de professor de Artes na escola pública: como vou trabalhar pintura e escultura se minha formação é em música? O mesmo vale para teatro ou dança. Eu tenho que explicar aos alunos o que eu estou fazendo ali, já que, provavelmente, muitos nunca tiveram aula com um professor de música? Como posso ser um professor de música convincente se eu não tenho uma sala dedicada à música, ou à arte, na minha escola? Como posso trabalhar música de maneira significativa e humanizadora se tenho apenas uma ou duas aulas semanais com meus alunos e ainda preciso cumprir programas curriculares polivalentes[15], preencher documentos e dar conta das demais burocracias institucionais? E a obrigatoriedade de realizar avaliações, atribuir nota – que determinarão o futuro dos discentes –, mesmo sabendo que algumas de minhas práticas não foram consistentes e, em alguns casos, até desmotivantes?

Diante do exposto, investiguei como a educação musical se desenvolve em uma escola inovadora[16], que apresenta uma proposta alternativa àquela que vivenciei e que é comum em muitos espaços educativos. Nessa instituição, a Escola Teia Multicultural[17], a metodologia de ensino, a organização curricular – onde não há hierarquização entre áreas do saber – e as relações interpessoais buscam o desenvolvimento integral de seus alunos. Pretende-se que, além de conteúdos, haja o amadurecimento da consciência, da autonomia e do protagonismo dos discentes na assunção de suas próprias vidas. Ainda se faz presente uma diversidade de professores de Arte, permitindo que cada um trabalhe, de fato, com aquilo que escolheu e buscou formação para ensinar. Tomei como objetivo investigar como a educação musical se desenvolve no que se refere a aspectos como: metodológicos, uso de materiais didáticos, seleção de repertório, apresentações musicais, relações interpessoais e sua presença no Projeto Político Pedagógico da instituição.

A pesquisa teve uma abordagem qualitativa (BOGDAN; BIKLEN, 1994; BRESLER, 2000; MELUCCI, 2005), e como método investigativo o estudo de caso (BOGDAN; BIKLEN, 1994; GIL, 2008; VENTURA, 2007;

[15] É chamado de polivalência o ato de atribuir a determinado professor ou professora de Arte – que possui uma formação específica – a incumbência de ministrar aulas sobre outras áreas artísticas das quais ele ou ela não foram preparados para tal. Como um músico ter que dar aulas de pintura, um pintor ter que dar aulas de dança, um dançarino ter que dar aulas de teatro ou um ator ter que dar aulas de música.

[16] Escolas inovadoras, segundo Araújo e Rebolo (2019, p. 2), são aquelas que "rompem com formas tradicionais de ensino e aprendizagem alterando o espaço físico e estrutural, implantando sala de aula compartilhada por estudantes de diferentes faixas etárias, gestão compartilhada e democrática, ensino por metodologias ativas e por projetos, autonomia e escolha do estudante para o que deseja estudar, entre outros".

[17] Escola Teia Multicultural, bairro Perdizes, São Paulo-SP.

YIN, 2001). Realizar a pesquisa em determinada escola não quer dizer que neste trabalho investigativo houve um desvendamento de toda sua singularidade como instituição. Ainda assim, evidenciou características peculiares desse modelo educacional que poderá servir de inspiração para que haja mais reflexões acerca da educação musical nesses meios. As observações das aulas de música na escola pesquisada ocorreram entre 15/09/2020 e 04/12/2020, e os dados construídos ao longo do trabalho de campo foram compostos por: 1) registros audiovisuais das aulas de música e de apresentações de trabalhos finais; 2) notas de campo; 3) entrevistas semiestruturadas com o professor de música, com a diretora e fundadora da escola e com o coordenador pedagógico da instituição; e 4) análises de documentos, como o projeto político pedagógico da Teia e artigos e dissertações que tiveram a instituição como campo de pesquisa.

Ao realizar a revisão de literatura, encontrei trabalhos que buscaram investigar diferentes vertentes em educação. Esses campos de pesquisa possuíam em comum o fato de apresentarem alternativas educacionais como educação domiciliar, educação por projetos e interdisciplinaridade, escolas democráticas e educação alternativa. As investigações relacionadas à "educação por projetos e interdisciplinaridade" e os trabalhos sobre "escolas democráticas" tiveram pontos de convergência com a minha investigação por possuírem características em comum com meu campo de pesquisa.

Conto a seguir sobre o conceito de educação musical humanizadora que sustentou minha investigação e sobre o campo de pesquisa, a Escola Teia Multicultural.

De acordo com Joly e Severino (2016), a educação musical precisa estar presente nos processos educativos, na formação do ser humano, desde a primeira infância. Afirmam que ela precisa se tornar parte do cotidiano familiar, no qual todos os integrantes do lar possam se comunicar e se encantar com as experiências musicais uns dos outros. Para isso, a educação musical precisa também estar presente "na escola como conteúdo fundamental para o desenvolvimento dos processos expressivos e criativos [e precisa ser pensada como] legado que a humanidade nos oferece como parte da cultura, da vida" (JOLY; SEVERINO, 2016, p. 19). As autoras desmistificam a ideia de que música é para uma minoria seleta de pessoas, nascidas com um dom especial, e defendem uma educação musical que desenvolva processos humanizadores e que aproxime as pessoas. Em suas palavras:

> Falamos de uma educação musical que está presente no processo de desenvolvimento de pessoas, construindo e ativando memórias afetivas e culturais, criando identidades, permitindo que as pessoas, através da música, possam compreender o mundo e fazer parte dele (JOLY; SEVERINO, 2016, p. 20).

Para Penna (2006), a prática de uma educação musical humanizadora se fundamenta em alguns valores que devem estar presentes na docência do educador musical: bom senso, humildade em reconhecer sua incompletude, aprender com o aluno, paciência, tolerância, responsabilidade, preocupação com o social e o respeito aos alunos e à comunidade. A autora coloca que essas características precisam estar presentes para além do domínio da linguagem e do fazer musical, envolvendo o processo pedagógico na compreensão da natureza social, cultural e humana do grupo, proporcionando que a educação musical exerça um papel humanizador na formação integral do indivíduo.

Nesse viés, destaca-se o multiculturalismo. Isso porque ao optar por uma posição humanizadora na educação musical, respeitando e interagindo com a especificidade de um grupo, o educador assume uma postura de aceitação da diversidade, uma postura multiculturalista (PENNA, 2006). A esse respeito, Joly e Severino (2016, p. 24) afirmam que o "multiculturalismo se propõe, portanto, não só a resgatar as culturas que foram violentamente ocultadas, como também dar voz às minorias culturais que têm se inserido em nações plurais, como é o caso do Brasil".

Penna (2006) ressalta que, nesse aspecto, o multiculturalismo deve abranger a diversidade de produções artísticas e musicais, que podem estar relacionadas a grupos sociais diversos, distintos em relação à regionalidade, classe social ou diferenças de gerações. Ele trabalha com a diversidade cultural.

Esses fundamentos estão intimamente relacionados com a visão de mundo e de educação da escola onde esta pesquisa foi desenvolvida, a Teia Multicultural. Estão na fala dos colaboradores, nos documentos que regem a instituição e nas observações realizadas durante a investigação. A Teia parece buscar não só dar voz aos seus alunos, mas também estimular seu protagonismo e o desenvolvimento de sua autonomia, inclusive na busca de seu próprio aprendizado e daquilo que é de seu próprio interesse. Dessa forma, o professor não só ensina como também aprende, pois considera seu aluno um ser ativo no mundo, curioso e capaz de obter suas próprias descobertas, que são, inclusive, reconhecidas e valorizadas na relação com o professor e colegas da escola. O coordenador pedagógico da Teia falou um pouco sobre alguns valores da instituição ao me contar sobre um evento anual realizado por lá:

> *A Teia foi fundada em 11 de setembro de 2006. Então, ser uma data assim tão simbólica, ter uma conotação mundialmente bastante entristecedora*[18]*, pra nós foi uma forma de ressignificação. Essa data então, a Teia ser fundada nessa data, traz pra nós esse olhar de esperança mesmo. Um mundo melhor, uma educação mais humana. Por conta disso, então a gente faz essa Semana Multicultural, trazendo para os alunos uma série de oficinas que são dedicadas a oferecer um olhar a essa questão do multiculturalismo. Uma maneira bastante acessível, que sempre permita aos alunos a reflexão de qual é o papel dessa multiplicidade cultural no mundo que a gente vive* (JUAN OTÁROLA, 2020).

Kater (2004) conta que a música é um elemento muito efetivo de integração social, que realiza essa ação "com excelência e de maneira própria", mas que ainda assim possui um potencial formador que não costuma ser completamente explorado. Ela é menos empregada como um "recurso educativo" e mais praticada em forma de "lazer ou passatempo" (KATER, 2004, p. 44). Utilizando a música, um educador pode proporcionar o despertar da consciência do aluno sobre suas "próprias potencialidades e limites", trabalhando como um orientador para que esse indivíduo possa explorar e superar seus novos desafios. Este é um momento significativo de descoberta daquilo "que se ignora sobre si mesmo" (KATER, 2004, p. 45). O autor reforça que o educador musical, ao buscar o desenvolvimento musical e humano – seu e do aluno – dispondo de "uma concepção filosófica, uma postura política e alguma coragem", pode perceber que o mundo está em movimento, "e o que se move possui direção e comporta transformação" (KATER, 2004, p. 45).

Um educador musical humanizador, ao trabalhar com música, e tudo aquilo que ela pode despertar na consciência do ser humano, observa atentamente ao seu redor, busca compreender o contexto em que está inserido, se há alguma ideologia desumanizante que exerça influência em seu trabalho, ou que esteja presente em seu cotidiano, na sociedade ou na escola. Segundo Kater, a música é uma atividade abrangente, pode ser utilizada tanto como recurso educativo como para lazer e passatempo. Ele conta que o privilégio do educador é "participar, de maneira decisiva e por meio

[18] O entrevistado faz menção à tragédia ocorrida em 11 de setembro de 2001, quando dois aviões foram atirados contra as Torres Gêmeas (World Trade Center) na cidade de Nova Iorque, um ataque terrorista que ficou mundialmente conhecido.

da formação musical, do desenvolvimento do ser humano, na construção da possibilidade dessa transformação, buscando no hoje tecer o futuro do aluno, cidadão de amanhã" (KATER, 2004, p. 46).

Koellreutter[19], assim como alguns de seus contemporâneos, foi incisivo em defender uma educação "que respeite no aluno os seus dons naturais, desenvolva sua personalidade e o conduza à procura de estilo e expressão próprias", e que não se baseie "em fórmulas e regras que matam a força criadora e reduzem a arte a um processo" (KOELLREUTTER, 2018, p. 55).

Isso vai ao encontro do pensamento sobre educação humanizadora de Paulo Freire (1921-1997) – que falarei na sequência – ainda mais quando Koellreutter defende a liberdade de ideias e opiniões próprias de seus alunos, especialmente a crítica. Segundo o autor, "sem crítica não há evolução" e os professores não devem temer esse momento, pois são conselheiros, guias e amigos de seus alunos, conscientes da "relatividade de sua cultura" e da troca de conhecimentos que há na relação com os discentes (KOELLREUTTER, 2018, p. 56).

Paulo Freire e a humanização

Freire afirma que tanto a humanização como a desumanização são "ações dos homens sobre a realidade social", e que ambas possuem seus próprios motivos para serem praticadas por seus defensores. Segundo Freire, a humanização implica a "transformação do mundo opressor" enquanto a desumanização é um esforço para que se mantenha o *status quo* (FREIRE, 1981, p. 79). Para o autor, não é possível haver a humanização antes da transformação necessária do mundo, onde pessoas se encontram oprimidas e proibidas de ser.

> Não há, porém, humanização na opressão, assim como não pode haver desumanização na verdadeira libertação. Mas, por outro lado, a libertação não se dá dentro da consciência dos homens, isolada do mundo, senão na práxis dos homens dentro da história que, implicando na relação consciência-mundo, envolve a consciência crítica desta relação (FREIRE, 1981, p. 79).

[19] Hans-Joachim Koellreutter(1915-2005) foi um flautista, compositor, regente, teórico pensador e educador musical alemão que viveu no Brasil na segunda metade de sua vida, contribuindo e se tornando um dos mais relevantes nomes da educação musical brasileira.

Ao enxergar a necessidade de uma prática libertadora e humanizante, Freire entende que não há neutralidade na educação. Escolher a humanização implica, necessariamente, escolher que a desumanização é uma ameaça, pois elas são práticas antagônicas. Compreendendo isso, percebe-se, por consequência, que as tarefas educativas serão contrárias, cabendo ao educador escolher seu lugar no mundo. O autor faz uma distinção clara entre as duas possibilidades, na qual afirma que na educação dominadora há o "puro ato de transferência de conhecimento", considerando o educando um "simples recipiente vazio", passivo e inconsciente. A educação humanizadora preocupa-se com o desenvolvimento do "ato de conhecer", com o "caráter ativo" que estimula a consciência (FREIRE, 1981, p. 80).

Esse caráter ativo da consciência – que Freire também chama de indagador ou pesquisador – é capaz de reconhecer o conhecimento existente e conhecer, ou desvelar, o que ainda não é conhecido. O autor afirma que essa educação, também chamada de "ação cultural para a libertação", é o

> [...] autêntico ato de conhecer, em que os educandos – também educadores – como consciências 'intencionadas' ao mundo ou como corpos conscientes, se inserem com os educadores – educandos também – na busca de novos conhecimentos, como consequência do ato de reconhecer o conhecimento existente (FREIRE, 1981, p. 80).

A ideologia desumanizante, segundo Freire, busca cercear os movimentos que levam o indivíduo a se tornar "um ser reflexivo, ativo, criador, transformador do mundo". Para isso, trabalha com a ideia de domesticação da consciência, considerando-a um "espaço vazio que deve ser preenchido" por aquilo que mantenha a ordem das coisas (FREIRE, 1981, p. 81). O autor chama isso de "sacralização da ordem social". Nessa situação, as pessoas não são proibidas de pensar ou ensinadas a não pensar, pois isso não seria possível – posto que a racionalidade é o que as diferencia de outros animais, portanto uma característica elementar do ser humano – mas, para que esta ordem permaneça estável, elas são desestimuladas ao "exercício de sua criticidade", são convencidas por uma "ilusão" de que já pensam certo (FREIRE, 1981, p. 82).

A Teia Multicultural busca desenvolver em seus educandos a autonomia e o protagonismo sobre suas vidas e proporcionar a abertura dos caminhos para seu autodesenvolvimento pessoal. Esse objetivo estabelece relações com a abordagem da educação musical humanizadora. Joly e Severino (2016) trazem a "ideia de uma educação que permite que os seres humanos promovam seu próprio desenvolvimento e amadurecimento, para se tornarem seres mais conscientes, livres e humanos". Nesse sentido, as autoras se respaldam no conceito de educação defendido por Freire, como prática de liberdade, entendendo que "não há humanização na opressão" (JOLY; SEVERINO, 2016, p. 22).

Escola Teia Multicultural

A origem da Escola Teia Multicultural remonta à infância de sua fundadora e diretora, Georgia Correa. Ela conta que sempre estudou em escola pública tradicional, tanto antes como depois de sua passagem de apenas um ano pela Índia, no ano de 1977, quando sua mãe, que era seguidora de Osho[20], a levou para lá para conhecer e se aprofundar nos ensinamentos do mestre. Sua mãe, que era professora de língua portuguesa, conseguiu um emprego como tradutora de seus livros e isso proporcionou aos seus filhos a permanência na escola. Georgia considera que isso foi "uma sorte", pois essas mudanças de contexto a fizeram desenvolver seu senso crítico, que futuramente a levaram a construir sua própria escola no Brasil, com seu próprio ponto de vista sobre educação. "*Eu acho que foi justamente aquilo que eu não recebi que me trouxe para o lugar do questionamento*" (GEORGIA CORREA, 2020). A diretora conta que sempre "ia muito bem" em sua época escolar, mas que também sempre achou "tudo muito chato", uma coisa de obrigação, que era necessário, nunca algo prazeroso ou que a despertasse alguma motivação. "*Quando eu fui para a Índia, e a gente foi para a escola, foi um choque pra mim, porque era algo que eu nem imaginava que existia no mundo a possibilidade de ter uma escola daquele jeito*" (GEORGIA CORREA, 2020).

O "daquele jeito" se refere a uma escola indiana onde a arte era uma prática muito explorada. Nessa escola havia alunos oriundos de famílias de diversos lugares do mundo, que iam até lá para ter a experiência de viver ao lado do líder Osho, e ela – a arte – se apresentava como uma possibilidade expressiva, que superava a dificuldade de comunicação entre as crianças e suas diferentes línguas maternas. Os pais frequentavam a comunidade do mestre Osho em busca de autoconhecimento e seus filhos ficavam na escola desenvolvida por essa comunidade, onde se valorizava tal busca e também a vivência contínua da arte.

O funcionamento da Teia

Na Teia Multicultural, a arte está em constante presença, fazendo parte do cotidiano escolar, interligando as áreas do conhecimento e os trabalhos

[20] Chandra Mohan Jain, guia espiritual indiano, líder do movimento Rajneesh.

na instituição. Segundo a fundadora, *"porque a Teia trabalha exatamente assim, né? Uma peça por ano onde se trabalham todos os conteúdos, matemática, português, a partir do teatro"* (GEORGIA CORREA, 2020). O teatro é a arte maior, que engloba as outras, inclusive a música. Todos os trabalhos visam apresentações cênicas, que solicitam práticas das artes visuais, dança e música. A Teia, inclusive, proporciona aos alunos, professores especialistas em cada área artística, para que as experiências sejam mais profundas e significativas.

> *[...] a gente fez uma festa de inauguração e nessa festa de inauguração, a gente conseguiu, ali, divulgar um pouco, porque eu acabei conseguindo fechar a rua e a gente fez dança de rua, tocamos, apresentamos, né? O meu lado artista que acha que isso é normal, né? E que tudo bem. Mas acabou virando assim um evento. Dentro da minha normalidade, porque para mim isso não era nada de estranho. Apresentar para as pessoas danças, músicas, brincadeiras de roda e mostrar esse espaço, foi super divertido, mas aí, com isso, a gente acabou conseguindo assim uma projeção na época* (GEORGIA CORREA, 2020).

Georgia contou que a partir dessa apresentação artística inaugural da Teia, a escola passou a ser notada por importantes pessoas da área da educação. *"Foi nesse momento que o José Pacheco[21] mandou uma carta de parabenização [...] foi a primeira vez que eu realmente tive contato com ele. Depois a gente também já se encontrou muitas vezes e conversamos muitas vezes sobre educação"* (GEORGIA CORREA, 2020).

A interdisciplinaridade realizada na Teia, onde as diversas áreas da arte trabalham em conjunto, vai ao encontro das proposições de Koellreutter, que, nas palavras de Brito, desenvolveu uma formação em campos de interesse que "levaram-no a realizar um trabalho interdisciplinar em que a música, em constante diálogo com outras áreas do conhecimento, privilegia o ser humano [...] Koellreutter vislumbrou na educação, com e pela música, a possibilidade de criar uma nova consciência" (BRITO, 2011, p. 29).

Os trabalhos interdisciplinares na Teia Multicultural são realizados por meio dos projetos. As disciplinas ou áreas não são trabalhadas de forma isolada, cada professor específico complementa os conteúdos que transitam por outras áreas a partir de sua ótica. As necessidades investigativas de cada projeto que orientam a direção dos conteúdos que serão abordados por cada educador. Em entrevista, o coordenador pedagógico Juan Otárola contava

---

[21] José Pacheco é um educador que defende e propõe uma gestão democrática na Educação. Foi idealizador da Escola da Ponte, em Portugal, uma instituição de referência mundial no segmento da escola democrática.

sobre sua chegada e adaptação ao modelo da Teia, quando mencionou os projetos e a interdisciplinaridade:

> *No teatro a gente tem as nossas rodas para partilhar, temos todo esse trabalho corporal, nós temos toda essa preocupação de trazer conhecimentos externos para alimentar o que nós estamos trabalhando. Então, na verdade, pra mim, não houve uma dificuldade em integrar estas formações que começaram a fazer parte de minha rotina na Teia. Então por isso que foi até mais fácil, ter esta adaptação, né? Claro, a Teia tem algumas questões bem específicas em relação aos seus materiais produzidos, né? Então pelo fato de ser um trabalho por projetos, então cada projeto é um, cada investigação é uma, nós temos sempre essa visão muito clara de que nada tem que ser trabalhado independentemente, então a interdisciplinaridade, ela é parte deste trabalho por projetos. Ela se faz presente e necessária. A questão de que se trabalhar artisticamente com todas as áreas do conhecimento possibilita a vivência, então o aluno aprende pela experiência real. Isso também foi uma coisa que me chamou muito a atenção, e os resultados vindos muito rápidos era também algo que eu falava: "nossa, funciona! Caramba, que legal!", né?* (JUAN OTÁROLA, 2020).

A Teia possui as modalidades de educação infantil com a Turma 1 (crianças com 4 anos de idade) e Turma 2 (com 5 anos de idade); ensino fundamental com 1º ano (crianças com 6 anos completos até o final do mês de março), Ciclo I (composto por alunos dos 2º e 3º anos), Ciclo II (composto por alunos dos 4º e 5º anos), Ciclo III (composto por alunos dos 6º e 7º anos); e Ciclo IV (composto por alunos dos 8º e 9º anos) e Ensino Médio com 1º, 2º e 3º anos.

Segundo Otárola, "*na educação infantil, o primeiro contato que eles têm nas artes cênicas são as cirandas e as contações de história, então, os pequenininhos ali vão fazendo essas primeiras coreografias em ciranda, então é o primeiro contato deles com o palco*" (JUAN OTÁROLA, 2020). O ensino fundamental 1 (1º ao 5º ano) trabalha com projetos em que o "produto final" é uma peça teatral. Nesse nível de idade os temas ainda são escolhidos pela direção da escola, pois o envolvimento de crianças exige "*textos com uma linguagem acessível a eles, com temas pertinentes a essa faixa etária*" (JUAN OTÁROLA, 2020). Os temas possuem variação a cada ano, como mostra Otárola:

> [...] *se em um ano nós trabalhamos, por exemplo, com um viés de uma cultura europeia [...] no ano seguinte nós vamos para uma coisa completamente diferente, a gente vai para uma coisa bem regional, a gente vai para uma coisa assim falando de Cândido Portinari,*

> *mostrando ali as suas obras, pessoal do povo, os trabalhadores, [...] outros panoramas* (JUAN OTÁROLA, 2020).

No ano de 2020, quando realizei as observações na Teia, o tema era a África, mais especificamente, Nigéria, por meio de um conto escrito pela professora de português, como será melhor contado logo adiante.

No ensino fundamental 2 (6º ao 9º ano), a proposta dos projetos deixa de ser o teatro e passa a ser a produção de um curta-metragem. Para as primeiras turmas – 6º e 7º anos –, que estão recém-introduzidas nesse novo nível, Otárola conta que *"eles não entendem e não conhecem tanto a linguagem do cinema, então, o que que acontece? Eles precisam fazer um projeto investigando a história do cinema"* (JUAN OTÁROLA, 2020).

O ensino médio possui projetos que agrupam a experiência vivida na Teia ao longo de todos os níveis de ensino. Para os alunos que seguem a trajetória completa, desde a educação infantil, essa experiência se torna uma síntese de toda sua jornada na escola. Segundo o coordenador,

> [...] *o produto final do ensino médio sempre é uma obra transmídia, ou seja, um cruzamento de diferentes linguagens para uma apresentação, então, pode ter audiovisual no meio de uma apresentação teatral, interrompida por uma apresentação musical, enfim, é uma colcha de retalhos que eles vão estabelecendo junto com a direção dessa montagem* (JUAN OTÁROLA, 2020).

No ano de 2020, devido à pandemia[22], as apresentações que puderam acontecer foram realizadas em formato on-line. O ensino médio realizou uma releitura da peça *Romeu e Julieta*, de Shakespeare.

Os projetos, como conta Otárola, são planejados em reuniões que *"acontecem duas vezes ao ano, uma formação e um planejamento em janeiro, fevereiro, antes das aulas iniciarem, e tem outro em julho, antes das aulas iniciarem em agosto"* (JUAN OTÁROLA, 2020). Segundo o coordenador, esse processo de formação acontece em três etapas: 1) formação da equipe escolar; 2) *workshops* de autoconhecimento; e 3) escolha dos temas dos projetos. Na primeira, ocorrem estudos sobre bases teóricas e discussões sobre aspectos relacionados à proposta pedagógica da escola, na busca do contínuo desenvolvimento

[22] A pandemia do coronavírus, que propagou a doença Covid-19, assolou o mundo e chegou ao Brasil em março de 2020. No período inicial, quando a incerteza ainda era maior, muitos serviços pararam, entre eles, as escolas. Iniciou-se então um período de aumento dos contatos remotos, via celulares e computadores conectados à internet. Durante o desenvolvimento desta pesquisa de mestrado, esse quadro já durava um ano e meio sem que tivesse se revertido por completo.

dos educadores. Na segunda etapa, são convidados profissionais do autoconhecimento para discutir com os educadores sobre as situações escolares, sobre os relacionamentos interpessoais e sobre as dificuldades enfrentadas na profissão. Na terceira, os envolvidos discutem e decidem os temas que serão trabalhados pelas turmas ao longo do ano, como conta Otárola:

> *[...] os professores discutem, então a gente faz a leitura do texto juntos, é feito todo um trabalho dos professores encenarem alguma cena ali que a gente queira que eles trabalhem também, para a gente entender a dificuldade que os alunos vão ter, como a questão de "ai mas eu não gosto de dançar", "ai, mas eu vou ter que me expor e eu não gosto de me expor", pois é, então na hora de exigir do aluno lembre do que você também sentiu, né? Então é um processo muito rico porque a gente discute toda essa questão do projeto desde a sua concepção. Então, o que eu quero atingir com este projeto, quais são os conteúdos da Base Comum Curricular Nacional que eu quero abranger dentro dessa investigação, qual é o percurso do meu projeto. Então eu parto de onde e chego até onde? E claro que o professor, durante este processo, ele precisa, ele tem a necessidade de discutir todas as possibilidades que esse projeto vem a oferecer para que se, durante esse percurso, a investigação levar para um caminho que está indo diferente do que foi exposto, a gente não fique engessado. Então saber que há uma possibilidade, saber que é possível trazer algum desdobramento e depois voltar para o projeto como tinha sido proposto. Então, é quase como se a gente tivesse, dentro deste período, esse norte que o educador vai precisar seguir durante todo o seu semestre* (JUAN OTÁROLA, 2020).

A diretora Georgia Correa conta que na Teia Multicultural não existe hierarquia entre conteúdos ou áreas do conhecimento, não existe uma mais importante que outra, mas sim aquela que o aluno pode se identificar mais. Desse modo, a escola proporciona ao aluno o desenvolvimento de seu projeto pessoal, com a presença de todas as áreas do conhecimento, mas com ênfase naquela que ele sente maior motivação e engajamento. Busca-se assim que o aluno se sinta valorizado, que eleve sua autoestima[23] ao perceber que aquilo que ele gosta é tão importante quanto aquilo que o outro gosta:

> [...] se sentirá valorizado, fortalecido, vai poder se expressar de uma forma mais completa, isso vai aumentar sua autoestima e fortalecer o seu eu, será único em seu saber e se sentirá bem

[23] Segundo o PPP da Teia, "autoestima diz respeito à autoimagem que o sujeito constrói de si mesmo. Está ligada diretamente ao sentimento que o sujeito projeta sobre si mesmo e está intimamente relacionada à dimensão afetiva, à dimensão dos sentimentos".

> com isso, o que é fundamental nesse momento da construção do ego (CORREA, 2018, p. 61).

A Educação Musical

A educação musical está presente em todas as etapas de ensino oferecidas pela Teia. Logo no início das observações, um aspecto me chamou atenção: percebi que o professor de música, Tanã Ribeiro, iniciava todas as aulas falando em inglês com os alunos, e também em alguns momentos ao longo da aula. Em entrevista, ele contou que a Teia Multicultural estava em uma fase de transição para o bilinguismo no momento em que esta pesquisa foi realizada:

> [...] *a ideia é as áreas artísticas se tornarem bilíngues, principalmente. Então como eu sou formado em inglês, eu tenho formação em inglês, eu tenho essa capacitação, eu tenho essa possibilidade na verdade, então eu faço parte desse núcleo bilíngue da escola até agora* (TANÃ RIBEIRO, 2021).

Esse aspecto, por si só, já conferia um diferencial para a dinâmica das aulas.

Sobre a escola e a música na instituição, o professor contou sobre alguns momentos importantes, como o carnaval, que possui, inclusive, uma música composta por ele. O nome da composição é "Maracateia" e conta a história da escola e suas referências. Tanã também falou sobre a "semana multicultural", que acontece no período de aniversário da escola, em setembro.

> *Nessa semana, geralmente, a gente tem a semana inteira de eventos diversos e eventualmente, no meio desses eventos, acontece um evento musical. Nós temos uma questão na escola, tem muitos pais, como a escola tem a arte o autoconhecimento como base, né? Como alicerces aí dessa proposta, muitos pais artistas põe seus filhos na escola, né? Autônomos, né? Então, profissionais liberais, muitas dessas pessoas colocam seus filhos na escola, então na semana multicultural, porque a gente chama de semana multicultural, que é a semana de aniversário, eventualmente, algum pai, algum parente, vem apresentar sua arte na escola, seja ela música, seja ela pintura, enfim* (TANÁ RIBEIRO, 2020).

As festas de fim de ano na escola se configuram nas apresentações artísticas, ou nos produtos finais dos processos educativos, ou seja, contemplam, por exemplo, o resultado do "*projeto que vai servir de fonte e ao mesmo tempo de justificativa, digamos assim, para todas as investigações de todas as áreas do conhecimento, [que] é uma peça de teatro"* (TANÃ RIBEIRO, 2020). O professor conta que costuma compor um repertório original para essas apresentações finais da Teia, e que assim que as músicas estão prontas, ele inicia os ensaios com os alunos. Mas isso já é no segundo semestre. No primeiro, Tanã afirma que precisa trabalhar com conteúdos da base curricular, a BNCC, e que para isso ele faz um alinhamento entre suas práticas musicais, o currículo nacional e os projetos de cada turma: "*como educador de música, eu tenho que trabalhar conteúdos específicos da base curricular, então, eu tenho que alinhar a minha área de música com os conteúdos específicos e com os projetos de cada turma, né?*" (TANÃ RIBEIRO, 2020).

No segundo semestre, portanto, Tanã traz as composições musicais que farão parte do espetáculo: "*Nas férias de julho eu componho as músicas da peça e chego para o segundo semestre com grande parte dessas músicas já prontas*" (TANÃ RIBEIRO, 2020). O próximo passo é o estudo das novas músicas com os alunos, a assimilação da mensagem, já que sempre são composições temáticas – estabelecendo relação com o projeto – compreensão dos textos, dos ritmos, até a chegada da apresentação final, que movimenta toda a escola, inclusive os professores das outras áreas do conhecimento, que de forma interdisciplinar estão também trabalhando em prol do espetáculo.

> *E aí, no final do ano eles apresentam esse espetáculo musical cantando, dançando, falando o texto e tudo mais, como deve ser um espetáculo musical, assim, sem tirar nem pôr. Então eles apresentam tudo isso, alimentados por todo o processo do ano dentro de um espetáculo, dentro desse espetáculo teatral. Então esse é mais um evento onde as músicas acontecem também* (TANÃ RIBEIRO, 2020).

Com relação à utilização de instrumentos musicais na escola, que não é o foco da proposta, mas que eventualmente se faz presente, Tanã relata que: "*cada dia um aluno traz um instrumento para aula: 'olha, Tanã, o que eu ganhei, que eu tenho, não sei o quê...' Aí a gente dá uma parada na aula, assim, falo: "Meu, vamos tocar um pouco? Vamos ver como é esse instrumento?*" (TANÃ RIBEIRO, 2020). Segundo o professor, estes são momentos de troca, nos quais ele se abre para esses processos de vivência daquilo que os alunos trazem de casa, de suas vidas.

Tanã chega então ao papel do canto, que considera a prática musical mais explorada pela instituição e pelas ações artísticas que são realizadas por lá. Ele conta que faz um "*trabalho muito específico com eles, [pois] eles vão cantar na Teia, cantar na peça, eles vão cantar no palco, se movimentando, fazendo coreografias, com figurino, com não sei o quê... iluminação"* (TANÃ RIBEIRO, 2020). O professor afirma que prepara os alunos quanto à capacidade aeróbica, exercícios de dicção, projeção, articulação, colocação da voz, interpretação e afinação. Realiza também um trabalho de postura e apresenta aos alunos alguns mecanismos da anatomia humana e seu sistema respiratório e vocal. *"Então a gente faz todo esse trabalho de preparação vocal para que eles cheguem no final do ano um pouco mais fortalecidos e seguros para darem conta do que eles têm que dar conta no palco"* (TANÃ RIBEIRO, 2020).

Outra estratégia usada pelo professor é a gamificação[24], que está em andamento na Teia. Segundo Tanã, além de os games serem elementos que estão fortemente presentes no universo dos alunos, eles podem contribuir no enfrentamento dos desafios do atual contexto de pandemia, pois *"nesse momento online nós precisamos, de alguma forma, dinamizar o aprendizado para eles [...] porque eles não aguentam ficar na frente do computador passivos"* (TANÃ RIBEIRO, 2021).

As aulas de música na Teia Multicultural

Educação Infantil

A forma como o professor trabalhou remotamente com as crianças da educação infantil foi utilizando repertório cantado. As músicas trazidas para as aulas sugeriam movimentos corporais, gestos e conhecimento de mundo. Tanã tocava canções – tanto em seu computador como cantando com o violão nas mãos – que contavam histórias repletas de conhecimentos sobre animais, artes e música. Nesse nível educacional, o repertório foi trazido completamente pelo professor, diferente do ensino fundamental e médio, em que os alunos participavam efetivamente das escolhas.

Algumas canções infantis eram personalizadas pelo professor, recurso que considerei didático por despertar mais participação dos alunos ao gerar a curiosidade de eles ouvirem qual seria a próxima mudança que o professor traria em determinada música. Quando as crianças se sentiam curiosas ou estimuladas, elas olhavam para a tela e realizavam gestos ao cantar as

[24] Gamificação foi o nome firmado em português para traduzir o termo original, *gamification*. A prática consiste na utilização de estratégias e procedimentos comuns aos jogos, em situações da vida real.

músicas, mesmo que não por muito tempo. Algumas crianças eram deixadas sozinhas em frente da tela, o que diminuía consideravelmente sua atenção à aula. Outras possuíam um adulto ou responsável por perto, mesmo que de forma discreta, sem aparecer no vídeo. Isso parecia ser suficiente para gerar mais participação da criança ao longo da aula.

No ano de 2020, como já foi mencionado, em decorrência da pandemia e das aulas remotas, não foram realizadas apresentações artísticas com a educação infantil. Portanto, não pude realizar observações nesse nível, nessa faixa etária. Conversei com o professor de música e também busquei informações nos documentos da escola, como previsto em minha metodologia. Tanã explicou que na educação infantil essas apresentações são espetáculos baseados em cirandas: "*a gente trabalha com as cirandas, as músicas com as cirandas [...] com as histórias das cirandas infantis*" (TANÃ RIBEIRO, 2020). Segundo ele, a programação dos conteúdos para serem trabalhados com o infantil segue a mesma lógica daquelas turmas que possuem apresentações anuais, ou seja, no primeiro semestre são trabalhados conteúdos relacionados, porém sem vínculo direto com a apresentação, e no segundo semestre se inicia o contato direto com repertório e demais conteúdos relacionados à apresentação final. Tanã afirma que:

> [...] *essas cirandas, elas têm coreografia, elas têm uma apresentaçãozinha no palco, uma história, eles fazem todo um cenário com a professora. Então a gente vai trabalhando todos esses aspectos e ensaiando as músicas que eles vão cantar no final do ano* (TANÃ RIBEIRO, 2020).

O PPP da escola diz que a dança circular remonta às culturas antigas e suas formas de estar e fazer coletivos. Segundo o documento, "essas culturas passaram a representar os ciclos da natureza, o pulsar dos movimentos do sol, da lua, dos planetas, o ritmo da respiração e o pulsar do coração, a vida e a morte, possibilitando, assim, o estudo de diversos conteúdos" (PPP, 2019, p. 15). A dança apresenta para as crianças mais novas da Teia uma das primeiras experiências de vínculo coletivo, de interação grupal. O PPP afirma que

> [...] compor a circunferência da roda já constitui uma criação [...] a percepção de que estão todos voltados para um mesmo centro e que todos são igualmente importantes na composição final de um círculo são também conceitos desenvolvidos ao longo das aulas (PPP, 2019, p. 15).

A criatividade é uma capacidade humana inata, mas parece não receber a devida importância em muitas instituições educacionais. Tradicionalmente, as disciplinas de Português e Matemática possuem maior carga horária nas escolas, como conta o coordenador pedagógico:

> [...] *se a gente viveu uma educação tradicional que punha que a matemática, que a língua portuguesa, isso estava acima de qualquer coisa, então o aluno que desenhava muito bem, o aluno que cantava muito bem, não era algo valorizado. Por quê? Porque isso não vai fazer com que você seja alguém* (JUAN OTÁROLA, 2020).

Na Teia há uma força que busca valorizar exatamente essas questões complementares da formação humana, mostrar ao aluno que todo conhecimento é importante e que as pessoas possuem inclinações diferentes, e que está tudo bem ser assim.

Ensino Fundamental

Uma das formas que Tanã abordou a música foi utilizando sua criatividade na utilização de jogos, em que o professor lançava uma música na tela compartilhada com os alunos e então via quem levantava a mão primeiro, para responder questões sobre ela. Esse tipo de proposta pareceu funcionar como avaliação diagnóstica, no ensino fundamental, para o professor conhecer o que os alunos já haviam desenvolvido em seu conhecimento musical, além de estimular a participação deles de forma individual, fortalecendo sua autoconfiança e seu posicionamento no mundo.

O "Tambormon", jogo muito popular entre eles, criação do professor, consistia em executar individualmente divisões rítmicas representadas por formas geométricas como triângulo e quadrado. Ao vencer o desafio, o aluno passava de fase, ao errar, perdia "vida" e podia realizar quantas tentativas fosse possível. A expectativa de avançar as fases, enfrentar "chefões" (que eram desafios maiores) e jogar com os colegas em forma de disputa tornou o jogo bem requisitado pelos alunos.

Em um processo de ensino de música o repertório é um aspecto relevante. É por meio das escolhas das músicas que muitas vezes os alunos se sentem representados e contemplados na aula. Em uma abordagem humanizadora, levar em consideração as preferências musicais dos alunos torna-se fundamental. As músicas trazem em si valores extramusicais e esses aspectos reforçam o valor e a identificação que um indivíduo sente com determinado repertório, respeitar e valorizar isso é elementar.

O primeiro repertório que percebi o professor e seus alunos debatendo foi relativo à apresentação artística que aconteceria no final do ano. Por mais que algumas sugestões partiam do Tanã, os alunos mostravam autonomia e protagonismo nas discussões e nas justificativas para a defesa de suas sugestões ou críticas. Assim que iniciei minhas observações na Turma 6 (6º e 7º anos), notei que o tema de sua apresentação final seria "História do Cinema", como mencionei anteriormente, e a música *Lunch Time* (*Charlie Chaplin*) já estava selecionada naquele momento. Os alunos e o professor decidiam coletivamente sobre a cena da peça na qual a usariam. Em uma ocasião semelhante, na Turma 7 (8º e 9º anos), Tanã iniciou uma aula trazendo ao grupo a reivindicação de um dos alunos, que gostaria que todos analisassem melhor se uma das músicas escolhidas para a apresentação final de sua turma não seria inadequada, ou com um conteúdo impróprio em seu texto. O tema da apresentação final dessa turma é "Brincadeiras da humanidade". Os alunos decidiram todo o repertório que faria parte do filme apresentado por eles. Determinado aluno sugeriu a música "Brilha brilha estrelinha" em uma versão cantada em inglês. Tanã e demais discentes acharam que ela soou como música de ninar, mas, exatamente por isso, o professor teve uma ideia de como usá-la. Então perguntou ao grupo:

> *Tanã: Mas essa versão do Almodovar[25] eu achei legal para o final do filme. Acabou o filme, a hora dos créditos, sabe quando tá subindo os créditos? Entra o "Brilha brilha estrelinha". O que vocês acham dessa ideia?*
> *Marlon Brando: Eu acho incrivelmente boa!*
> *Tanã: Sim ou não, Almodóvar? O que que você achou?*
> *Almodóvar: Eu gosto bastante da ideia.*
> *Francis Coppola: Vai ser ótimo nos créditos. Perfeita* (TANÃ RIBEIRO, 2020).

O fato de estar no formato remoto, cada aluno em sua casa e em seu dispositivo pessoal, não pareceu impactar nos diálogos, todos estavam confortáveis e se sentindo integrados à aula. Os alunos que tinham algo a propor ou a reivindicar faziam suas colocações com muita propriedade e segurança, depois ouviam os colegas e, juntos, firmavam os acordos. Esse modelo democrático está na essência da escola, na formação dos alunos. Parece que não há outra hipótese para tomada de decisões que não esta,

[25] Ao contar algumas situações reais, observadas durante as aulas de música da escola Teia Multicultural, mantive os nomes reais do professor e demais colaboradores da instituição – como previamente acordado – entretanto, utilizei nomes fictícios para os alunos da instituição que foram citados ou estiveram presentes de algum modo nas cenas mencionadas.

discutindo as questões sempre com o coletivo, como é aprendido nas assembleias escolares. Segundo o PPP da Teia, as assembleias

> [...] são o momento institucional da palavra e do diálogo. O momento em que o coletivo se reúne para refletir, para tomar consciência de si mesmo e para transformar tudo aquilo que os seus membros consideram oportuno. É um momento organizado para que [...] possam falar de tudo que lhes pareça pertinente para melhorar o trabalho e a convivência escolar (PPP, 2019, p. 26).

Algumas apresentações artísticas que estavam planejadas desde o início do ano de 2020 – antes da pandemia – foram adiadas por não serem concebidas sem a coletividade de forma presencial, mas a maior parte delas foi readaptada para que ocorresse de forma on-line e ao vivo no *Google Meet* ou mesmo no *YouTube*, tendo a gravação realizada anteriormente.

O ensino fundamental 1 era distribuído entre as turmas 3, 4 e 5, contemplando 1º ano, 2º e 3º anos e 4º e 5º anos respectivamente. Apesar de suas apresentações finais terem sido adiadas em decorrência da pandemia, como já foi mencionado, pude presenciar Tanã trazendo o material musical que viria a ser utilizado nas apresentações, incluindo suas composições musicais, e os alunos começavam a se familiarizar com o repertório que estaria presente na apresentação. A seguir, trago um trecho de uma aula em que o professor apresentou uma de suas músicas.

> *Então, olha, vamos acompanhar ela, acompanhar a música (Somos Um), lendo a letra, tá? 'África, negra área'. Vocês sabem como se fala 'negra área' em inglês? Nigger area. Algumas teorias dizem que é daí que vem o nome 'Nigéria', de nigger area [...] A África toda, ela foi dividida entre países europeus [...] invadiram a África e falaram assim: 'esse lugar é nosso' [...] se você for pegar a África, vários países da África, tem país que fala francês, tem país que fala português, tem país que fala inglês [...] a Nigéria foi uma colônia inglesa, certo? Por isso que lá se fala inglês* (TANÃ RIBEIRO, 2020).

Em seguida, o professor foi contando sobre as mensagens contidas no texto, aquelas que poderiam ser ainda novidades para os alunos, como a história de Zumbi dos Palmares, a escravidão no Brasil e a vida de artistas, atletas e personalidades negras que se tornaram referência em suas áreas no Brasil e no mundo.

Ensino Médio

Uma das propostas de trabalho feitas pelo professor foi a prática de canto com análise sobre os momentos de respiração, onde, de modo on-line, os alunos discutiam sobre a questão e Tanã registrava no editor de texto. Em seguida, os alunos cantavam e gravavam a música – que para essa peça seria a canção *Lovefool*[26] – cada um em seu aparelho, utilizando uma mesma guia no fone de ouvido, de modo que fosse possível sincronizar ou realizar uma junção das vozes de todos eles a partir do *software* de produção musical. Pude perceber que esta foi uma prática muito difundida na internet após o início do período das restrições para conter a pandemia, e o professor a explorou também em suas aulas. Com a interrupção dos encontros coletivos para práticas musicais, músicos passaram a utilizar a tecnologia – a partir do próprio aparelho celular ou do computador – para gravar, cada um a sua parte (aquela mesma que seria tocada caso o encontro fosse presencial), certificando-se de que a execução estava sincronizada em um mesmo BPM (batidas por minuto), e então enviar o arquivo de áudio para aquele colega que fosse realizar a junção das partes de cada integrante do grupo em um programa de computador. Quando havia prática – como esse ensaio de repertório ou conceitos musicais – Tanã iniciava a aula com exercícios de respiração e relaxamento. O professor falava com os alunos, durante grande parte das aulas, em inglês, como já foi mencionado. No caso do ensino médio, os alunos já estavam mais preparados para essa comunicação, então Tanã permanecia por mais tempo dialogando em inglês, alguns alunos, inclusive, além de ouvir, falavam fluentemente.

A conscientização do multiculturalismo e a importância da cultura afro-brasileira estiveram sempre em evidência nas aulas de Tanã. Na Turma 10 (3º ano do ensino médio), o projeto do ensino fundamental 1 foi citado pelo professor como referência para o tema. O professor mostrou um livro chamado *Sankofia*[27] e explicou que é uma ficção científica africana que influenciou o filme *Pantera Negra*[28].

Na Teia, um dos valores que se busca com certa ênfase é o desenvolvimento do protagonismo dos alunos. Em diversos momentos pude perceber

[26] A música *Lovefool* da banda *The Cardigans* faz parte do álbum *First Band on the Moon* de 1996 e foi trilha sonora do filme *"Romeu + Julieta"*, do mesmo ano.

[27] *Sankofia* é um livro de ficção científica escrito por Lu Ain-Zaila e publicado em 2018. Ele discorre sobre o Afrofuturismo, possui forte presença de personagens femininas e fala sobre o orgulho de quem carrega a história das raízes ancestrais e da cor negra.

[28] *Pantera Negra* é um super-herói das histórias em quadrinhos. Foi criado por Stan Lee e Jack Kirby em 1966.

o papel do professor se desligar um pouco da liderança nas tomadas de decisões para que os alunos pudessem assumir o posto. Ainda nas primeiras aulas da Turma 10 (3º ano do ensino médio) pude perceber que os alunos decidiam as cenas que precisavam de mais ensaio para a apresentação final – da peça *Romeu e Julieta*. Eles estavam no controle e com a responsabilidade de fazer tudo dar certo. O professor estava presente na sala, como uma figura importante, porém não determinava todos os caminhos.

O respeito à individualidade dos alunos, e o conhecimento mais abrangente possível sobre cada personalidade deles, era um investimento diário realizado pelo professor de música. Isso, certamente, faz parte do projeto da escola, que busca formar indivíduos com uma sensibilidade humana aguçada e uma compreensão de mundo mais profunda. No início das aulas, em todas as turmas, Tanã realizava a chamada perguntando individualmente aos alunos: "bom dia / boa tarde (nome do aluno), tudo bem com você?". Em geral, as respostas eram positivas, mas, eventualmente, um aluno lhe contava algum incômodo, então o professor estendia um pouco o assunto, procurando lhe trazer algum conforto.

Apesar de todo o carinho e respeito, Tanã também era duro em outros momentos, como quando via muitas câmeras fechadas na turma. Ele então fazia um trabalho de conscientização e também deixava claro que era regra da escola que os alunos se mantivessem com as câmeras abertas. As aulas remotas apareceram como alternativa no momento em que as pessoas não sabiam ao certo o que fazer durante a pandemia. Essa necessidade gerou aprendizados e evoluções de aspecto tecnológico, coisas interessantes apareceram, como o próprio encontro virtual, em formato de videoconferência. Essa prática, certamente, ofereceu uma utilidade muito grande às pessoas, a ponto de eu poder afirmar que dificilmente ela será abandonada, mesmo quando os encontros presenciais estiverem completamente liberados. Algumas ações presenciais são, indiscutivelmente, mais efetivas, mas diversos modelos de reuniões on-line se tornaram muito práticos e eficientes para as pessoas, principalmente quando há uma distância geográfica considerável entre elas.

Arrematando os fios

A pesquisa buscou compreender como se constitui o processo de educação musical em uma escola inovadora, a Teia Multicultural. O foco foi averiguar como a educação musical seria desenvolvida nesse modelo educacional. O interesse era entender qual seria e como seria o espaço que a educação musical ocupava dentro daquela escola em prol do desenvolvimento dos estudantes, de que maneira se estabeleciam as relações interpessoais entre escola, professores e alunos com, ou a partir da música. Nesse sentido foi importante ver a forma como a educação musical era praticada, os materiais didáticos utilizados, como se definia o repertório estudado e como a música estava inserida em seu PPP.

Para melhor compreender as inclinações da escola Teia Multicultural, no sentido da formação humana e da relevância da arte (incluindo a música) nesse processo, utilizei como referencial teórico o conceito de educação musical humanizadora (BRITO, 2011; JOLY; SEVERINO, 2016; KATER, 2004; KOELLREUTTER, 2018; PENNA, 2006). Esse conceito, como contam Joly e Severino (2016), considera a educação musical parte integrante da vida e do desenvolvimento humano desde o princípio, afirma que ela deve estar presente na formação dos indivíduos e que a música não faz distinções, nem exige predisposição de inteligência ou de dom divino. Tal educação musical se baseia em processos humanizadores que unem as pessoas ao fazerem música. Proporciona aos educandos uma ótica para compreender a si mesmos e o mundo, dando uma "trilha sonora" à realidade. A educação musical humanizadora afirma que a música é parte integrante do conhecimento e da formação humana e é tão importante e recomendada como as outras áreas de conhecimento comumente presentes ao longo da formação escolar. Nesse aspecto, esse pensamento se relaciona com a educação de formação integral, na qual se defende que toda forma de conhecimento é relevante e que o currículo baseado em disciplinas preestabelecidas é superficial em relação ao que se pode saber sobre a realidade do mundo. A escola é considerada como "vida real", e não um local à parte, ela não está desvinculada do cotidiano vivido dos alunos. É, portanto, parte integrante do dia a dia, em que as relações humanas, as descobertas e a realização dos projetos de vida estão presentes em uma formação abrangente, inclusive com a presença da música.

Penso que, no aspecto das relações humanas, a Teia se mostrou incomum e interessante. A maneira de pensar a formação humana do aluno, os estímulos ao seu desenvolvimento pessoal relacionado à aquisição da autonomia e do protagonismo e a valorização de suas características individuais refletiram, inclusive, nas aulas de música. Isso me levou a pensar sobre os elementos que compõem uma aula. Percebi que os conteúdos eram apenas uma parte dela, e que eles, mesmo sendo comuns a outras escolas, podem ser apresentados com outras abordagens. As diferentes formas de se tratar determinados assuntos podem transformar consideravelmente a maneira com que os alunos demonstram interesse por eles.

Penso que a escolha do campo de pesquisa foi realizada com sucesso na medida em que minha expectativa de encontrar uma escola que apresentasse alternativas ao que é comumente estabelecido em educação – em relação ao currículo disciplinar, avaliações pontuais, relações humanas e formação integral – foi atendida. A investigação me mostrou uma forma de educação que preza pelo desenvolvimento da personalidade de cada aluno, pela formação de seu protagonismo – com a segurança que lhe é pré-requisito para tal – e como a arte é fundamental para a compreensão de si mesmo como sujeito no mundo. Nas aulas de música, vi um professor que colocava sempre a voz do aluno em evidência, que estimulava essa voz a dizer o que estava pensando e que solicitava que ela fizesse escolhas. Os alunos, sempre por meio de diálogos coletivos, decidiam questões relacionadas ao repertório musical e até mesmo ao andamento da própria aula, com sugestões e votos sobre o que seria mais importante se abordar em determinados momentos. Percebi que o professor de música estabelecia uma relação muito próxima de seus alunos, com conversas muito francas e opiniões abertas sobre o que estava sendo agradável ou não ao longo das aulas.

Possivelmente, outro professor, em outra instituição, poderia passar anos dando aula para determinada turma sem conhecer o íntimo de seus alunos, sem saber suas opiniões ou seus gostos, por exemplo, sobre quais repertórios eles gostam. Para isso bastaria esse professor determinar tudo em sua aula, trazendo planejamentos prontos e apenas executá-los, independentemente da turma ou do contexto. O que vi foi o contrário disso, foram aulas cujos temas podiam ser trazidos e planejados pelo professor, mas os encaminhamentos eram determinados pelos passos dos alunos. Eles se tornaram agentes ativos no processo de sua própria educação.

REFERÊNCIAS

ARAUJO, C. G. DE; REBOLO, F. Inovação educacional e escolas inovadoras: discutindo conceitos e práticas. *Revista de Educação, Linguagem e Literatura*. Goiânia: v. 11, 7 maio 2019.

BOGDAN, R. C.; BIKLEN, S. K. *Investigação qualitativa em educação*. Portugal: Porto Editora, 1994.

BRESLER, L. Metodologias qualitativas de investigação em Educação Musical. *Revista Música, Psicologia e Educação*, Portugal, v. 2, p. 5–30, 2000.

BRITO, T. A. DE. *Koellreutter educador*: O humano como objetivo da educação musical. 2. ed. São Paulo: Peirópolis, 2011.

CORREA, G. C. P. *Teia Multicultural*: a construção de um modelo inovador na escola brasileira. Dissertação (Mestrado em Educação) – Pontifícia Universidade Católica de São Paulo, São Paulo, 29 out. 2018.

CORREA, Georgia. Entrevista online, realizada pela plataforma digital ZOOM, concedida a Wellington Gouvea, Maringá, 7 dez. 2020.

FREIRE, P. *Ação cultural para a liberdade*. 5. ed. Rio de Janeiro: Paz e Terra, 1981.

GIL, A. C. *Métodos e técnicas de pesquisa social*. 6. ed. São Paulo: Atlas, 2008.

JOLY, I. Z. L.; SEVERINO, N. B. Definindo conceitos: o que é isso que chamamos de educação musical humanizadora? *In*: JOLY, I. Z. L.; SEVERINO, N. B. (org.). *Processos educativos e práticas sociais em música*: um olhar para educação humanizadora. Pesquisas em educação musical. Curitiba: CRV, 2016. p. 19–28.

KATER, C. O que podemos esperar da educação musical em projetos de ação social. *Revista da Abem*, Porto Alegre, v. 12, n. 10, 2004.

KOELLREUTTER, H.-J. Seminários Internacionais de Música. *In*: KATER, Carlos (Org.). *Cadernos de Estudo - Educação Musical*: Especial Koellreutter. São João del-Rei: Fundação Koellreutter, 2018. p. 53–63.

MELUCCI, A. *Por uma sociologia reflexiva*: pesquisa qualitativa e cultura. Petrópolis: Vozes, 2005.

OTÁROLA, Juan. Entrevista online, realizada pela plataforma digital ZOOM, concedida a Wellington Gouvea, Maringá, 14 abr. 2021.

PENNA, M. Desafios para a educação musical: ultrapassar oposições e promover o diálogo. *Revista da Abem*, Porto Alegre, v. 14, n. 14, 2006.

PPP, T. *Projeto Político Pedagógico*: Teia Multicultural – Escola de Educação Integral – Educação Infantil, Ensino Fundamental e Médio. 2019.

RIBEIRO, Tanã. Entrevista online, realizada pela plataforma digital ZOOM, concedida a Wellington Gouvea, Maringá, 3 ago. 2020.

RIBEIRO, Tanã. Entrevista online, realizada pela plataforma digital ZOOM, concedida a Wellington Gouvea, Maringá, 19 abr. 2021.

RIBEIRO, Tanã. Aula prática das turmas 7º, 8º e 9º anos, 1 out. 2020.

RIBEIRO, Tanã. Aula prática das turmas 2º, 3º e 4º anos, 26 nov. 2020.

VENTURA, M. M. O Estudo de Caso como Modalidade de Pesquisa. *Revista da SOCERJ*, Rio de Janeiro, v. 20, n. 5, p. 383–386, 2007.

YIN, R. K. *Estudo de caso*: Planejamento e métodos. 2. ed. Porto Alegre: Bookman, 2001.

4

EDUCAÇÃO MUSICAL EM UMA ESCOLA DE EDUCAÇÃO BÁSICA: CONTRIBUIÇÕES DO PROGRAMA RESIDÊNCIA PEDAGÓGICA

Débora Santos Porta Calefi Pereira

Cássia Virgínia Coelho de Souza[29]

INTRODUÇÃO

O presente texto é parte de uma dissertação de mestrado, do Programa de Pós-Graduação em Música da Universidade Estadual de Maringá (UEM), que teve como objetivo conhecer e analisar as contribuições da realização do subprojeto Música do Programa Residência Pedagógica (UEM) no Colégio Estadual Jardim Independência, seu contexto de prática, e como estas foram caracterizadas pelo programa.

Instituído em fevereiro de 2018, o Programa Residência Pedagógica (PRP) é uma das ações que integram a Política Nacional de Formação de Professores (2009). Articulado aos demais programas da Política Nacional, o PRP busca aperfeiçoar a formação prática dos cursos de licenciatura, assegurando a seus alunos a oportunidade de desenvolver habilidades e competências para realizar um trabalho de qualidade em escolas da educação básica. Para isso, promove uma imersão do licenciando na escola, imersão esta que não compreende apenas a sala de aula, mas atividades diversificadas do cotidiano escolar, nos seus diferentes setores: desde o funcionamento da cantina, biblioteca, secretaria, até reuniões pedagógicas e conselhos de classe.

O PRP se desenvolve em escolas públicas de educação básica, denominadas no Edital n. 6/2018 (CAPES, 2018) de "escola-campo", a partir de subprojetos submetidos pelas Instituições de Ensino Superior em diferentes áreas de conhecimento do componente curricular das escolas de educação

[29] Professora orientadora de mestrado de Débora Santos Porta Calefi Pereira, mestra pelo Programa de Pós-graduação em Música da Universidade Estadual de Maringá.

básica. No caso de propostas na modalidade Música, os subprojetos puderam ser submetidos no componente curricular Arte. Isso porque, conforme o disposto na Lei n. 11.769/2008 e 13.278/2016, nas escolas de educação básica o ensino de Música está inserido na disciplina Arte como conteúdo obrigatório, porém não exclusivo.

De agosto de 2018 a janeiro de 2020, participei desse programa atuando como professora preceptora da escola-campo e, também, como orientadora da IES, devido aos dois contratos de trabalho junto ao Governo do Estado do Paraná; no sistema de Educação Básica e no Ensino Superior. O subprojeto Música, que participei, foi proposto pelo Curso de Graduação em Música – Habilitação Licenciatura em Educação Musical – da UEM. Foi realizado no Colégio Estadual do Jardim Independência, localizado no município de Sarandi-PR, no qual sou a única professora efetiva da disciplina Arte com formação em Música.

Sediar o subprojeto "Música" do PRP representou um momento significativo para o colégio, sobretudo pelo fato de que a maior parte dos professores da disciplina e a atuação deles têm sido em Artes Visuais. Os residentes atuaram em quase todas as turmas regulares e, também, em contexto extraclasse, alcançando uma dimensão relevante. Dessa forma, não somente houve uma imersão dos residentes na escola, mas também um amplo envolvimento da escola com o projeto desenvolvido.

A oportunidade de atuar nos diferentes níveis de ensino que se articulam nesse programa, além de crescimento profissional, suscitaram-me reflexões acerca dessa relação entre universidade e escola. Pois, apesar de essa política ter como principal perspectiva a formação de professores para atuar na educação básica, percebi que o PRP pode ser formativo e transformador para o contexto em que se efetiva: a escola-campo.

Sendo assim, cabe refletir: o que a realização de um programa como esse pode promover no contexto de ensino em que se efetiva? Quais efeitos a atuação simultânea de diferentes professores de Música causou no colégio? Poderá haver mudanças nas concepções da comunidade escolar acerca do ensino de música? Isso pode contribuir para o desenvolvimento do ensino de música na escola? De que forma?

Tais reflexões me conduziram ao seguinte problema de pesquisa: quais foram e como se estabeleceram os impactos do subprojeto "Música" do Programa Residência Pedagógica (UEM) em seu contexto de prática?

Esse estudo analisou o subprojeto "Música" do PRP a partir da Abordagem Ciclo de Políticas (*Policy cycle approach*), desenvolvida pelo sociólogo inglês Stephen Ball e colaboradores, que se mostrou a teoria mais adequada para compreensão da proposta. Essa abordagem introduz "a noção de um ciclo contínuo de política, objetivando atrair a atenção para a recontextualização política que transita pelas escolas" (WOLFFENBÜTTEL; RAMOS, 2016, p. 333). Esse ciclo é composto por diferentes contextos que se inter-relacionam e constituem a política. São eles: contexto de influência; contexto do texto político; contexto da prática; contexto dos efeitos e contexto de estratégia política, apresentados mais detalhadamente ao longo do texto.

A pesquisa teve como foco o contexto da prática, mas considera os demais como interligados a esse, de acordo com a perspectiva da abordagem de Ball (1994, 2006a). Tendo em vista a ênfase no contexto de prática do subprojeto Música, também fez parte do referencial teórico dessa pesquisa a Teoria da Atuação (BALL; MAGUIRE; BRAUN, 2016). Nela, os autores concebem a atuação das políticas educacionais como um aspecto dinâmico e não linear de toda a complexidade que compõe o processo de uma política.

Nesse texto, trago alguns dos principais aspectos da pesquisa, incluindo os procedimentos metodológicos, referencial teórico e uma breve discussão dos resultados obtidos.

Educação Musical e políticas educacionais

Muitas são as expectativas para o ensino de Música nas escolas, sendo necessário criar uma rede de colaboração mútua, em que possamos superar as distâncias entre as ambições teóricas e a realidade concreta da escola.

Nesse processo, a união entre a universidade e a escola é fundamental. Somente com a cooperação e participação mútua, sem verticalização ou hierarquização dos saberes, poderá haver um encontro autêntico entre dois mundos, formando uma comunidade de aprendizagem e de formação, "e não meras reproduções de uma 'teoria vazia', que tantas vezes marca o pensamento universitário, ou de uma 'prática vazia', infelizmente tão presente nas escolas" (NÓVOA, 2017, p. 1117).

Tem-se como pressuposto que programas como a Residência Pedagógica oportunizam a aproximação entre universidade e escola e podem ser significativos no desenvolvimento dessa parceria. Isso porque o programa pode ser importante não apenas para a formação inicial de professores, ao aproximá-los de um contexto de ensino, mas também para as escolas, ao oportunizar momentos para ressignificar, refletir e fundamentar suas práticas à luz de conhecimentos científicos.

Contudo, é importante considerar que "leis e propostas oficiais não têm o poder de, por si mesmas, operar transformações na realidade cotidiana das salas de aula" (PENNA, 2004, p. 15). No entanto, a reflexão e análise desses discursos, além de nos permitir compreender as concepções educacionais e políticas que delineiam o nosso contexto de atuação, podem nos servir "como base de propostas, reivindicações e construção de alternativas" (PENNA, 2004, p. 15) para aprimorar a nossa prática.

Além das questões políticas, predeterminações de documentos e leis educacionais, sabemos que, na prática escolar, a efetivação do ensino de Música depende de diversos outros fatores. De acordo com Penna (2008), podemos apresentar alguns desses fatores como as contratações de professores com formação específica em Música ou não; a realização e/ou cobrança do trabalho polivalente na disciplina Arte, ou até mesmo a cobrança por um trabalho reducionista às Artes Visuais por parte da equipe pedagógica.

Penna e Queiroz (2012) alertam que uma das maneiras de enfrentar os desafios e dificuldades é participando "de discussões, análises e ações que transcendem o campo específico do conhecimento musical" (PENNA; QUEIROZ, 2012, p. 93). De acordo com os autores, para que a educação musical tenha um papel mais efetivo na educação básica, além de uma legitimação epistêmica, metodológica e formativa, também necessitamos de uma legitimação política, pois

> [...] fica evidente que um ponto fundamental para o fortalecimento e até mesmo a sobrevivência desta área [educação musical], é sua inserção no âmbito das políticas públicas educacionais, que regulamentam, definem e fomentam a educação no país (PENNA; QUEIROZ, 2012, p. 93).

Beineke (2004) argumenta que o educador musical deve ter uma atuação crítica na escola, que vai além da sala de aula, para que assim possa promover mudanças em seu contexto de ensino, envolvendo toda a comunidade escolar. A autora chama a atenção para o fato de que "As relações que construímos com a escola, ou que deixamos de construir, é também a política pública que estamos ajudando a concretizar" (BEINEKE, 2004, p. 40).

Partindo da perspectiva de que o PRP é um programa de políticas educacionais que pode se constituir em um espaço de atuação da Educação

Musical nas escolas, é importante compreendê-lo como "um processo que atende às necessidades de consolidação e expansão da nossa área" (PENNA; QUEIROZ, 2012, p. 102).

Por isso, cabe olharmos para programas como o PRP, que tem alcance nacional, com extrema acuidade, buscando refletir "sobre os distanciamentos e sobre as aproximações, ainda que de forma breve, entre as ações e impactos do programa e os delineamentos sobre a formação apresentados pelos autores da Educação Musical" (ALMEIDA; TEIXEIRA, 2019, p. 11). Para Almeida e Teixeira (2019), o PRP representa a ressignificação de práticas dos estágios dos cursos de licenciatura em Música, assim como oportuniza um espaço para questionar e analisar o ensino de Música de acordo com a realidade de cada escola-campo, sobretudo considerando um tempo maior (18 meses) de atuação dos licenciandos em um mesmo contexto educacional (ALMEIDA; TEIXEIRA, 2019).

Nessa direção, o PRP representa mais uma forma significativa de implementação do ensino de Música em escolas públicas (PEREIRA *et al.*, 2020), além de fortalecer um trabalho colaborativo entre as comunidades de instituições de educação básica e dos cursos de licenciatura das universidades.

O estudo de políticas educacionais e a Abordagem Ciclo de Políticas

A Abordagem do Ciclo de Políticas (P*olicy cycle approach*) foi desenvolvida pelo sociólogo inglês Stephen Ball, Richard Bowe e Anne Gold, no final da década de 1980 e início da década de 1990. Sua origem se deu a partir de uma pesquisa sobre a reforma educacional e implementação de um currículo nacional inglês, em 1988 (MAINARDES, 2018).

Nessa teoria, a política educacional é compreendida como um ciclo contínuo composto por diferentes contextos. A princípio esse modelo foi apresentado de forma mais rígida e linear, por Bowe e Ball, composto por três arenas políticas: (1) a política proposta; (2) a política de fato; e a (3) política em uso (MAINARDES, 2006). A primeira corresponde à política oficial, relacionada às intenções do governo e seus assessores, departamentos educacionais, autoridades locais e demais grupos de poder, seria onde as políticas "emergem". A segunda se refere ao texto das políticas, que dão forma à política e ao discurso dos grupos de poder na política proposta e seriam eles as bases iniciais para a prática. E, por fim, tem-se a política em uso, que corresponde à ação, aos discursos e às práticas institucionais que emergem do processo de implementação em um determinado contexto (MAINARDES, 2006).

Contudo, os autores identificaram certas limitações desse modelo, compreendendo que há uma variedade de intenções e disputas que influenciam o processo político e aquelas três facetas ou arenas se apresentavam como conceitos restritos (MAINARDES, 2006).

Com isso, em 1992, no livro *Reforming education and changing schools,* Bowe, Ball e Gold apresentaram uma versão mais refinada do ciclo de políticas, em uma representação heurística do processo político, compostas por contextos e não mais arenas (BOWE *et al.*, 1992). Dessa forma, as três arenas iniciais tornam-se os primeiros três contextos do Ciclo de Políticas: contexto de influência, contexto do texto político, contexto da prática. Sobre isso, Ball (1994) explica:

> Richard Bowe e eu tentamos dar alguma estrutura conceitual para o método de trajetória esboçando três contextos de formulação de políticas (Bowe *et al.*, 1992) [...]. Cada contexto envolve luta e compromisso [...]. Eles são fracamente acoplados e não existe uma direção simples de fluxo de informações entre eles (BALL, 1994, p. 26).

Nessa estrutura, os três contextos estão inter-relacionados, possuindo uma relação cíclica contínua, como uma simbiose:

Figura 1 – Representação da Abordagem do Ciclo de Políticas de Bowe *et al.* (1992)

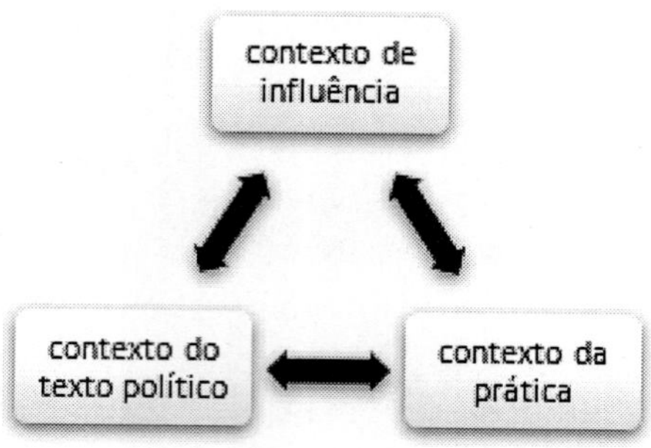

Fonte: Bowe, Ball e Gold, 1992, p. 20 (adaptada pelas autoras)

O que constitui cada contexto se assemelha às três arenas dispostas no modelo inicial, porém vistos de forma diferenciada. O contexto de influência é onde as propostas para as políticas educacionais são formuladas, a partir da discussão de grupos de interesse que disputam as definições da finalidade da educação e do que significa ser educado. É o processo legislativo em si, no qual conceitos adquirem legitimidade e formam a base do discurso político. É nesse contexto que ocorrem lutas entre as partes interessadas para influenciar nas definições e nos objetivos sociais da educação (BOWE *et al.*, 1992).

Já o segundo contexto, do texto político, possui uma relação simbiótica com o de influência, pois, muito embora o conteúdo dos textos políticos se relaciona com interesses mais específicos e as ideologias dogmáticas, os autores explicam que a produção desses textos se articula à linguagem do público em geral, que se baseiam, em certa medida, em reivindicações populistas (BOWE *et al.*, 1992). Portanto, os textos políticos representam a política e são resultado de disputas e acordos de diferentes grupos que lutam por representação. Porém, eles não são necessariamente claros e coerentes e podem ser contraditórios (MAINARDES, 2006). Além disso, eles são passíveis de interpretação e ressignificação, de acordo com a concepção da política como texto, comentada anteriormente.

Os autores enfatizam que os textos políticos devem ser lidos "em relação ao tempo e ao local específico da sua produção" (BOWE *et al.*, 1992, p. 21, tradução minha)[30]. Nesse sentido, os sociólogos defendem a perspectiva de que a política são intervenções textuais que possuem limitações ou possibilidades de acordo com condições materiais reais. E aí se relaciona com o contexto da prática que se configura justamente no material e concreto, é "onde a política está sujeita à interpretação e recriação e onde ela produz efeitos e consequências que podem representar mudanças e transformações significativas na política original" (MAINARDES, 2006, p. 53). E sobre esse contexto se insere um dos principais conceitos trazidos por Ball, que consiste na compreensão de que as políticas não são simplesmente implementadas, elas passam por interpretações e são recriadas. Em entrevista concedida a Mainardes e Marcondes (2009), Ball explica que busca

> [...] rejeitar completamente a idéia de que as políticas são implementadas. Eu não acredito que políticas sejam implementadas, pois isso sugere um processo linear pelo qual elas se movimentam em direção à prática de maneira direta. (MAINARDES; MARCONDES, 2009, p. 305).

[30] "in relation to the time and the particular site of their production" (BOWE; BALL; GOLD, 1992, p. 21).

Para ele, o contexto da prática se relaciona com o contexto do texto político em um processo de tradução e alternância de modalidades:

> A modalidade primária é textual, pois as políticas são escritas, enquanto que a prática é ação, inclui o fazer coisas. Assim, a pessoa que põe em prática as políticas tem que converter/transformar essas duas modalidades, entre a modalidade da palavra escrita e a da ação, e isto é algo difícil e desafiador de se fazer. E o que isto envolve é um processo de atuação, a efetivação da política na prática e através da prática. (MAINARDES; MARCONDES, 2009, p. 306).

Ball denomina os sujeitos envolvidos no processo e implementação de uma política de atores. Isso porque, nas variadas formas em que as políticas são interpretadas e materializadas, os sujeitos envolvidos "têm o controle do processo e não são 'meros implementadores' das políticas" (MAINARDES, 2018, p. 5). Velloso também elucida a questão, ao dizer que

> [...] assim como para os atores que interpretam um texto teatral, Ball entende que é no contexto da prática que o texto ganha vida, onde as improvisações surgem, onde a criatividade revela-se de acordo com valores locais e pessoais dos/as sujeitos. (VELLOSO, 2010, p. 21).

Cabe ressaltar que, nessa perspectiva, todos aqueles que possuem um papel ativo na interpretação e reinterpretação das políticas educacionais interferem nelas e em seus efeitos. Ou seja, "o que eles pensam e no que acreditam têm implicações para o processo de implementação das políticas" (MAINARDES, 2006, p. 53).

Contudo, à medida que seus estudos e reflexões prosseguiram, Ball sentiu necessidade de inserir mais dois contextos a esse modelo: o contexto dos resultados e efeitos e o contexto da estratégia política. Mais inter-relacionado ao contexto da prática, o contexto dos efeitos são os resultados e ações geradas a partir da efetivação da política em uma realidade. De acordo com Ball, "Aqui, a preocupação analítica é com as questões de justiça, igualdade e liberdade individual. As políticas são analisadas em termos de seu impacto e interações com as desigualdades e formas de injustiça existentes" (BALL, 2006a, p. 51, tradução minha)[31].

[31] "Here analytical concern is with the issues of justice, equality and individual freedom. Policies are analysed in terms of their impact upon and interactions with existing inequalities and forms of Injustice" (BALL, 2006a, p. 51).

Outra importante questão é que, para Ball, os efeitos se distinguem em efeitos de primeira ordem, que se referem a mudanças na estrutura e na prática, e os efeitos de segunda ordem, que se referem a mudanças nos padrões de justiça social, acesso e oportunidades sociais (BALL, 2006a, p. 50).

O último contexto da teoria é o de estratégias políticas, que "envolve a identificação de um conjunto de atividades sociais e políticas que seriam necessárias para lidar com as desigualdades criadas ou reproduzidas pela política investigada" (MAINARDES, 2018, p. 4). Enquanto o contexto de efeitos se relaciona mais ao contexto da prática, o de estratégias políticas se relaciona com o contexto de influências. Para Ball, o contexto de estratégia política

> [...] pertence ao contexto de influência, porque é parte do ciclo do processo através do qual as políticas são mudadas, ou podem ser mudadas ou, pelo menos, o pensamento sobre as políticas muda ou pode ser mudado. O pensar sobre as políticas e o discurso das políticas podem ser mudados pela ação política (MAINARDES; MARCONDES, 2009, p. 307)

Uma importante característica dessa abordagem é seu caráter amplo e flexível e, embora a explicação dos autores sobre cada um dos contextos seja relativamente breve, ela nos permite refletir sobre tudo o que constitui uma política, oferecendo suporte para uma análise crítica e coerente. A teoria abrange uma multiplicidade dos espaços, processos e atores que articulam, elaboram, implementam e dão sentido a políticas e programas educacionais, tais quais o PRP. Dessa forma, ela também se configura em uma forma consistente de pensar, teorizar e pesquisar política educacional, considerando sua natureza complexa e controversa, além de considerar "os processos micropolíticos e a ação dos profissionais que lidam com as políticas no nível local" e indicar "a necessidade de se articularem os processos macro e micro na análise de políticas educacionais" (MAINARDES, 2006, p. 49).

Como complemento da Abordagem do Ciclo de Políticas, temos também a Teoria de Atuação (*Policy enactment*), desenvolvida por Ball, Maguire e Braun e apresentada no livro *How schools do policy*, em 2012. No referido livro, os autores se propuseram a conceituar de forma diferenciada a intricada relação entre a política e a prática delineando uma teoria de atuação da política. Para tanto, buscaram compreender o envolvimento criativo de professores em práticas das políticas, tendo em vista as singularidades de cada escola pesquisada. Um dos objetivos era "'problematizar' algumas das maneiras pelas quais os estudos de implementação de políticas estavam sendo realizados nos contextos educacionais" (BALL; MAGUIRE; BRAUN, 2016, p. 9).

A principal crítica dos autores consiste justamente na forma como as escolas e os sujeitos que nela atuam são deixados de fora em análises de políticas e em como tais estudos desmaterializam a política dos contextos em que ela se efetiva:

> Em muitos desses estudos, não há reconhecimento adequado das diferentes culturas, histórias, tradições e comunidades de prática que coexistem nas escolas [...]. Pouca atenção é dada ao contexto material do processo da política, nem os edifícios em que a política é feita, nem os recursos disponíveis. (BALL; MAGUIRE; BRAUN, 2016, p. 16).

Na concepção dos pesquisadores, a atuação das políticas possui um aspecto dinâmico e não linear de toda a complexidade que compõe o processo de uma política e, nesse processo, a escola é uma parte (BALL; MAGUIRE; BRAUN, 2016). Contudo, "políticas individuais e os elaboradores de políticas não costumam levar em conta a complexidade dos ambientes de atuação da política institucional" (BALL; MAGUIRE; BRAUN, 2016, p. 22). Ao mesmo tempo em que se idealiza respostas das escolas às demandas das políticas, também se idealiza um tipo específico de escola e de condições que, na maioria das vezes, não corresponde à realidade.

Dessa forma, os autores direcionam o estudo com uma abordagem multi-política, com o objetivo de traçar e compreender as atuações políticas de maneira mais realista e holística. Para tanto, enfatizam que as dimensões contextuais devem ser levadas mais a sério, considerando que as políticas "são intimamente moldadas e influenciadas por fatores específicos da escola que funcionam como restrições, pressões e facilitadores de atuação" (BALL; MAGUIRE; BRAUN, 2016, p. 35).

A partir dessas prerrogativas, ressalta-se a importância do contexto de prática na compreensão de uma política ou programa educacional, sobretudo quando se tem o intuito de compreender seus resultados e impactos. Escolas possuem histórias, estruturas, edifícios, perfis de profissionais e alunos distintos que caracterizam a efetivação de uma política e, consequentemente, os seus resultados. Nessa direção, ao investigar os efeitos do subprojeto Música no Colégio Jardim Independência, as singularidades daquele contexto e suas influências no desenvolvimento do programa se mostraram fundamentais para a compreensão dos resultados ao longo da análise dos dados.

Procedimentos metodológicos

A abordagem qualitativa se mostrou a mais adequada para a realização da pesquisa, pois considera a singularidade e a complexidade da realidade investigada e dos sujeitos que fazem parte dela, tendo em vista a compreensão e interpretação, não necessariamente em busca de uma generalização ou quantificação dos resultados.

Tendo em vista que o objetivo foi compreender as implicações do programa Residência Pedagógica num subprojeto específico, realizado numa escola específica, envolvendo os sujeitos que se inserem nesse contexto, em determinado período de tempo, a investigação se configurou como um estudo de caso com característica histórica interpretativa. Isso porque estuda um projeto já realizado, após o fato ter se desenvolvido, porém ainda vivo para os participantes.

A intenção de uso do estudo de caso sempre é a interpretação de uma unidade, um caso que pode ser semelhante a outros, mas é, ao mesmo tempo, único (AZEVEDO, 2007). Trata-se de uma unidade que se constitui dentro de um sistema mais amplo. Deve-se optar por um estudo de caso quando temos o intuito de estudar algo "singular, que tenha um valor em si mesmo" (LÜDKE; ANDRÉ, 1986, p. 17). Nesse método, o pesquisador lida deliberadamente com as condições contextuais, pois elas são altamente pertinentes ao fenômeno estudado (YIN, 2001). Tais aspectos foram consonantes com a investigação realizada.

O campo e os participantes da pesquisa

O campo se constituiu no contexto do subprojeto de Música realizado pelo Curso de Licenciatura em Educação Musical da Universidade Estadual de Maringá (UEM), que teve como escola-campo o Colégio Estadual Jardim Independência (CEJI), localizado no município de Sarandi-PR. Esse subprojeto iniciou em agosto de 2018 e teve a duração de 18 meses, sendo finalizado em janeiro de 2020. O CJEI é considerado uma instituição de grande porte que atende comunidades de classe renda baixa e é um dos mais antigos de sua região.

A compreensão dos resultados e dos impactos do programa na realidade da escola investigada se deu a partir da análise das concepções e percepções dos indivíduos que vivenciaram o subprojeto e também das falas daqueles que atuaram na implementação da política e traduziram o texto político em consonância com as condições materiais do espaço e do tempo em que esta se efetivou.

Assim, estiveram entre os participantes: a professora orientadora, perante a Capes, pertencente à Instituição de Ensino Superior (IES); as professoras preceptoras, todas ministrantes da disciplina Arte na escola-campo; as professoras orientadoras do Estágio Curricular Supervisionado do Curso de Graduação em Música, Habilitação Licenciatura em Educação Musical da IES; os residentes de música que participaram do subprojeto em questão; três professoras da educação especial da escola-campo, que tiveram uma participação no subprojeto ao receber e acompanhar a atuação dos residentes em suas turmas e junto aos seus alunos; a diretora e o vice-diretor, assim como pedagogas do colégio, pois estes também estiveram envolvidos na ação e planejamento das atividades do subprojeto no contexto de prática.

No caso das professoras de estágio, embora não fossem bolsistas do PRP, atuaram de forma direta no subprojeto, orientando os residentes e participando de reuniões semanais. Isso porque, na licenciatura em Educação Musical da UEM, o Estágio Curricular Supervisionado foi vinculado ao Programa Residência Pedagógica, podendo os estagiários serem bolsistas do programa.

Uma vez que, no período de realização do subprojeto eu atuava como professora orientadora da disciplina Estágio Curricular Supervisionado e, concomitantemente, também fui preceptora, pois a escola-campo é o local onde sou professora efetiva da disciplina Arte, também integro o contexto dessa pesquisa.

A coleta de dados

Considerando as características e naturezas específicas das funções e relações que cada participante teve com e no subprojeto Música, houve uma divisão de três grandes grupos: (1) Os acadêmicos residentes de música; (2) eu, enquanto preceptora e professora orientadora; e (3) membros da comunidade escolar e professoras orientadoras do Curso de Licenciatura em Educação Musical (UEM).

Como procedimento de coleta de dados junto aos residentes, optei pela realização de questionários. Isso porque havia um número significativo de pessoas, ao todo 22 residentes de Música que atuaram no subprojeto Música. Foram considerados todos aqueles que participaram do subprojeto ao longo de sua duração, sendo que alguns destes se formaram ao fim do primeiro semestre do programa e por isso encerraram sua participação. Outros – que substituíram os formandos – ingressaram no início do segundo semestre.

O questionário é um instrumento de coleta de dados "constituído por uma série ordenada de perguntas, que devem ser respondidas por escrito e sem a presença do entrevistador" (OLIVEIRA *et al.*, 2016). Entre suas vantagens os autores apontam o fato de que o questionário alcança um maior número de pessoas, viabiliza o tempo, pois obtém respostas mais rápidas e precisas. Por outro lado, apresentam como desvantagem o fato de que questionários podem ter uma pequena porcentagem de retorno, perguntas não respondidas ou mal compreendidas (OLIVEIRA *et al.*, 2016).

As questões[32] abordaram a participação e atuação dos acadêmicos, suas percepções sobre o colégio e comunidade escolar, suas avaliações sobre as ações promovidas no programa e os resultados delas no contexto de prática.

O questionário foi enviado aos 22 (vinte e dois) residentes de música que atuaram no programa, dos quais obtive resposta de 18 (dezoito). Destes, 8 (oito) residentes estiveram no programa por um semestre, desvinculando-se após esse período devido sua conclusão do curso de licenciatura ou a um vínculo empregatício que culminou em sua saída. Do restante dos respondentes, 3 (três) entraram no programa no início de 2019, participando então de dois semestres, e 7 (sete) atuaram integralmente no programa, do seu início, em agosto de 2018, ao fim, em janeiro de 2020.

O retorno dos questionários com todas as questões respondidas de forma clara e consistente o suficiente para a compreensão das distintas perspectivas dos residentes sobre os pontos elencados se constituiu em um material de extrema riqueza para a análise de dados.

A segunda forma de coleta de dados se deu por um memorial escrito por mim, considerando minha relação e atuação com e no programa. O "memorial é um texto em que o autor 'faz um relato de sua própria vida, procurando apresentar acontecimentos a que confere o status de mais importantes, ou interessantes, no âmbito de sua existência" (PRADO; SOLIGO, p. 6, 2003). Nele

[32] O questionário na íntegra se encontra nos apêndices da dissertação a que se refere esse artigo.

o autor narra as suas memórias, acerca de assuntos diversos, registrando partes essenciais de uma questão, utilizando a linguagem escrita. O memorial é um autorrelato crítico, ao ponto que forçosamente avalia ações, ideias e impressões do sujeito narrador, assim como também é autocrítico da ação daquele que narra. Nesse sentido, ele tem muito a ver com as condições, situações e contingências que envolveram a situação do narrador (PRADO; SOLIGO, 2003).

Intitulei meu memorial como "Minha experiência com e no subprojeto Música" e nele busquei relatar de forma detalhada toda a minha vivência no âmbito do projeto e com o contexto de prática. Com o conteúdo desse memorial, pude confrontar minhas próprias perspectivas enquanto participante do programa com as dos demais sujeitos da pesquisa, tendo em vista a compreensão aprofundada das questões investigadas.

Com os demais participantes da pesquisa realizei entrevistas com o objetivo de favorecer uma relação intersubjetiva entre entrevistador e entrevistado e por meio de trocas verbais e não verbais, "permitir uma melhor compreensão dos significados, dos valores e das opiniões dos atores sociais a respeito de situações e vivências pessoais" (FRASER; GONDIM, 2004, p. 140). O tipo de entrevista utilizado foi a semiestruturada, que, de acordo com Azevedo (2007, p. 109), "baseia-se em um roteiro prévio construído a partir das questões de pesquisa" possuindo uma flexibilidade maior, podendo ser modificada ao longo se seu desenvolvimento, de acordo com as respostas do entrevistado.

Devido à pandemia em consequência da Covid-19[33], que ocorreu durante o período da coleta de dados, essas entrevistas se realizaram sumariamente por videoconferências. Os roteiros de entrevista[34] foram elaborados em relação aos objetivos e questões investigados e também de acordo com o papel do entrevistado no subprojeto. Dessa forma, os entrevistados foram divididos em categorias, sendo que para cada categoria foi elaborado um roteiro de entrevista. Para melhor visualização, essas informações estão dispostas no Quadro 1 – "Categorização dos entrevistados", a seguir.

[33] A Covid-19 é uma doença causada pelo coronavírus, denominado SARS-CoV-2, que apresenta um espectro clínico variando de infecções assintomáticas a quadros graves. Em coletiva de imprensa realizada no dia 11 de março de 2020, o diretor-geral da Organização Mundial da Saúde (OMS) declarou a Covid-19 como pandemia. Mais informações em: https://coronavirus.saude.gov.br/

[34] Os roteiros dessas entrevistas se encontram na íntegra nos apêndices da dissertação a que se refere esse capítulo.

Quadro 1 – Categorização dos entrevistados

CATEGORIA	Quantidade de entrevistados(as)	Nome dos(as) entrevistados(as)[35]
Professoras da área de Educação Musical da IES	3	Andreia, Aline e Vania
Professoras preceptoras da escola-campo	2	Marzilei e Viviani
Professoras de educação especial da escola-campo que acolheram residentes estagiários em suas aulas	4	Angela, Rosana, Rosi e Cris
Direção da escola-campo	2	Ana e Daniel
Pedagogas da escola-campo	2	Toninha e Meire

Fonte: elaborado pelas autoras

Todas as entrevistas realizadas foram transcritas integralmente, em um documento específico, e após um processo de revisão foram enviadas a cada entrevistado, para que, conforme sentissem necessidade, pudessem ler, alterar e aprovar, ou não, o conteúdo de sua entrevista.

Análise dos dados

A análise de dados foi realizada a partir de uma postura hermenêutica, tendo como pressuposto que para atingir a interpretação com significado é necessário um movimento oscilatório entre as partes e o seu todo. A compreensão não pode ser alcançada na ausência de contexto e de organização interpretativa. A perspectiva hermenêutica significa que a experiência humana está aliada ao contexto (BRESLER, 2000).

Para Sidi e Conte (2017),

> A hermenêutica pode ser compreendida como a maneira pela qual interpretamos algo no movimento que interessa e constitui o ser humano, de formar-se e educar-se. A interpretação decorre de um texto, um gesto, uma atitude, uma palavra de abertura e relação com o outro, que é capaz de se comunicar, de interagir. A hermenêutica busca uma reflexão e uma compreensão sobre aquilo que vemos, lemos, vivenciamos, criando uma cultura imersa em diferentes tradições

[35] Os nomes utilizados aqui foram escolhidos por cada participante no início da entrevista, não tendo, necessariamente, relação com seus nomes reais.

> e experiências. Implica também na forma como realizamos o movimento para nos (re)conhecer a partir das experiências no mundo, ou seja, na medida em que interpretamos algo, relacionamos diretamente com a visão de mundo que temos, advindas de nossas experiências anteriores. (SIDI; CONTE, 2017, p. 1945).

Trata-se de uma perspectiva que busca compreender como o ser humano se significa e como significa a realidade que se coloca diante de si, que pressupõe que a realidade é sempre problemática e complexa, composta por sujeitos que a significam e ressignificam a cada instante (GHEDIN, 2004). Assim, é fundamental que o pesquisador direcione "o olhar para as profundezas das relações para ler o que está escondido por trás das aparências e não ficar apenas no reflexo da superficialidade" (GHEDIN, 2004, p. 6).

Conforme Ghedin (2004), é salutar considerar que a hermenêutica não pressupõe a neutralidade e o distanciamento do pesquisador em relação ao objeto de pesquisa. Pelo contrário, somos tocados pela realidade quando buscamos tocá-la. Dessa forma, o resultado de um trabalho de pesquisa é uma forma particular [do pesquisador] de ver e perceber uma realidade, mas que ainda assim revela e demonstra "um contexto bem mais amplo que permite a realidade evidenciar-se através do pesquisador" (GHEDIN, 2004, p. 8).

O subprojeto Música: as principais contribuições e desafios no contexto de prática

Dos oito capítulos (não considerando Introdução e Considerações) que constituem a dissertação discutida aqui, quatro deles foram dedicados à análise e discussão dos resultados. Nesse processo, o foco foram as pessoas, os indivíduos que atuaram na política Residência Pedagógica, no contexto de prática do subprojeto Música, a quem a política se destinava. Foi a partir do olhar deles que investiguei essa política, fazendo um contraponto com o que está posto no texto político, mas valorizando o que revelou a experiência de cada indivíduo e os significados que o subprojeto teve para eles. Em conformidade com o que diz Ball (2006a), a pesquisa se constituiu de "pessoas falando sobre si mesmas, suas vidas e seus problemas" (BALL, 2006a, p. 15, tradução minha)[36], sobre seus papéis, sobre seu olhar sobre coisas, materiais, lugares e sobre o outro.

[36] "people talking about themselves, their lives and their problems" (BALL, 2006a, p. 15).

Muito do que caracterizou as ações no subprojeto Música foi a partir de escolhas baseadas em valores e experiências individuais. E a profundidade que isso envolveu, muito provavelmente, não pude alcançar na pesquisa, a partir de uma única entrevista. Contudo, muitas escolhas que moldaram a realização do subprojeto se deram em condições e a partir de determinações as quais os indivíduos não tinham controle (BALL, 2006a). Por isso, destaco a fala de Ball: "Fazer um trabalho sociológico não significa focar exclusivamente em um ou outro - escolhas ou condições, discurso ou texto - envolve desenvolver formas de pensar sobre como os dois trabalham juntos na prática social" (BALL, 2006a, p. 15, tradução minha).[37]

A partir desse momento, irei destacar alguns dos resultados que tiveram destaque no trabalho, sendo eles: as ações mais significativas do subprojeto Música para os participantes; as concepções da equipe escolar sobre o ensino de música; e a parceria entre universidade e escola no subprojeto Música.

As ações do subprojeto Música na perspectiva dos participantes

Ao longo do subprojeto foram desenvolvidas diferentes ações no contexto de prática, como oficinas de música, aulas de Música na disciplina Arte em turmas do ensino fundamental e/ou ensino médio, aulas de Música nas turmas de Atendimento Educacional Especializado (AEE)[38], recitais didáticos e apresentações musicais para a comunidade escolar.

Como os participantes se distinguem entre aqueles que estavam mais ligados ao contexto de educação básica e aqueles da equipe da universidade, é interessante observar como suas percepções se divergem e/ou se conectam em determinados aspectos.

Dentre os residentes, as aulas de Música na disciplina Arte teve destaque, considerando seus processos de formação docente:

> *Estar em uma sala de aula como professora de uma turma grande foi desafiador, porém foi muito gratificante levar algo novo para*

---

[37] "Doing sociological work does not mean focusing exclusively on one or the other – choices or conditions, discourse or text – it involves developing ways of thinking about how the two work together within social practice" (BALL, 2006a, p. 15).

[38] Essas salas são espaços destinados ao Atendimento Educacional Especializado (AEE), complementar ou suplementar à escolarização de alunos com deficiência, transtorno global do desenvolvimento e altas habilidades ou superdotação. Para mais informações, acesse: http://portal.mec.gov.br/index.php?option=com_docman&view=download&alias=428-diretrizes-publicacao&Itemid=30192. Acesso em: 18 dez. 2021.

> *eles [alunos], como a música minimalista, dando novas experiências musicais para eles e para mim. Não imaginei que conseguiria ensinar um pouco sobre história da música, mais especificamente o período romântico e minimalismo, sem parecer desinteressante para os alunos.* (HELENA, 2020).

Para muitos residentes o subprojeto concretizou a primeira oportunidade de atuar em sala de aula, em um contexto regular de ensino. Nessa situação se viram diante dos muitos desafios característicos da formação inicial: dificuldades na elaboração do planejamento, domínio de uma classe numerosa, envolvimento dos alunos nas atividades propostas, organização de uma apresentação musical em ambiente escolar, lida com a indisciplina etc. Tais aspectos demonstram o que Gaulke (2017) reflete acerca de como é "no espaço da escola que o professor encontra os desafios que o movem a aprender" (GAULKE, 2017, p. 14). Para a autora, é nesse espaço que o professor constrói sua docência, a partir de tentativas e experimentações, refletindo sobre experiências anteriores e sobre o saber-fazer (GAULKE, 2017).

Outro aspecto ressaltado pelos residentes foi a oportunidade de ter sua atuação no contexto escolar balizada pelas discussões constantes junto às professoras preceptoras do colégio em reuniões semanais39, compartilhando reflexões e orientações junto às docentes da universidade. Para eles isso foi um aspecto fundamental para que pudessem superar os desafios e inseguranças naturais ao início da atuação docente.

> *Por ser minha primeira experiência atuando dentro da educação básica tive alguns desafios, principalmente por conta das minhas muitas dúvidas, por exemplo: a regência na sala de aula, como esta é na prática? Porém este e outros desafios foram amenizados por conta de que nas reuniões coletivas entre residentes e orientadoras "tirávamos" nossas dúvidas.* (JENIFFER, 2020).

Já para as preceptoras, as aulas na disciplina Arte representaram outros aspectos igualmente importantes, principalmente para aquelas que não possuíam formação e atuação na área de Música. A preceptora Viviani conta que já havia realizado alguns trabalhos que envolvia música em suas aulas, porém sua fala e a forma como se mostrou surpreendida demonstram que nessas situações não houve tanto espaço para que seus alunos demons-

[39] Durante toda a realização do subprojeto Música, foram realizadas reuniões semanais, com duas horas de duração que contavam com a participação de todos os residentes, as docentes orientadoras da universidade e as professoras preceptoras, com o objetivo de, juntos, planejar, refletir e realizar estudos que fomentassem a produção acadêmica acerca das práticas realizadas.

trassem suas experiências e saberes musicais em sala de aula, diferente do que ocorreu nas aulas de Música com os residentes. As preceptoras também refletiram sobre a importância da formação específica do professor ao atuar com aulas de Música. Principalmente Viviani, que nunca antes teve uma parceria tão profunda com educadores musicais:

> *[...] eu penso assim: que tem que ter um profissional pra trabalhar bem essa área. A gente faz um trabalho voltado, juntando as... como eu disse pra você, já, anteriormente, juntando Artes Visuais, um desenho, uma pintura, um teatro... A gente consegue colocar a música. Mas a gente não consegue dar a teoria, e explicar e ensinar a música.* (VIVIANI, 2020, p. 11).

Foi notável também a avaliação de funcionários e demais professores do colégio sobre o projeto, sobretudo quando comentam sobre suas percepções acerca da música na escola. Para a professora Rosana, por exemplo, as apresentações e recitais que ocorreram para a comunidade escolar impactaram inclusive em suas percepções sobre a dinâmica daquele ambiente:

> *[...] em dias de apresentação, eu ficava pasma com os meninos tocando muito! [...] E isso é muito bom para a escola, mostrando que a escola não é só aquele quadradinho e sim um lugar muito maior e mais amplo quanto ao conhecimento de acordo com as habilidades.* (ROSANA, 2020, p. 48).

O movimento de troca com a comunidade proporciona esse questionamento, faz emergir a demanda pelo ensino de Música para além daqueles que compõem a área de Educação Musical. Isso corrobora com a fala da professora da UEM, Andréia, que enfatiza a importância do que a movimentação para a realização das oficinas e as apresentações gerou:

> *[...] então eu acho que a escola, e eu posso estar enganada, mas pra mim a escola olhou pra aula de música de uma forma diferente depois que houve a apresentação dos alunos, ao final da oficina de três dias. Eu acho que isso foi muito relevante para a comunidade escolar.* (ANDRÉIA, 2020, p. 163).

Durante o subprojeto também foram realizados os recitais didáticos beneficentes "Abrace a escola". Esses recitais foram realizados a partir de uma necessidade que emergiu durante a realização do subprojeto. Como a maioria dos colégios públicos do país, o CEJI não possuía instrumentos musicais para as aulas de Música. Porém, dentre a diversidade de propostas práticas dos residentes, instrumentos musicais seriam um elemento enriquecedor e necessário. Assim, as orientadoras do subprojeto Música idealizaram os recitais didáticos beneficentes, que receberam o título "Abrace a escola" como referência ao ato de protesto realizado pela comunidade escolar no início de 2019, em prol da reforma do colégio.

A repercussão dos recitais foi grande e, por isso, também houve doações de instrumentos musicais. Sobre esses recitais, os residentes também ressaltaram os resultados obtidos com a compra de materiais que ficaram para a escola e o envolvimento da comunidade a cada apresentação. Já para os membros da comunidade escolar, além dos instrumentos adquiridos, os recitais marcaram uma oportunidade de ter contato com uma cultura musical que dificilmente tinham acesso. Como os residentes e a docente Vania ressaltaram, essa proposta contou com significativa participação de todos da comunidade e, nos dias das apresentações, muitos compareceram ao teatro da universidade, onde se realizaram os concertos.

A princípio, o objetivo da ação era arrecadação para compras, mas acabou se tornando uma situação de aprendizados musicais para todos que puderam participar.

No subprojeto, como um todo, vimos uma expressiva ação colaborativa entre os indivíduos atuantes e entre as instituições representadas por eles: escola e universidade. Percebe-se uma espécie de intercâmbio entre os processos de formação e o desenvolvimento do ensino de Música no colégio e na comunidade.

As concepções da equipe da escola sobre o ensino de Música

O ensino de Música do CEJI está inserido na disciplina Arte em um contexto polivalente, em que uma única disciplina contempla quatro linguagens artísticas: Música, Artes Visuais, Teatro e Dança. No entanto, sempre houve um entendimento em comum entre as professoras efetivas da disciplina em desenvolver as práticas de ensino respeitando as especificidades da formação, entendimento este também compartilhado por pedagogas e direção. Apesar de haver certa autonomia para atuar no ensino de Arte com maior aprofundamento na área de formação, durante a elaboração dos planejamentos há uma cobrança da Secretaria Estadual de Educação (SEED-PR) para que, sempre que possível, se relacione os conteúdos e saberes das diferentes linguagens artísticas.

Apesar de a presença do conteúdo Música estar regulamentada em lei, sabemos que no contexto de prática muitas coisas interferem. Ao longo da efetivação do PRP, as características do CEJI foram fatores mediadores na atuação dessa política e, portanto, moldaram o subprojeto Música, tornando-o único.

De acordo com a fala dos entrevistados da comunidade escolar, fui a primeira docente com formação específica em Música a lecionar no colégio, a partir de 2016. Entretanto, a música sempre esteve na escola, assim como está com os indivíduos, mas nem sempre de forma legitimada e nem sempre com status de área de conhecimento tal como as demais disciplinas do currículo.

Os entrevistados relataram que a música estava presente em festividades e datas comemorativas realizadas na escola, em eventos extraclasse, como complemento de projetos de outras disciplinas (como o trabalho com tradução e interpretação de músicas por professoras da disciplina de Inglês) e em um projeto denominado Rádio Estudantil.

Ficou evidente que, para cada membro da comunidade escolar, a música sempre teve um papel importante no ambiente escolar, às vezes entendida como essencial para a formação cultural e social dos alunos, outras como primordial para oportunizar momentos de lazer, entretenimento e socialização entre alunos, professores e funcionários. Também foram elencadas funções específicas como: auxiliar no comportamento, ajudar no desenvolvimento da concentração e atenção, contribuir com o pensamento lógico dando apoio às disciplinas como Física e Matemática, autoconhecimento.

Contudo, as questões econômicas e sociais foram unânimes em todos os discursos que justificavam a importância do ensino de Música. Os anos de experiência no colégio permitiram àqueles que pertencem à comunidade escolar o conhecimento do quanto e como o acesso dos alunos aos bens culturais é limitado. Assim, o ensino de Música aparece em seus discursos atrelado à formação cultural e à busca pela promoção da justiça social, suprindo aquilo que a sociedade e políticas públicas não oferecem.

> *[...] eu acho que a música na escola ela traz esse lado. É primeiro de sensibilizar as pessoas, de ampliar, vocabular, ampliar a questão cultural, mostrar que muita coisa que o aluno, que ele pensa que ele não é capaz, ele é. É que ele não tinha contato com aquilo.* (MEIRE, 2020, p. 99).

Conhecer as diferentes práticas musicais do CEJI e as concepções atreladas a estas se mostrou de grande relevância para a compreensão de quais as contribuições do subprojeto Música naquele espaço. Isso porque "entender e acolher as várias funções que a comunidade escolar atribui à música talvez nos auxilie a reconhecer as possibilidades que a educação musical tem conseguido realizar nas escolas" (DEL-BEN, 2009, p. 130).

A parceria entre universidade e escola no subprojeto Música

Uma das principais prerrogativas do PRP é induzir a reformulação do Estágio Supervisionado de forma a estreitar a relação entre educação básica e ensino superior. A proposta é de parceria, mas o texto político em si permite diferentes leituras e interpretações do significado dessa parceria. Mas qual o significado de parceria para os participantes dessa pesquisa?

Para a professora orientadora, Andreia, uma parceria só se efetiva quando há crescimento e mudança em ambos os lados. Para ela, todos esses programas têm objetivos muito importantes, com muito potencial de transformação. Porém, quando implementados, dificilmente geram as mudanças a que se propõem. O motivo seria que os programas quase sempre não oferecem condições práticas para que tudo ocorra da melhor forma, assim os profissionais se veem de "mãos atadas" diante de muitos aspectos, o que, de acordo com Andreia, gera muitas frustrações e acaba dessensibilizando o olhar para os detalhes ou pequenas coisas que sempre se transformam.

Acerca dessas frustrações, os entraves com muitas exigências do edital foram ressaltados principalmente pelos residentes e professoras orientadoras. Dentre esses, destaca-se a inflexibilidade no cumprimento da carga horária, o que comprometeu muito da autonomia da equipe do subprojeto nos planejamentos de atividades, documentação exigida para cadastro, problemas com o recebimento da bolsa, indefinição quanto ao cumprimento da carga horária.

Contudo, Ball, Maguire e Braun (2016) ressaltam que, embora trabalhando em condições completamente diferente das ideais, que serviram de base para a elaboração do programa, há nos atores engajamento para interpretar o texto político e traduzi-lo em sua realidade. Isso é evidenciado na fala da maior parte dos participantes.

Um dos fatores ocasionados a partir do engajamento dos e entre os participantes foi o desenvolvimento de um vínculo muito maior com a escola e tal fato foi muito ressaltado em suas respostas. Para os residentes, diferente de outras experiências em estágio supervisionado, houve a oportunidade de vivenciar a escola de diferentes formas, aliada à oportunidade de refletir coletivamente sobre a atuação docente nas reuniões semanais e a de *"atuar sendo orientados, possibilitando reflexões sobre a nossa prática do 'ser professor'"* (MARIA, 2020). Por esses aspectos, Weslley (2020) acredita que *"'esforços' devem ser feitos para a manutenção de programas como esse, para a sua ampliação, com adesão de mais escolas"*.

Já para as docentes da universidade, a relação mais estreita com as professoras preceptoras evidenciou o quanto ainda é necessário estreitar os laços entre aqueles educadores que atuam na educação básica junto aos que atuam na formação de professores de música. Principalmente com aqueles professores que não possuem nenhuma formação específica em Música:

> *Nós tínhamos que ter pensado um pouco mais. Também foi a primeira experiência que nós trabalhamos com professores que não são da área de música. E penso que esse diálogo, ele tem que passar por um outro caminho que não é institucional, não é o das linguagens, das artes em si. Ele é por uma outra esfera que... que nós não recorremos. É um caminho que a gente precisa aprender. É um diálogo que a gente precisa aprender a estabelecer. E é uma troca que não aconteceu da forma como poderia ter acontecido.* (VANIA, 2021, p. 148).

Apesar desses entraves em relação à formação, a proximidade com educadores musicais desenvolveu nas preceptoras outra perspectiva sobre o ensino de Música na escola. Ambas enfatizavam que foi uma experiência única, que as fez compreender em que consiste o ensino de Música e qual sua importância.

Viviani sugere que uma alternativa para manter vivo o ensino de Música na escola são as parcerias com os profissionais da área, que para ela não devem se restringir ao PRP. É justamente nesse aspecto que ela atribui importância ao vínculo entre universidade e escola:

> *Eu gostaria que a gente tivesse oportunidade de ter sempre alunos [licenciandos] envolvidos nessa área [Música] lá, com a gente. Eu adoraria trabalhar novamente e levar, principalmente, pros nossos alunos [da escola] esse conhecimento diferenciado [em música] como eu sempre falo, desde o começo, eu tinha certeza que ia ser assim.*

> *Porque eu sempre senti falta disso, sabe? Pra mim mesma, pra... pra... pros nossos alunos de uma maneira geral, é... eu gostaria que a minha aula mudasse, depois de tudo isso sabe? Talvez até mude. Talvez eu nem perceba, talvez fique um pouco diferente, porque eu adquiri novos conhecimentos, com certeza.* (VIVIANI, 2020, p. 13).

Vemos que não houve grandes mudanças na atuação das preceptoras de Artes Visuais em relação à Música e penso que, no que se refere ao PRP, esse não deve ser o nosso objetivo. Isso porque o programa não oferece espaço apropriado para formação continuada. Contudo, houve sim uma reflexão das preceptoras acerca de sua prática, ao analisar quais são suas potencialidades e quais são suas limitações. Interessante observar que seus discursos também se afastam de uma perspectiva polivalente, ao ponto que elas não enfatizam que não é responsabilidade do professor de Arte dar conta das especificidades de uma área distinta. As falas das preceptoras também demonstram que elas se propuseram a refletir sobre a condição da disciplina Arte na educação básica, analisando o que lhe é próprio, o que falta e o que pode ou não agregar.

De certa maneira, o PRP nos proporcionou um espaço importante para repensar tudo o que envolve a relação da universidade e escola na formação docente e quais são as condições necessárias para pensar a reformulação do Estágio Supervisionado a partir disso. Assim como o desenvolvimento da relação entre os profissionais e alunos de ambas as instituições de ensino é necessário, as fronteiras entre o conhecimento de um espaço ainda existem e, para uma postura colaborativa, elas devem ser diluídas. Não se trata de modificar o objetivo ou a natureza do exercício de uma ou outra, mas de construir pontes.

Considerações finais

O subprojeto Música foi significativo para a formação dos residentes e também para o ensino de Música do Colégio Jardim Independência. Isso reitera a importância de considerarmos as possibilidades que políticas como o Programa Residência Pedagógica, que propõem uma parceria entre universidade e escola, representam para o desenvolvimento do ensino de Música nas escolas de educação básica.

No caso do subprojeto Música, a ideia de promover uma parceria entre IES e escola foi muito bem recebida e valorizada, mas desenvolveu--se a partir de diferentes pontos de vista. Para a comunidade escolar do

CEJI, o contexto econômico, social e cultural foi um fator determinante. Caracterizada como uma escola periférica que atende uma clientela economicamente desfavorecida, sem muitas perspectivas de ascensão social, enfrentando problemas recorrentes com infraestrutura e evasão escolar, receber a universidade em seu espaço representou uma oportunidade singular e rara, que lhe garantiu no ensino, aprendizado e acesso a bens culturais que lhes eram relegados.

Essas carências da comunidade do CEJI também viabilizaram de diferentes formas a interação e as relações interpessoais junto aos atores do subprojeto Música, que valorizaram profundamente o respeito, receptividade e carinho mútuo com que foram tratados. Dessa forma, a imersão da equipe da universidade na escola se deu de maneira orgânica e ao fim do subprojeto a maioria dos participantes se considerava bem familiarizada com o contexto e com os indivíduos com quem conviveram no subprojeto.

Para os residentes e docentes da UEM, as ações promovidas no subprojeto Música ocasionaram: ampliação da visibilidade das possibilidades da Música na escola; oportunidade de a comunidade ter acesso às práticas musicais diferenciadas e incomuns naquela realidade; ganhos materiais com os instrumentos musicais adquiridos por meio dos recitais beneficentes; o envolvimento de toda a comunidade com as práticas musicais desenvolvidas; um impulso para o desenvolvimento do ensino de Música na instituição.

Para a equipe de profissionais do colégio CEJI, as ações promovidas contribuíram para: superar as concepções tradicionais de ensino e práticas escolares centradas em conhecimentos teóricos, que não proporcionam participação ativa dos alunos no ensino-aprendizado; ampliar o acesso a diferentes tipos de repertórios além daqueles que fazem parte do seu cotidiano; engajar e motivar os alunos a estar presente no ambiente escolar, comprometido com seu aprendizado musical e cultural; ter acesso a instrumentos musicais (adquiridos a partir dos recitais beneficentes) que enriquecem as aulas e garantem a mais alunos outras experiências artísticas-musicais.

A partir das percepções dos participantes da pesquisa, foi possível verificar que sim, o PRP encarnado no contexto de prática do PRP teve muitas contribuições positivas, que superaram os aspectos negativos ou os desafios impostos. Muito disso se refere às respostas criativas (BALL, 2006b) desses sujeitos.

No âmbito desta pesquisa, não foi possível verificar a permanência das contribuições elencadas e até que ponto esta experiência transformou a atuação dos envolvidos em seus contextos profissionais. Retomando o que Ball, Maguire e Braun (2016) afirmam, a política "é sempre um processo de tornar-se, mudando de fora para dentro e de dentro para fora. É analisada e revista, bem como, por vezes, dispensada ou simplesmente esquecida" (BALL; MAGUIRE; BRAUN, 2016, p. 15).

Para novas pesquisas sobre a atuação da área de Educação Musical no PRP, penso ser importante considerar também as perspectivas de alunos e seus familiares que, infelizmente, não puderam ser contemplados na pesquisa. É importante termos a consciência da forma como nossas atuações nesses programas interferem e transformam (ou não) a vida desses alunos e seus familiares.

Espero que a pesquisa contribua com discussões sobre estudos em políticas educacionais em Educação Musical, instigue a reflexão sobre as possibilidades e desafios da participação da Educação Musical no PRP, principalmente no que concerne à parceria entre universidade e escola na consolidação do ensino de Música em escolas de Educação Básica e na formação de educadores musicais.

REFERÊNCIAS

ALMEIDA, Jéssica de; TEIXEIRA, Ziliane Lima de Oliveira. Arte-Música no Programa Residência Pedagógica: conversas sobre a formação docente. *In:* XXIV Congresso da Associação Brasileira de Educação Musical, 2019, Campo Grande, MS. *Anais* do Congresso da Associação Brasileira de Educação Musical, v. 3, 2019. Londrina, PR: Associação Brasileira de Educação Musical, 2019. v. 3.

AZEVEDO, Maria Cristina de Carvalho Cascelli. *Os saberes docentes na ação pedagógica dos estagiários de música*: dois estudos de caso. Tese (Doutorado em Música) – Universidade Federal do Rio Grande do Sul (UFRGS), Porto Alegre, 2007.

BALL, Stephen J. *Education Reform:* a critical na post structural approach. Buckingham: Open University Press, 1994.

BALL, Stephen J. *Education policy and social class*: the selected works of Stephen Bal. London na New York: Routledge, 2006a.

BALL, Stephen J. Sociologia das políticas educacionais e pesquisa crítico-social: uma revisão pessoal das políticas educacionais e da pesquisa em política educacional.

Currículo Sem Fronteiras, Braga, v. 6, n. 2, p. 10-32, 2006b. Disponível em: http://www.curriculosemfronteiras.org/vol6iss2articles/ball.pdf. Acesso em: 12 out. 2019.

BALL, Stephen J.; MAGUIRE, Meg; BRAUN, Annette. *Como as escolas fazem as políticas:* atuação em escolas secundárias. Trad. Janete Bridon. Ponta Grossa: Editora UEPG, 2016.

BEINEKE, Viviane. Políticas públicas e formação de professores: uma reflexão sobre o papel da universidade. *Revista da ABEM*, Porto Alegre, v. 10, 2004. p. 35-41. Disponível em: http://www.abemeducacaomusical.com.br/revistas/revistaabem/index.php/revistaabem/article/view/360/289. Acesso em: 20 out. 2019.

BOWE, Richard.; BALL, Stephen.; GOLD, Anne. *Reforming education & changing schools*: case studies in policy sociology. London: Routledge, 1992.

BRESLER, Liora. Metodologias qualitativas de investigação em educação musical. *In: Revista Música, Psicologia e Educação do Centro de Investigação em Psicologia da Música e Educação Musical* – CIPEM, Porto, n. 2, p. 5-30, 2000.

CAPES. *Edital Capes n. 06/2018*: Programa Residência Pedagógica. 2018a. Disponível em: http://www.capes.gov.br/images/stories/download/editais/27032018-Edital-6-Residencia-Pedagogica-Alteracao-II.pdf. Acesso em: 20 mar. 2019.

DEL-BEN, Luciana M. Sobre os sentidos do ensino de música na educação básica: uma discussão a partir da Lei n. 11.769/2008. *Música em Perspectiva*, Porto Alegre, v. 2, n. 1, p. 110-134, 2009. Disponível em: https://revistas.ufpr.br/musica/article/view/20040. Acesso em: 20 jul. 2021.

FRASER, Márcia Tourinho Dantas; GONDIM, Sônia Maria Guedes. Da fala do outro ao texto negociado: discussões sobre a entrevista na pesquisa qualitativa. *Paidéia*. v. 14, n. 28, p. 139-152, 2004. Disponível em: http://www.scielo.br/pdf/paideia/v14n28/04.pdf. Acesso em: 25 mar. 2019.

GAULKE, Tamar Genz. *O desenvolvimento profissional de professores de música da educação básica*: um estudo a partir de narrativas autobiográficas. Tese (Doutorado em Música) – Instituto de Artes, Programa de Pós-Graduação em Música, Universidade Federal do Rio Grande do Sul, 2017.

GHEDIN, E. Hermenêutica e pesquisa em educação: caminhos da investigação interpretativa. *In:* Seminário Internacional de Pesquisa e Estudos Qualitativos –SIPEQ, 2. ed., 2004. *Anais*. Seminário internacional de pesquisa e estudos qualitativos, Universidade Sagrado Coração: Bauru, São Paulo. p. 1-14

LÜDKE, Menga; ANDRÉ, Marli E. D. A. *Pesquisa em educação*: abordagens qualitativas. São Paulo: EPU, 1986.

NOVOA, António. Firmar a posição como professor, afirmar a profissão docente. *Caderno de Pesquisa*, São Paulo, v. 47, n. 166, p. 1106-1133, 2017.

MAINARDES, J. A abordagem do ciclo de políticas: explorando alguns desafios da sua utilização no campo da Política Educacional. *Jornal de Políticas Educacionais*, Curitiba, v. 12, n. 16, 2018. Disponível em: https://revistas.ufpr.br/jpe/article/view/59217. Acesso em: 10 out. 2019.

MAINARDES, J.; MARCONDES, M. I. Entrevista com Stephen J. Ball: um diálogo sobre justiça social, pesquisa e política educacional. *Educação & Sociedade*, Campinas, v. 30, n. 106, p. 303-318, 2009.

MAINARDES, J. Abordagem do ciclo de políticas: uma contribuição para a análise de políticas educacionais. *Educação & Sociedade*, Campinas, v. 27, n. 94, p. 47-69, 2006.

OLIVEIRA, José Clovis Pereira de; OLIVEIRA, Antonio Leonilde; MORAIS, Francisco de Assis Marinho; SILVA, Gessione Morais da; SILVA; Cícero Nilton Moreira da. O questionário, o formulário e a entrevista como instrumentos de coleta de dados: vantagens e desvantagens do seu uso na pesquisa de campo em Ciências Humanas. *In:* III CONEDU Congresso Nacional de Educação. Natal. 2016. *Anais*... Disponível em: http://www.editorarealize.com.br/artigo/visualizar/21719. Acesso em: 22 out. 2019.

PENNA, Maura. Caminhos para a conquista de espaços para a música nas escolas: uma discussão em aberto. *Revista da Abem*, Porto Alegre, v. 19, p. 57-64, 2008.

PENNA, Maura. A dupla dimensão da política educacional e a música na escola: I–analisando a legislação e termos normativos. *Revista da Abem*, v. 12, n. 10, 2004.

PENNA, Maura; QUEIROZ, Luiz Ricardo da Silva. Políticas públicas para a Educação Básica e suas implicações para o ensino de música. *Revista Educação*, Santa Maria, v. 37, n. 1, 2012, p. 91-106. Disponível em: https://periodicos.ufsm.br/reveducacao/article/view/3662. Aceso em: 29 set. 2019.

PEREIRA, Aparecida de Jesus Soares; *et al.* O papel da Residência Pedagógica da UFT/Arraias na inserção do ensino musical na Educação Campesina. *DESAFIOS - Revista Interdisciplinar da Universidade Federal do Tocantins*, v. 7, n. Especial-2, 2020. Disponível em: https://sistemas.uft.edu.br/periodicos/index.php/desafios/article/view/8806. Acesso em: 17 nov. 2021.

PEREIRA, Débora Santos Porta Calefi. *Educação Musical em uma escola de Educação Básica*: Contribuições do Programa Residência Pedagógica. Dissertação (Mestrado em Música). Universidade Estadual de Maringá, Programa de Pós-Graduação em Música, CCH. Maringá, 2022.

PEREIRA, Débora Santos Porta Calefi. Entrevista de Andréia (nome fictício) concedida à autora, Caderno de Transcrições, Sarandi, 2020.

PEREIRA, Débora Santos Porta Calefi. Entrevista de Meire (nome fictício) concedida à autora, Caderno de Transcrições, Sarandi, 2020.

PEREIRA, Débora Santos Porta Calefi. Entrevista de Rosana (nome fictício) concedida à autora, Caderno de Transcrições, Sarandi, 2020.

PEREIRA, Débora Santos Porta Calefi. Entrevista de Vania (nome fictício) concedida à autora, Caderno de Transcrições, Sarandi, 2021.

PEREIRA, Débora Santos Porta Calefi. Entrevista de Viviani (nome fictício) concedida à autora, Caderno de Transcrições, Sarandi, 2020.

PEREIRA, Débora Santos Porta Calefi Questionário online de Helena (nome fictício) respondido à autora, 2020.

PEREIRA, Débora Santos Porta Calefi. Questionário online de Jeniffer (nome fictício) respondido à autora, 2020.

PEREIRA, Débora Santos Porta Calefi. Questionário online de Maria (nome fictício) respondido à autora, 2020.

PEREIRA, Débora Santos Porta Calefi. Questionário online de Weslley (nome fictício) respondido à autora, 2020.

PRADO, G. V. T; SOLIGO, R. *Memorial de Formação*: quando as memórias narram a história da formação... Disponível em: http://www.fe. unicamp.br/ensino/graduacao/downloads/proesf-memorial_GuilhermePrado_Rosaura Soligo.pdf. Acesso em: 20 mar. 2020

SIDI, Pilar de Moraes; CONTE, Elaine. A hermenêutica como possibilidade metodológica à pesquisa em Educação. *Revista Ibero-Americana de Estudos em Educação*, Araraquara, v. 12, n. 4, p. 1942-1954, 2017. Disponível em: https://periodicos.fclar.unesp.br/iberoamericana/article/view/9270/6932. Acesso em: 20 jan. 2021.

SILVA, Edna Lúcia da; MENEZES Estera Muszkat. *Metodologia da Pesquisa e Elaboração de Dissertação*. 4. ed. Florianópolis: Laboratório de Ensino a Distância da UFSC, 2005. Disponível em: https://projetos.inf.ufsc.br/arquivos/Metodologia_de_pesquisa_e_elaboracao_de_teses_e_dissertacoes_4ed.pdf. Acesso em: 13 mar. 2019.

VELLOSO, Luciana. *Luz, câmera, [multieduc] ação!* Práticas docentes, políticas curriculares e as TICs na Rede Municipal do Rio de Janeiro. Dissertação (Mestrado em Educação). Universidade do Estado do Rio de Janeiro, Faculdade de Educação, Rio de Janeiro, 2010.

WOLFFENBÜTTEL, Cristina R.; RAMOS, Guilherme da Silva. Impactos das Ações Musicais nos Subprojetos do PIBID/UERGS. *In:* 25º Seminário de Arte e Educação, 2016, *Anais*... Disponível em: http://seer.fundarte.rs.gov.br/index.php/Anaissem/article/view/400. Acesso em: 20 out. 2019.

YIN, Robert K. *Estudo de caso*: planejamento e métodos. Tradução Daniel Grassi. 2. ed. Porto Alegre: Bookman, 2001

5

EDUCAÇÃO MUSICAL ESPECIAL NOS CURSOS DE LICENCIATURA EM MÚSICA DAS UNIVERSIDADES PÚBLICAS DO PARANÁ

Karine Rayara Peres Duarte

Cássia Virgínia Coelho de Souza[40]

INTRODUÇÃO

Este capítulo apresenta a pesquisa de mestrado que surgiu a partir de questionamentos sobre a minha formação universitária para atuar junto aos alunos com deficiência. Os textos políticos ressaltam a necessidade de conhecimentos gerais e específicos de Educação Especial para o exercício da docência, mas não mencionam como essa formação docente deve acontecer. Por isso, a investigação evidencia esse tema no interior de cursos formadores, com o objetivo de analisar como ocorre a formação dos licenciandos em Música nas universidades públicas do estado do Paraná, para atuarem com Educação Musical Especial. Busquei averiguar quais visões, posicionamentos, práticas pedagógicas e metodológicas são oferecidas pelos cursos de Licenciatura em Música, no período da investigação, 2020-2021, de modo a preparar o estudante para atuar com alunos com deficiência.

Os objetivos específicos da pesquisa foram: examinar como a temática Educação Musical Especial é abordada nos projetos pedagógicos dos cursos de Licenciatura em Música das universidades públicas do estado do Paraná; investigar quais aspectos sobre Educação Musical Especial têm sido trabalhados pelos docentes para preparar o licenciando em Música; descrever quais experiências didáticas para com a Educação Musical Especial os cursos proporcionam aos licenciandos; identificar quais tipos de deficiências são objeto de estudo e/ou ensino nessas licenciaturas.

[40] Professora orientadora de mestrado de Karine Rayara Peres Duarte, mestra pelo Programa de Pós-Graduação em Música da Universidade Estadual de Maringá.

A produção acadêmica sobre Educação Especial na área da Educação Musical ainda tem estado tímida se comparada com a quantidade de publicações em outros temas. Em uma pesquisa sobre a produção brasileira em 30 anos, relacionada à Educação Musical Especial, Fantini, Joly e Rose (2016) constataram um total de apenas 129 estudos durante todo o período. Esses estudos envolvem artigos nas principais revistas da área, artigos em revistas específicas de Educação Especial, anais de eventos, dissertações e teses.

Apesar da pequena quantidade de pesquisas na área, é possível perceber que elas têm se tornado muito relevantes e fundamentais para auxiliar na atuação dos educadores musicais. Pois, conforme afirma Schambeck (2016), a partir delas têm sido criadas estratégias de aprendizagem, elaboração de materiais adaptados e adaptações estruturais nas salas de aula. Dessa forma, fica perceptível a grande contribuição e a necessidade de pesquisas sobre Educação Musical Especial.

Este trabalho, além de contribuir para o desenvolvimento da pesquisa em Educação Musical Especial em nosso país, certamente irá cooperar para que se repense como tem sido a formação dos licenciandos em Música nas universidades públicas frente ao Atendimento Educacional Especializado (AEE) e na Inclusão dos alunos com deficiência, bem como a respectiva formação curricular desses cursos.

Foram encontradas cinco universidades públicas que oferecem o curso de Licenciatura em Música no Estado do Paraná, totalizando seis cursos analisados, haja vista que uma das universidades apresenta Campus I e II com projetos pedagógicos diferentes. Os seis cursos analisados foram: Universidade Federal do Paraná (UFPR); Universidade Estadual do Paraná (Unespar) – Campus I – EMBAP e Campus II – FAP; Universidade Estadual de Maringá (UEM); Universidade Estadual de Londrina (UEL) e Universidade Estadual de Ponta Grossa (UEPG). Todos os cursos, por meio de seus coordenadores, aceitaram participar da pesquisa.

Metodologia

Para alcançar os objetivos propostos, foi necessário realizar uma pesquisa exploratória com análise documental dos projetos pedagógicos de cada curso de licenciatura em Música paranaense, bem como uma entrevista semiestruturada com um(a) professor(a) de cada instituição, para então obter uma perspectiva completa sobre a situação da Educação Musical Especial em cada curso. Por esse motivo, a revisão bibliográfica está dividida em dois temas: Educação Musical Especial e Currículo.

Minayo afirma que a pesquisa qualitativa trabalha com uma realidade que não pode ser apenas quantificada, "porque essa realidade possui um universo de significados, motivos, aspirações, crenças, valores e atitudes" (MINAYO, 2003, p. 21). A pesquisa qualitativa foi realizada com a modalidade de pesquisa exploratória, haja vista que esta modalidade pode envolver levantamento bibliográfico e entrevistas com indivíduos que têm experiência com o problema pesquisado (ROCHA; BERNARDO, 2011).

Segundo Ruckstadter e Ruckstadter (2011), um documento é "todo o registro feito de modo intencional ou não, de fatos, dados e interpretação sobre aspectos da história humana, de indivíduos ou de grupos, institucional ou livre" (RUCKSTADTER; RUCKSTADTER, 2011, p. 102). Já Boccato e Fujita (2006) apontam que a análise documental deve "desempenhar as suas funções de análise, síntese e representação de acordo com as características de forma e de conteúdo que os documentos possuem" (BOCCATO; FUJITA, 2006, p. 85).

De acordo com esses conceitos, a análise documental realizada para esta pesquisa firmou-se, especificamente, sobre como a Educação Musical Especial têm sido abordada nos currículos. Foi analisado se a temática Educação Musical Especial é proposta para ser trabalhada nos cursos, como ocorre, se é disciplina ou componente curricular, e quais os tópicos são trabalhados dentro deste tema.

Já as entrevistas foram semiestruturadas e buscaram analisar quais as visões dos professores universitários, seus posicionamentos, práticas pedagógicas e metodológicas para com a formação dos licenciandos em relação à Educação Musical Especial.

Me baseei no conceito de entrevista semiestruturada conforme as especificações de Skalinski Júnior (2011), a qual aconteceu por meio de questões previamente elaboradas, sobre como a Educação Musical Especial é abordada em cada universidade, onde o(a) entrevistado(a) tinha a liberdade para discorrer sobre o assunto e o entrevistador poderia formular novas perguntas a partir das respostas do(a) participante.

As entrevistas foram realizadas e gravadas de forma on-line, por meio da utilização de software de videoconferência, sendo feitas após a realização das análises dos projetos pedagógicos dos cursos. Já as perguntas foram baseadas na análise do projeto pedagógico de cada curso. Dessa forma, não foram perguntas iguais para os entrevistados, pois cada projeto pedagógico abordava a Educação Musical Especial de maneira diferente, tornando-se então necessário compreender aquela proposta de formação em específico. Assim, foi possível fazer um paralelo entre os conteúdos abordados nos projetos pedagógicos dos cursos com a sua situação de atuação prática.

A pesquisa foi avaliada e acompanhada pelo Conselho Acadêmico do Programa de Pós-graduação em Música da UEM. Também foi submetida à plataforma Brasil[41], para avaliação dos cuidados éticos a serem tomados com relação aos participantes da pesquisa, os quais tiveram ciência das condições da contribuição por meio do Termo de Consentimento Livre e Esclarecido (TCLE).

Educação especial e Educação musical

A Educação Especial e Inclusiva é citada em diferentes documentos e legislações existentes. O principal deles é a Lei de Diretrizes e Bases da Educação Nacional (LDBEN) 9.394/1996, a qual afirma que os sistemas de ensino devem assegurar currículos, métodos, técnicas, recursos educativos e organização específica para atender as necessidades dos educandos, além de proporcionar "[...] professores com especialização adequada em nível médio ou superior, para atendimento especializado, bem como professores do ensino regular capacitados para a integração desses educandos nas classes comuns" (BRASIL, 1996, art. 59).

Além dessa lei geral de cunho educacional, existem documentos específicos para a regulamentação da Educação Especial no Brasil, tais como diretrizes, decretos, políticas, entre outros. No ano de 2001 foram criadas as Diretrizes Nacionais para a Educação Especial na Educação Básica – Resolução CNE/CEB n. 2/2001 (BRASIL, 2001). O documento reafirma a necessidade da inclusão, em que todos devem ser educados em classes comuns nas escolas regulares, garantindo serviços e recursos da educação dos alunos com deficiência.

No ano de 2008 foi criada a Política Nacional de Educação Especial na Perspectiva da Educação Inclusiva (PNEEPEI) (BRASIL, 2008). Segundo Terra e Gomes (2013), essa política busca avançar nas discussões da inclusão escolar regulamentando a possibilidade de atendimentos educacionais especializados. Dentre os objetivos apresentados pela nova política está o de orientar os sistemas de ensino para garantir "[...] acesso ao ensino regular, com participação, aprendizagem e continuidade nos níveis mais elevados do ensino [...]" (BRASIL, 2008, p. 14).

---

41 Número do Certificado de Apresentação de Apreciação Ética (CAAE) do projeto: 40413720.2.0000.0104.

Recentemente houve uma tentativa de atualização da PNEEPEI com a Política Nacional de Educação Especial: Equitativa, Inclusiva e com Aprendizado ao Longo da Vida, instituída pelo Decreto n. 10.502, de 30 de setembro de 2020. No entanto, é preciso ressaltar que esse documento não está em vigor, tendo passado por uma Ação Direta de Inconstitucionalidade (ADI) n. 6590 (AGÊNCIA SENADO, 2020). Isso por conta de diversas inconsistências afirmadas no referido documento com relação à Educação Inclusiva.

Carmo *et al.*, (2019) nos chamam a atenção para a questão do preparo dos professores que irão atuar com alunos em situação de deficiência. Os autores afirmam que, no início, não houve uma preocupação do Estado em proporcionar uma formação mínima sobre AEE[42] para esses profissionais, tendo como intuito apenas integrar os alunos com deficiência na Educação Básica.

Nesse sentido, é necessário que haja clareza sobre a diferença entre inclusão escolar e integração escolar, pois as práticas se diferem. De acordo com Beyer,

> A proposta inicial da integração escolar evoluiu para uma concepção de inclusão escolar, embora tal diferenciação ainda não tenha ganho unanimidade na comunidade acadêmica internacional bem como nos sistemas educacionais. (BEYER, 2003, p. 1).

Segundo Minetto (2008), integração é o ato de colocar o aluno com deficiência na escola, sem que haja uma responsabilidade desta em se adaptar para promover um ensino eficaz ao aluno com deficiência, tanto em questões estruturais físicas quanto em modificações pedagógicas e metodológicas. Já a inclusão escolar traz uma proposta de adaptação do ambiente escolar como um todo. A inclusão apresenta uma "[...] ação mais efetiva do sistema educacional como um todo no sentido de garantir (obviamente, não a qualquer custo) a inserção e permanência do aluno com necessidades educacionais especiais na escola regular" (BEYER, 2003, p. 1).

A inclusão busca fazer com que o aluno não esteja apenas presente fisicamente na escola, mas que participe ativamente de todas as atividades promovidas pela instituição escolar, trazendo modificações curriculares, bem como um ensino adaptado de acordo com a realidade do aluno.

Mas é necessário discutir que, em muitos casos, educação brasileira tem falhado em preparar o professor para atuar com esse público. Viana (2015), baseada em diferentes autores, ressalta que "[...] em qualquer área

[42] Atendimento Educacional Especializado.

do conhecimento que engloba o universo do ensino básico no Brasil, uma grande parte dos professores afirma estar despreparada para receber alunos com NEE[43]" (VIANA, 2015, p. 64).

Todavia, as pesquisas na área de Educação Especial e Inclusiva ainda têm se pautado em abordagens tecnicistas reducionistas, "[...] como simples opção de métodos, técnicas e materiais didáticos diferentes dos usuais" (MAZZOTTA, 2011, p. 11). Segundo esse autor, não tem sido valorizado o estudo sobre a qualidade da aprendizagem dos alunos com deficiência. Porém, quando se fala em atendimento educacional especializado (AEE), é preciso entender que são amplos os serviços realizados, desde o preparo dos profissionais, quanto aos materiais pedagógicos e estrutura física do ambiente.

Com relação à formação dos educadores musicais para atuar com essa temática, Viana (2015) aponta que boa parte tem vindo dos cursos de Musicoterapia, devido ao fato de os cursos de licenciatura em Música não oferecerem subsídios para a atuação do educador musical a alunos com deficiência. Na pesquisa de Soares (2006), a autora também já havia constatado que os sujeitos da pesquisa relataram que pouco ou nada tiveram sobre Educação Musical Especial em seus cursos de formação. A autora ainda apresenta que, segundo os dados obtidos no período de seu estudo, os professores mencionam que a formação continuada foi a que mais os preparou para atuar com alunos com deficiência, nos mostrando a sua importância e eficácia nesse tema.

No entanto, ainda não é a realidade da Educação Musical no Brasil um volume significativo de pesquisas com essa temática. Segundo Viana (2015), a principal tendência das pesquisas brasileiras tem sido identificar os problemas de formação, sendo quase inexistentes as propostas de capacitação e avaliação delas. Os motivos para que isso ocorra podem ser diversos, Fantini *et al.*, (2016) pontuam que podem ser por conta das leis relativamente recentes que garantam tanto a inclusão quanto o ensino de música nas escolas e a falta de fundamentação teórica na área, devido ao seu caráter interdisciplinar.

Para que seja criada uma nova consciência nos educadores musicais, frente a assumir uma nova postura aos desafios de lecionar para alunos com deficiência, torna-se fundamental incentivar os cursos de licenciatura a repensarem seus currículos, principalmente com o aumento de pesquisas científicas na área com a temática Educação Musical Especial.

---

[43] Necessidades Educativas Especiais.

O Currículo

O currículo, ou Projeto Político Pedagógico, se refere a um documento oficial das instituições educacionais (MATEIRO, 2009). De acordo com Lima (2017, p. 30), "A palavra currículo deriva de *currere* que significa carreira ou percurso a ser percorrido, daí estar associado à ideia de um caminho para o conhecimento". Já Silva (2015, p. 15) afirma que a etimologia dessa palavra deriva do latim *curriculum*, que significa "pista de corrida", "[...] podemos dizer que no curso desta 'corrida' que é o currículo acabamos por nos tornar o que somos".

Além de expressar a intenção do que se pretende realizar pedagogicamente, Silva (2015) afirma que o currículo também se configura como um espaço de poder e identidade. O autor aponta que para definirmos o que é currículo precisamos compreender em qual teoria ele está inserido, pois as definições mudam. Ele então descreve quais são os tipos de currículo e os separa no que denomina de Teorias do Currículo, apontando que existem três concepções de formação curricular: Teorias Tradicionais; Teorias Críticas; Teorias Pós-Críticas. (SILVA, 2015).

O currículo não contém apenas uma descrição organizacional do curso, com conteúdos, disciplinas ou demais aspectos relacionados ao andamento da instituição educacional, mas nele estão incorporados conceitos que refletem o pensamento e visão de mundo de uma sociedade. Conforme declara Veiga, "O currículo expressa uma cultura" (VEIGA, 1998, p. 8).

A partir do levantamento bibliográfico para a realização da revisão de literatura sobre formação de currículos, foi possível notar que são escassos os dados referentes a essa temática sob uma perspectiva do ensino superior, ou seja, sobre a construção de projetos pedagógicos para as graduações, em especial para os cursos de licenciatura. Portanto, abordo currículo a partir de uma perspectiva de autores que discutem sobre a educação básica e busco trazer as aproximações para o contexto do ensino superior.

Sebben (2017) aponta que a elaboração e a efetivação na prática do currículo acontecem de maneiras diferentes. O autor explica que existe o currículo escrito e o ativo, sendo o primeiro necessário para cumprir exigências impostas à instituição, enquanto que o segundo é o que realmente configura a prática do profissional em sala de aula.

Na Educação Inclusiva de alunos com deficiência também pode ocorrer essa mesma situação com relação ao currículo. Minetto (2008) aponta que, por conta das leis sobre inclusão, pode acontecer a criação de dois currículos paralelos, o especial e o regular. O fator gerador dessa situação é um equívoco sobre a Educação Inclusiva, em que muitos professores a entendem como uma educação integrativa, em que basta colocar os alunos juntos na escola e nas classes comuns.

Nessa perspectiva, Lopes e Schambeck (2014) apontam que, para que de fato ocorra essa junção entre a teoria proposta no currículo e sua realização na prática de sala de aula, é preciso que se invista na formação e preparo dos futuros professores nos cursos de licenciatura.

Sebben (2017), sobre a construção de projetos pedagógicos dos cursos de Música, afirma que não existe uma regulamentação específica para a elaboração do projeto pedagógico em si, ou seja, quais elementos escritos irão compor o documento: conteúdos, metodologia, objetivos, justificativa, entre outros. Para o autor, esse fato acaba gerando uma maior autonomia por parte das universidades para com a elaboração dos currículos dos cursos. Os documentos oficiais que temos e que normatizam em parte os currículos dos cursos de licenciatura são as Diretrizes Curriculares Nacionais para Formação Inicial de Professores.

Essas políticas para a formação de professores no Brasil se pautam na Resolução n. 2, que define as Diretrizes Curriculares Nacionais para a Formação Inicial de Professores para a Educação Básica e institui a Base Nacional Comum para a Formação Inicial de Professores da Educação Básica (BNC-Formação) (BRASIL, 2019a, b). Já os cursos de graduação em Música estão regulamentados pela Resolução CNE/CES n. 2, de 8 de março de 2004 (BRASIL, 2004).

Os cursos de licenciatura em música paranaenses

Neste tópico apresento os projetos pedagógicos dos cursos de Licenciatura em Música das universidades públicas do estado do Paraná e as análises das entrevistas realizadas com os(as) professores(as) universitários(as).

A seguir, apresento um quadro com as informações gerais sobre todos os cursos pesquisados.

Quadro 1 – Informações gerais sobre os cursos de Licenciatura em Música das universidades públicas do estado do Paraná

Instituições de Ensino Superior	Denominação	Carga horária	Data do currículo em vigência	Modalidade	Vagas ofertadas
Universidade Federal do Paraná (UFPR)	Licenciatura em Música	3.200 horas/aula	2020	Presencial	20
Universidade Estadual do Paraná (Unespar) – Campus I - EMBAP	Licenciatura em Música	3.228 horas/aula	Não consta	Presencial	40
Universidade Estadual do Paraná (Unespar) – Campus II – FAP	Licenciatura em Música	3.900 horas/aula	2017	Presencial	30
Universidade Estadual de Maringá (UEM)	Graduação em Música - Habilitação Licenciatura em Educação Musical	3.808 horas/aula	28/11/2017	Presencial	Não consta
Universidade Estadual de Londrina (UEL)	Curso de Música - Licenciatura	3.370/ 3.310/ 3.250 horas/aula	13/08/2018	Presencial	20

Fonte: elaborado pelas autoras com base nas informações extraídas dos projetos pedagógicos

Os(as) professores(as) universitários(as) entrevistados(as) foram indicados pelos coordenadores dos cursos a qual faziam parte. Já o tratamento aos entrevistados(as) foi atribuído independentemente do gênero, sendo todos nomeados de Professor - 1, 2, 3, 4, 5, 6 e N.

O curso da Universidade Federal do Paraná (UFPR)

Projeto Pedagógico

A Educação Especial é citada em dois momentos no projeto pedagógico. O primeiro é na disciplina Libras, a qual tem como ementa: "A compreensão histórica das comunidades surdas e de sua produção culturas [sic]; Bilinguismo e educação de surdos: diretrizes legais e político-pedagógicas. Aspectos linguísticos da língua de sinais brasileira: teoria e prática" (UFPR, 2020, p. 25).

A segunda menção à Educação Especial é na disciplina "Psicologia da Educação", a qual cita essa temática como conteúdo, juntamente com outros temas. O que se afirma na ementa é:

> Contribuições da Psicologia da Educação para a formação docente. Concepções teóricas contemporâneas sobre desenvolvimento e aprendizagem e suas implicações pedagógicas. Noções introdutórias à educação especial e inclusão. (UFPR, 2020, p. 14).

As únicas citações relacionadas à Educação Especial no projeto pedagógico da UFPR são essas elencadas. Não há relação com essa temática em nenhum outro momento do currículo.

Entrevista com o Professor 1

Sobre quais são as práticas de Educação Musical Especial oferecidas pelo curso da UFPR, o Professor 1 trouxe novas informações, que não seria possível ter conhecimento apenas com a análise do Projeto Pedagógico, pois não constam no documento escrito.

O Professor 1 elenca as DCN como um fator que influenciou na elaboração da versão mais recente do projeto pedagógico do curso da UFPR, inclusive com mudanças no que se refere à Educação Especial. De acordo com o entrevistado, com a obrigatoriedade das disciplinas "Diversidade Étnico Racial", "Gênero e Sexualidade" e "Educação e Direitos Humanos" não sobrou espaço na carga horária do curso para ofertar uma disciplina específica relacionada à Educação Especial.

Por esse motivo, a disciplina específica sobre Educação Especial que existia anteriormente a nova versão do projeto, chamada "Tópicos em Educação Especial e Inclusão", precisou ser eliminada da matriz curricular para abrir espaço às novas disciplinas exigidas pelas DCN. Assim, no currículo vigente, nenhuma disciplina específica relacionada à Educação Especial e Inclusão é ofertada.

Com relação a essa disciplina específica de Educação Especial, existente anteriormente à reformulação curricular, o Professor 1 explica que ela foi criada em função de uma solicitação dos alunos do curso de licenciatura no ano de 2008. O entrevistado explica que, no período em questão, lecionava a disciplina "Práticas Pedagógicas" para esses alunos. Após algumas visitas dos discentes a escolas especiais em Curitiba, esses estudantes retornaram com muitas dúvidas sobre como atuar com alunos com deficiência, alegando que não possuíam o conhecimento necessário.

A partir dessa situação, a equipe pedagógica fez os ajustes curriculares e criou, no ano de 2009, a disciplina "Tópicos em Educação Especial e Inclusão", sendo ela optativa e com a ementa aberta. O entrevistado aponta que em todas as vezes em que a disciplina foi ofertada ela esteve lotada de estudantes. "*Então, isso mostrou pra mim que havia um interesse grande por parte dos alunos e uma preocupação*" (PROFESSOR 1, 2021, p. 4).

Segundo o Professor 1, foi possível perceber o quanto os alunos do curso em 2008, anteriormente à criação da disciplina específica, sentiam uma lacuna nos conteúdos das disciplinas com relação à Educação Musical Especial. Inclusive, houve interesse dos demais discentes ao longo dos anos em também obterem esse conhecimento, haja vista que a disciplina esteve sempre com as vagas preenchidas. Diante disso, é possível perceber que os licenciandos, antes mesmo de ingressarem oficialmente no campo profissional, já sentiam a necessidade de terem conhecimento sobre deficiências e sobre como realizar uma Educação Musical Especial.

No novo projeto pedagógico, vigente no curso, o Professor 1 afirma que a Educação Especial está inserida como um dos conteúdos dentro da disciplina "Psicologia da Educação", em que atua como professor titular. Também está como conteúdo na disciplina "Fundamentos da Educação I", que é optativa e possui uma ementa aberta, na qual os professores podem trabalhar temas que sejam de seus interesses. Esta não é uma disciplina específica da Licenciatura em Música, mas sim oferecida para todas as licenciaturas da instituição.

A visão que o Professor possui sobre a área de Educação Musical Especial é a de que ela tem a responsabilidade de produzir as adaptações necessárias e entender as especificidades de cada demanda educacional. Segundo o docente, os alunos com deficiência física neuro motora, por exemplo, podem tocar quase todos os instrumentos, desde que esses instrumentos sofram uma adaptação estrutural. Já com relação aos outros tipos de deficiência, cabe à área entender as necessidades de cada situação.

Sobre os instrumentos musicais, o Professor 1 afirma que a impossibilidade estabelecida ao aluno com deficiência para tocá-los está nos aspectos físicos do instrumento, na dificuldade em manuseá-lo e não no ato de fazer música em si. Dessa forma, o Educador Musical precisará encontrar uma maneira de adaptá-lo para que seu aluno consiga tocar.

Diante das informações concedidas pelo Professor 1, foi possível compreender que a temática Educação Especial e Inclusiva é abordada em mais um momento durante o curso, na disciplina "Tópicos especiais em Fundamentos da Educação I". No entanto, por se tratar de uma disciplina optativa, sua ementa não está presente no documento do projeto pedagógico, impossibilitando que houvesse conhecimento de que esse tema está sendo abordado nessa disciplina.

Outro fator é com relação à antiga disciplina "Tópicos em Educação Especial e Inclusão". Apenas com a análise do novo projeto pedagógico não é possível ter conhecimento de que essa temática já foi abordada em uma disciplina específica durante o curso.

Chamo a atenção para o fato de que, conforme explicado pelo Professor 1, após o curso entrar em vigor com as DCN para formação de professores de 2015, não sobrou espaço na carga horária do curso para manter essa temática sendo oferecida em uma disciplina específica e direcionada aos alunos de Licenciatura em Música, deixando-os, novamente, "órfãos" desse conhecimento a ser trabalhado de forma mais específica. Penso que, nessa situação, talvez os licenciandos não estarão preparados para atuarem com alunos com deficiência após formados. Minha hipótese é que esses estudantes voltarão a se sentir totalmente despreparados assim como os alunos do ano de 2008 citado pelo Professor 1.

O curso da Universidade do Estado do Paraná (UNESPAR) – Campus I

Projeto Pedagógico

O curso de Licenciatura em Música da UNESPAR – Campus I – Escola de Música e Belas Artes do Paraná (EMBAP) conta com as disciplinas "Musicografia Braille I e II" que são optativas e específicas relacionadas à Educação Musical Especial. Ambas contam com a carga horária de 34 horas-aula e têm a mesma ementa: "Transcrição de partituras convencionais através do sistema braille. Reflexões sobre o processo de ensino e aprendizagem da escrita musical em braille" (UNESPAR a, [2012?], p. 36).

Na matriz curricular é citada a disciplina optativa "Educação Inclusiva" com 34 horas-aula. No entanto, não consta no projeto a ementa desta disciplina nem ao menos outras informações referentes a ela.

Na disciplina "Psicologia da Educação I" a Educação Especial é citada como parte integrante dos conteúdos a serem abordados, sendo eles "construção de subjetividades e educação inclusiva" (UNESPAR a, [2012?], p. 42). O curso também conta com as disciplinas de Língua Brasileira de Sinais – LIBRAS I e II, que acontecem no 7º e 8º semestre. Ambas contam com a mesma ementa.

O curso de Licenciatura em Música do Campus I da Unespar se mostrou o único curso paranaense que insere disciplinas específicas de Educação Especial relacionada à área de Música, sendo elas Musicografia Braille I e II. Ou seja, não é uma temática abordada somente por um ponto de vista apenas da área de Educação, mas sim diretamente da Música.

Um fator que impossibilita uma análise mais aprofundada sobre os aspectos relacionados à Educação Especial no curso é a falta da ementa da disciplina "Educação Inclusiva" no projeto. Fica incerto sobre qual é o tipo de inclusão abordada, se é em um sentido social ou de alunos com deficiência. No caso de ser sobre AEE, quais conteúdos são trabalhados? Quais deficiências são foco de abordagem? Não é possível ter conhecimento.

Entrevista com o Professor 2

A entrevista com o Professor 2, da Unespar – Campus I – Embap, também contou com a participação de um outro docente do curso, a qual nomeio de "Professor N", para diferenciar a nomenclatura dos demais professores que foram indicados pelas coordenações dos cursos. O Professor 2 solicitou a participação do Professor N na entrevista, pois ele também traria contribuições acerca do trabalho com Educação Especial no curso.

Especificamente sobre o curso de Licenciatura em Música da Unespar – Campus I – Embap, o Professor 2 aponta que a temática Educação Musical Especial passou a ser abordada no ano de 2014, quando ele começou seu trabalho como docente na instituição com foco no ensino de música para pessoas com deficiência visual. O entrevistado citou, inclusive, estágios realizados no Instituto Paranaense de Cegos e no Centro Estadual de Capacitação em Artes "Guido Viaro"[44].

Além desses estágios realizados em centro específico de AEE ou inclusivo, o Professor 2 afirma que a Educação Musical Especial também esteve presente nas discussões durante as disciplinas de estágio. "[...] essa temática, era abordada por mim no estágio de forma teórica – leitura - reflexão e na prática com aqueles alunos que estavam interessados em realizar nesses locais" (PROFESSOR 2, 2021, p. 21).

Na disciplina Psicologia da Educação, lecionada pelo Professor N, o docente explica que a temática Educação Especial tem o ponto central. Quanto à temática Educação Inclusiva, presente na disciplina, o Professor N afirma que o ponto central está em trazer um panorama geral acerca da inclusão e sobre as deficiências mais frequentes, não apenas focando uma única deficiência.

---

[44] "O Centro Estadual de Capacitação em Artes Guido Viaro oferece gratuitamente cursos de formação continuada nas linguagens artísticas: Artes Visuais, Dança, Música, Teatro. Contemplando também Educação Inclusiva, Literatura e Arte Circense". In: http://centrodeartesguidoviaro.com.br/sobre. Acesso em: 7 jan. 2022.

Já na disciplina Educação Inclusiva, que não possui ementa no projeto pedagógico, o Professor 2 explica que o trabalho realizado se trata de um aprofundamento das questões sobre inclusão iniciadas em Psicologia da Educação.

Quanto as disciplinas "Musicografia Braille I e II", o Professor 2 aponta que são optativas, isso por conta de este ser um tema muito específico para a atuação do Educador Musical. O entrevistado também afirma que não é relevante que se realize um aprofundamento muito denso nestas questões bem específicas da Educação Musical Especial: *"[...] eu acho que a gente não pode também exagerar e aprofundar demais, porque a gente tem uma multiplicidade de situações, pessoas, e a gente não tem como abarcar todas as possibilidades, é impossível"* (PROFESSOR 2, 2021, p. 21).

Sobre os conteúdos abordados nas disciplinas "Musicografia Braille I e II", o Professor 2 cita que as práticas têm se concentrado em: transcrever partituras em braille; compreender como acontece o processo de aprendizagem das pessoas com deficiência visual no contexto da leitura e escrita musical; compreender as diferenças entre a escrita comum e a escrita em braille; utilizar o software *Musibraille* para realizar as práticas de transcrição.

A obrigatoriedade, ou não, desse tipo de disciplina específica também é citada pelo Professor 2. O entrevistado comenta que houve a intenção da equipe pedagógica em tornar essas disciplinas obrigatórias para todos os alunos. No entanto, decidiram deixá-las optativas, tendo em vista a falta de professores efetivos que pudessem assumi-las, levando então a uma incerteza se haveriam docentes para ministrá-las.

A partir dessas informações, é possível observar duas situações: a presença de um interesse por parte da equipe pedagógica em tornar obrigatórias as disciplinas referentes à Educação Musical Especial e Inclusão; a falta de docentes especializados e efetivos na universidade para realizarem o trabalho com essa temática.

Diante disso, pode-se compreender que não basta apenas inserir os conteúdos de Educação Musical Especial nos cursos de licenciatura, é preciso que se observe se haverá professores disponíveis e aptos para lecionarem essas disciplinas. Por esse motivo, a possibilidade de existir um trabalho com Educação Especial no curso vai além apenas do desejo da equipe pedagógica, mas é preciso analisar todo o contexto de possibilidades para que isso se efetive.

Além disso, o Professor 2 explica que, em diversos momentos, não houve inscrição de profissionais para o processo seletivo para interprete de Libras na universidade, por exemplo. Portanto, torna-se possível inferir que nem sempre a situação da especificidade é um problema da falta de disponibilização de vagas por parte da instituição. Pode ocorrer também uma falta de professores especializados para atuarem nessas áreas relacionadas à Educação Especial. Isso é mais um ponto que demonstra o quanto investir em professores qualificados é o que tem se mostrado mais necessário no momento.

Além das disciplinas específicas, já citadas, que trabalham com a Educação Musical Especial, o Professor 2 afirma que essa temática perpassa os demais conteúdos trabalhados ao longo do curso, mesmo que não esteja constando no currículo escrito.

Em primeiro lugar, citou um projeto de extensão criado e coordenado pelo próprio Professor 2, aproximadamente no ano de 2015, que consistia em um curso de musicografia Braille destinado à comunidade. Outra situação é a existência do mestrado em Música na instituição, a qual proporciona interação entre os pós-graduandos e os alunos da graduação.

O curso da Universidade do Estado do Paraná (Unespar) – Campus II

Projeto Pedagógico

O curso da Unespar, Campus II, Faculdade de Artes do Paraná (FAP) conta com a disciplina "Fundamentos da Educação Especial", sendo ela optativa aos alunos, a qual conta com a ementa: "Estudo dos fundamentos da Educação Especial: marco político, situacional, público alvo das diferentes deficiências: definição, classificação e causas" (UNESPAR b, 2017, p. 31).

A disciplina "Música em Modalidades de Ensino Regular" aborda diferentes contextos de atuação do professor de música na Educação Básica, estando também inclusa a temática Educação Especial.

A disciplina "Dificuldades na aprendizagem" não cita diretamente a temática Educação Especial, no entanto, refere-se ao estudo de metodologias adequadas para se trabalhar com alunos com transtornos de aprendizagem. Nesse sentido, considero também esta uma vertente da Educação Especial, haja vista que está lidando com transtornos que fogem do padrão de aprendizagem.

No Regulamento de Estágio Supervisionado é citado quais são os contextos em que o licenciando poderá atuar como estagiário, estando inclusas, também, as escolas de educação especial.

Por fim, também existe a disciplina de Libras, a qual conta com a ementa: "Fundamentos teóricos e práticos para o aprendizado da LIBRAS (Língua Brasileira de Sinais)" (UNESPAR b, 2017, p. 33).

Entrevista com o Professor 3

O curso de Licenciatura em Música da FAP conta com a disciplina específica Fundamentos da Educação Especial, que é lecionada pelo Professor 3. A partir disso, o docente trouxe diversas explicações sobre o funcionamento dessa disciplina e dessa área no curso.

De acordo com o Professor 3, a disciplina Fundamentos da Educação Especial foi criada a partir de uma solicitação dos próprios alunos do curso. Os licenciandos solicitaram que houvesse alguma disciplina dentro dessa temática. A motivação para esse requerimento dos discentes veio a partir da disciplina Libras, que foi muito marcante para eles: "[...] a disciplina de LIBRAS foi tão surpreendente pra eles que eles queriam fazer mais, inclusive, eles queriam fazer LIBRAS II, LIBRAS III. Então esse impacto da LIBRAS abriu esse universo novo e chamou a atenção dos alunos da necessidade de conhecer" (PROFESSOR 3, 2021, p. 30).

Assim como na UFPR, os próprios licenciandos do curso sentiram a necessidade de um trabalho mais específico dentro da temática Educação Especial. Mesmo antes de estarem formados e atuando no campo profissional, esses estudantes já sentiram falta de um trabalho mais direcionado para o tema e tinham consciência do quanto esse conteúdo seria fundamental para a atuação deles como professores.

Sobre o trabalho realizado dentro da disciplina Fundamentos da Educação Especial, o Professor 3 explica que optou por trabalhar sempre na perspectiva da inclusão, e não apenas da Educação Especial unicamente. Isso por conta de toda sua vivência, enquanto professor da Educação Básica, com inclusão e a falta de conhecimento específico sobre Educação Especial em si.

Primeiramente, o entrevistado relata que buscou oferecer para os estudantes a compreensão da legislação sobre Educação Especial e Inclusiva. Outro ponto marcante da disciplina foi, em cada aula, a presença de convidados que se encontravam em situação de deficiência ou estavam, de alguma forma, relacionados com esse universo.

Apesar de a disciplina Fundamentos da Educação Especial ser optativa, o entrevistado afirma que essa primeira vez dela sendo ofertada provocou uma grande procura por parte dos licenciandos, bem como um engajamento considerável por parte deles.

O Professor 3 relata que questionou aos alunos que iriam cursar a disciplina sobre o porquê de optaram por estarem ali buscando o conhecimento sobre essa temática. A resposta que o docente obteve foi no sentido de que esses estudantes já possuíam, de formas diferentes, contato com pessoas com deficiência e não souberam como atuar nessas situações.

A partir dessa fala, é possível compreender que os alunos de Licenciatura em Música da FAP, embora ainda estudantes da graduação, já estavam atuando previamente no mercado de trabalho e já encontraram alunos com deficiência ou transtornos, em sua maioria o autismo, conforme explicou o Professor 3.

Todavia, para que possa haver uma maior segurança de que a Educação Especial e Inclusiva será abordada nos cursos de licenciatura, o docente afirma que ela deveria ser garantida pelo currículo e colocada como obrigatória para todos os alunos. O Professor 3 cita, inclusive, o caso de alunos egressos que realizaram estágios com alunos com deficiência e atualmente trabalham exclusivamente nessas áreas, provando o quanto a iniciação ao tema, Educação Especial e Inclusão, pode ser proveitosa aos futuros alunos licenciados.

O curso da Universidade Estadual de Maringá (UEM)

Projeto Pedagógico

A temática Educação Musical Especial não é citada diretamente em nenhum momento do projeto pedagógico da UEM, todavia, é possível perceber uma referência a ela dentro das ementas, em alguns conteúdos específicos das disciplinas.

A disciplina Educação Musical IV tem a ementa bem diversificada, abordando diferentes conteúdos. Nos objetivos da disciplina se encontra uma citação à Educação Inclusiva: "Refletir e vivenciar situações que envolvam as diversidades relacionando-as com a Educação Musical inclusiva" (UEM, 2017, p. 8). Não é possível compreender, apenas com a análise do PPC, se a inclusão citada na ementa dessa disciplina Educação Musical IV é relacionada aos alunos com deficiência ou se refere a um aspecto geral de inclusão social.

Na disciplina Psicologia da Educação, a Educação Especial é citada diretamente no programa da disciplina para ser trabalhada com os licenciandos: "Tópicos em Educação Especial: Concepção de deficiência na sociedade contemporânea; Aspectos da inserção/integração" (UEM, 2013, p. 1).

Além das referências à Educação Especial e Inclusiva nessas disciplinas, o curso também conta com a disciplina Libras, que tem como um dos objetivos "Instrumentalizar os licenciandos para o estabelecimento de uma comunicação funcional com pessoas surdas [...]" (UEM, p. 1, 2018).

Entrevista com o Professor 4

A temática Educação Musical Especial entra oficialmente no curso da UEM a partir do 4º ano, dentro da disciplina "Educação Musical IV". Segundo o Professor 4, foi escolhido o momento final do curso para serem abordadas essas questões considerando que os alunos já tenham uma maturidade acadêmica para compreender e discutir tal conteúdo.

É possível notar uma conformidade entre as falas do Professor 4 com o Projeto Pedagógico do curso da UEM. Apesar de o documento não citar diretamente a Educação Especial, pode-se compreender que a inclusão citada no PPC da UEM não é apenas relacionada aos alunos com deficiência, mas sim a um contexto que abranja os demais estudantes socialmente excluídos, assim como foi ponderado durante a análise do PPC.

O Professor 4 explica que o curso da UEM ainda não possui um espaço específico de formação dentro da temática Educação Musical Especial da grade curricular, o que ocasiona em uma abordagem rápida e "rasa" em suas palavras (Entrevistado 4, 2021, p. 42). O entrevistado explica que os egressos que desejam ter uma especialidade maior dentro da área devem procurar cursos de especialização ou cursos extras.

Quanto ao estágio, que acontece no 3º e 4º ano do curso, o docente explica que já houve momentos durante a licenciatura em que, no 3º ano, estudantes ficaram interessados em fazer estágio com a Educação Especial, e isso fez com que a temática fosse abordada antes do previsto no projeto pedagógico, com práticas realizadas em uma escola para surdos que existe dentro da própria universidade.

O Professor 4 relatou sobre um projeto de extensão realizado no curso que envolveu o ensino de música para pessoas com deficiência visual. Segundo o entrevistado, esse curso de extensão aconteceu aproximadamente entre 2006/2007 e nasceu de uma demanda social em que, na ocasião, enquanto chefe de departamento, recebeu uma ligação de uma pessoa da comunidade externa que era cega e gostaria de aprender música. No entanto, o Professor 4 explicou que não havia nenhum curso direcionado às pessoas cegas. Porém, esse cidadão foi enfático em afirmar que conhecia os seus direitos e que a universidade pública deveria oferecer esse tipo de atendimento.

Chamo a atenção para essa explicação do Professor 4, quando alega que esse cidadão da comunidade externa reivindicou um atendimento da universidade no intuito de também ter o direito de aprender música, haja vista que essa universidade pública conta com um curso de graduação específico em Música. É possível observar o quanto a universidade precisa estar apta para atender a todas as demandas educacionais, não apenas alunos típicos, pois as pessoas com deficiência também têm direito de aprender música.

A partir dessa situação, o entrevistado conta que uma das professoras do departamento aceitou o desafio de criar um projeto de extensão com ensino de música direcionado às pessoas cegas. Esse projeto envolveu também os alunos do curso e a contratação, por meio de uma bolsa, de um aluno de outra cidade e que tinha especialidade em musicografia Braille.

O docente também comenta sobre outros desdobramentos positivos desse projeto, que foram dois ex-alunos que fizeram mestrado com foco em musicografia Braille após terem participado dele. Isso mostra que essa experiência vivenciada na universidade, além de contribuir muito para o aprendizado musical das pessoas que têm deficiência visual, ultrapassou os muros e limites da própria instituição, pois despertou o interesse de alguns alunos do curso em continuarem buscando esse conhecimento para contribuir ainda mais com a área.

A partir dessa situação, é relevante refletir sobre o quanto a comunidade externa tem acesso ao conhecimento sobre seus direitos perante ao ensino oferecido pelas instituições públicas. O cidadão com deficiência visual, citado pelo Professor 4, tinha esse conhecimento, argumentou e sensibilizou toda a equipe pedagógica para que fosse criado um projeto de extensão que envolvesse o ensino de música para pessoas cegas. No entanto, essa consciência sobre seus direitos é unanimidade entre os demais cidadãos? Como a universidade pode atender demandas se a comunidade não conhece as possibilidades e não traz as demandas?

Todavia, o Professor 4 afirma que não tem como esperar essas mudanças vindas de uma política de governo. O docente reconhece que seria sim importante a implantação de políticas de formação de professores para com a Educação Especial e Inclusiva, no entanto, alega que a universidade não pode ficar parada esperando por essas políticas e esses incentivos, pois talvez eles não cheguem.

Diante desse desalento causado por políticas públicas, investimentos e incentivos por parte do governo, de acordo com a visão do Professor 4, vê-se que, novamente, o sucesso ou o insucesso da Educação Especial e Inclusão recai sobre o professor.

O curso da Universidade Estadual de Londrina (UEL)

Projeto Pedagógico

O curso de Música – Licenciatura da UEL oferece duas disciplinas relacionadas à Educação Especial, sendo elas as disciplinas Libras e Educação para a Inclusão, que acontecem no 5º ano. Salienta-se que ambas são do Departamento de Educação da universidade, não sendo oferecidas pela área de Educação Musical.

Na ementa da disciplina "Educação para a Inclusão", o que se afirma sobre os conteúdos a serem trabalhados são:

> Conceito de inclusão, exclusão, preconceito, estereótipos e a relação existente entre os padrões sociais de normalidade e o julgamento da diferença significativa. Caracterização dos alunos que apresentam NEE e seu atendimento educacional no contexto da escola inclusiva. (UEL, 2018, p. 21).

Já na ementa da disciplina Libras constam os conteúdos:

> A comunidade surda e sua cultura. Fundamentos históricos e epistemológicos da Língua Brasileira de Sinais. Noções linguísticas de LIBRAS; aspectos morfológicos e gramaticais (sintaxe). Noções básicas contextualizadas de língua de sinais. Análise do processo de tradução e interpretação: LIBRAS – Português, Português – LIBRAS. (UEL, 2018, p. 21).

Nota-se que as ementas de ambas as disciplinas não compõem aspectos relacionados ao ensino e aprendizagem da música em si para as pessoas com deficiência, ou seja, relacionados à Educação Musical Especial. Dessa forma, não é possível saber se são realizadas aproximações metodológicas sobre ensino de música durante as aulas, pois no currículo não há nada oficializado sobre essa questão.

Entrevista com o professor 5

A Educação Musical Especial na Licenciatura em Música da UEL, de acordo com o Professor 5, sempre foi vista como uma lacuna no curso e percebida a sua necessidade de inclusão no currículo entre os docentes da área de Educação Musical.

O Professor 5 explica que o curso da UEL conta, atualmente, com uma professora temporária da Educação Especial, que trabalha nessa área e também realizou mestrado dentro da temática. Essa docente temporária leciona a disciplina Educação Musical I e dentro da disciplina, segundo o Professor 5, são abordadas questões relacionadas à Educação Musical Especial. Mas também conta com uma disciplina específica dentro do tema chamada "Educação para a Inclusão". Todavia, o entrevistado afirma que nem sempre houve esse conteúdo reservado para um momento específico do curso, pois no currículo anterior não havia nenhuma menção à Educação Musical Especial.

No entanto, o entrevistado lamenta o fato de que, quando a professora temporária não estiver mais atuando no curso, talvez não haja uma continuidade do tema sendo discutido na disciplina Educação Musical I, logo no 1º ano do curso. Retorna, então, a questão da dificuldade que os cursos de licenciatura têm por não poderem contar com a continuidade de um trabalho desenvolvido por professor com contrato temporário.

Por esse motivo, o Professor 5 afirma que, na última reformulação do PPC, foi inserida a disciplina "Educação para a Inclusão", a ser lecionada no 5º ano, com o objetivo de suprir essa lacuna que encontravam no trabalho com Educação Musical Especial no curso. Porém, como o curso se encontra no início do 3º ano dentro desse novo PPC, a disciplina ainda não foi ofertada. O Professor 5 explica que, justamente pela falta de professores efetivos especialistas na temática, a disciplina foi elaborada para ser lecionada pelos professores da área de Educação da universidade. Anteriormente ao novo PPC que está em vigor, o curso de licenciatura em Música da UEL buscava suprir a lacuna dos conteúdos de Educação Musical Especial por meio de eventos e contribuição de alunos egressos.

Outro fator dificultador, citado pelo entrevistado, para a realização dessa disciplina, que ainda nem foi ofertada, é a nova resolução das DCN do ano de 2019, que propõe alterações dos currículos dos cursos de licenciatura. Dessa forma, ainda não é possível afirmar que a disciplina continuará sendo ofertada quando o curso realizar a reformulação para as novas diretrizes, tendo em vista a mudança na carga horária, que será modificada para se adequar aos novos conteúdos exigidos pelas diretrizes.

Observa-se novamente, como já relatado pelo Professor 1 da UFPR, o quanto as DCN para formação de professores têm sido uma barreira para a inserção efetiva da Educação Musical Especial nos cursos. Haja vista que não deixa tão explicita a obrigatoriedade estabelecida pelo documento em se abordar esses conteúdos nos cursos, não sobrando assim espaço na carga horária das licenciaturas para inserir questões referentes a essa temática.

O curso da Universidade Estadual de Ponta Grossa (UEPG)

Projeto pedagógico

A temática Educação Musical Especial é citada em diferentes momentos do projeto pedagógico da UEPG, não existindo uma disciplina específica para tratar do tema, mas sim permeando como conteúdo dentro de outras disciplinas.

Na disciplina "Fundamentos e Sociologia da Educação" são abordados aspectos relacionados ao processo educacional de forma ampla. Dentro desses conteúdos trabalhados na disciplina existe a temática "Inclusão social e diversidade".-

Na disciplina "Psicologia da Educação", a qual trabalha sobre o desenvolvimento humano e fatores que influenciam na aprendizagem, é citado o conteúdo "Educação para pessoas com necessidades especiais: inclusão, dificuldades" (UEPG, 2008, p. 30). Além dela, também existe a disciplina "Língua Brasileira de Sinais" – Libras.

Na disciplina "Prática Pedagógica II" parece haver conceitos referentes à Educação Especial, mas não há como afirmar, já que o foco está na questão da Educação Inclusiva em geral.

Em "Reflexão Pedagógica", a qual também é uma disciplina articuladora que busca proporcionar práticas para conteúdos trabalhados em outros momentos do curso, a Educação Especial aparece de maneira mais completa, explicitando várias temáticas de conteúdos que são abordados. São eles:

> Princípios e características da educação inclusiva. Aspectos éticos, políticos e educacionais da inclusão sócio-pedagógica. A realidade da exclusão do processo educativo enfrentada

> pelas pessoas com necessidades educacionais especiais. Política educacional no Brasil e as Diretrizes para o atendimento às pessoas com necessidades educacionais especiais. A relação entre escola e comunidade no processo de integração. Características da pessoa com necessidades especiais. Diagnóstico e níveis de prevenção. Recursos pedagógicos. Acessibilidade. Múltiplas linguagens da inclusão. Bilingüismo. Sistema Sign Writing. Sistema Braille. Alfabetização e tecnologia inclusiva. (UEPG, 2008, p. 36).

Entrevista como o professor 6

Segundo o Professor 6, a Educação Musical Especial se insere em diferentes momentos do currículo, assim como já visto durante a análise do PPC. O docente também cita quais outras disciplinas contêm conteúdos relacionados à Educação Especial e Inclusiva nas ementas e afirma que o tema é mais do que um conteúdo transversal, mas é uma área de conhecimento trabalhada em diferentes momentos do curso.

A primeira disciplina citada pelo Professor 6 é "Metodologia do Ensino da Música". O entrevistado afirma que nela são trabalhadas questões relacionadas à Educação Especial. Chamo a atenção para esta afirmação do docente, pois, durante a análise do PPC, não encontrei informações relacionadas a esse tema na ementa da disciplina em questão, o que mostra que a prática realizada no curso vai além apenas do que está descrito no projeto. Segundo o docente, nessa disciplina

> *[...] eles fazem planos, adaptações, eles fazem estudos sobre as metodologias, criam possibilidades de ensino e entre as possibilidades de ensino eles contemplam a possibilidade do ensino de pessoas com deficiência, adaptações de materiais, de metodologia, contextos [...]* (PROFESSOR 6, 2021, p. 68).

Outra disciplina, citada pelo entrevistado, que aborda questões relacionadas à Educação Especial, mas que não consta no conteúdo da ementa, é "Práticas Instrumentais em Grupo IV". O entrevistado explica que o objetivo dessa disciplina é

> *[...] desenvolver no aluno a capacidade de pegar esses conhecimentos que ele tem, daqueles instrumentos que está aprendendo e canalizar para o ensino. Então como que ele faz essas atividades e nessas atividades também contemplam possibilidades de inclusão* (PROFESSOR 6, 2021, p. 69).

O Estágio II também é outra possibilidade de atuação com Educação Musical Especial durante o curso. O entrevistado afirma que é nesse momento em que os licenciandos têm a possibilidade de atuarem na Educação de Jovens e Adultos, bem como nas escolas especializadas de Educação Especial, ONGs, associações ou projetos.

O docente cita alguns exemplos de estágios relacionados à Educação Musical Especial e Inclusiva no curso. Um deles aconteceu no coro de uma empresa de transporte coletivo da cidade, a qual inclui pessoas com deficiência auditiva. Além da experiência com alunos com deficiência auditiva, o Professor 6 relata que os estudantes do curso também realizam estágio na Associação dos Pais e Amigos dos Deficientes Visuais, com alunos cegos.

Nas disciplinas "Práticas Pedagógicas", o Professor 6 aponta que também existe a possibilidade dessa visita aos contextos educacionais, em que os licenciandos fazem inserções de observação e às vezes até de participação. Um exemplo bem claro sobre o trabalho desenvolvido com as visitas foi no caso da Associação de Pais e Amigos dos Excepcionais (Apae).

A disciplina "Educação Musical e Currículo" também é outra situação em que o Professor 6 cita práticas relacionadas à Educação Musical Especial, mas que não estão presentes na ementa do PPC. Segundo o entrevistado, nela se contempla amplamente a discussão sobre currículo e Educação Especial.

Além de citar as disciplinas que contemplam a Educação Musical Especial, mas que não constam como conteúdo nas ementas do PPC, o Professor 6 não deixou de citar a disciplina que mais aborda a Educação Especial e Inclusiva na ementa, que é a "Reflexão Pedagógica". O entrevistado explica que, nessa disciplina, inicia-se um trabalho sobre Educação/ Sociedade e conceito de cidadania. De posse do conceito de cidadania é que entram os princípios e características da Educação Inclusiva.

No entanto, após explicar e exemplificar todos os momentos em que a Educação Especial é abordada no curso de licenciatura em Música da UEPG, ao parecer que o curso tem uma estrutura estabelecida para com o trabalho com Educação Musical Especial, o Professor 6 traz a problematização de que, apesar de essa temática permear por diversos espaços durante o curso, não existe uma sistematização das propostas em uma disciplina específica para o tema e nem professores com formação específica nessa área de estudo.

Considerações finais

Com a análise dos projetos pedagógicos obtive um panorama inicial acerca da intensidade com que a Educação Musical Especial está sendo abordada nos cursos de Licenciatura em Música do Estado do Paraná, tendo em vista a quantidade de menções a essa temática ou disciplinas específicas descritas nos projetos pedagógicos.

A Educação Especial ou Inclusiva é citada direta ou indiretamente em todos os projetos pedagógicos. Em sua maioria, como conteúdo dentro de diferentes disciplinas, dando foco para a questão da inclusão. A disciplina mais recorrente em que são inseridos conteúdos relacionados à Educação Especial é "Psicologia da Educação".

Sobre as disciplinas de Libras, não foi possível observar, com a análise dos projetos pedagógicos, se há uma relação dos conteúdos nela abordados com o ensino de música em si, se existem técnicas específicas, metodologias adequadas, ou mais explicações sobre como esse conteúdo pode vir a ser abordado com os futuros educadores musicais.

Em um âmbito geral, as considerações que a análise dos projetos pedagógicos possibilita é que, com diferentes situações e intensidades, a Educação Especial é abordada em todos os currículos. No entanto, ainda não tem sido o foco desses projetos o preparo dos futuros docentes para atuarem com esse púbico. Além de faltar, na maioria dos casos, uma relação mais direta com a música, sobre o ensino e aprendizagem musical com AEE e inclusão.

A pesquisa tornou evidente que apenas com a análise dos projetos pedagógicos não é possível obter um panorama completo sobre como a Educação Musical Especial tem sido trabalhada nos cursos de licenciatura em Música. No entanto, as entrevistas com os(as) professores(as) dessas licenciaturas trouxeram um resultado mais aprofundado acerca das práticas que têm sido abordadas com os licenciandos.

O primeiro ponto observado foi a compreensão de que o trabalho com Educação Musical Especial nesses cursos vai muito além do que está descrito nos PPCs. Os(as) entrevistados(as) relataram diversas atividades proporcionadas pelos cursos, tais como: projetos de extensão; simpósios; colóquios; colaboração de alunos egressos que trabalham na área; visitas a espaços de Educação Especial ou Inclusiva. Além disso, houve diferentes relatos de estágio envolvendo a Educação Especial e Inclusiva, tanto no ensino regular quanto em ONGs, empresas ou dentro da própria universidade. No entanto, nem todas as práticas acontecem atualmente. Grande parte foi realizada em algum momento durante a existência do curso, no passado, e não estão mais em vigor.

Apesar dessas diversas atividades relacionadas à Educação Especial e Inclusiva, proporcionadas pelos cursos, observei, com base nas falas dos(as) entrevistados(as), que não há um espaço reservado nos PPCs para esses trabalhos. Nota-se que esses docentes estão sempre procurando brechas para que a Educação Musical Especial possa, ao menos, ter o mínimo de abordagem possível com os licenciandos.

Outro fator dificultador elencado por todos(as) os(as) docentes entrevistados foi a falta de professores especializados na temática Educação Especial e Inclusiva atuando nos cursos. Dentre as 6 licenciaturas pesquisadas, apenas 2 professores têm formação específica dentro da área, o Professor 1 e o Professor 2. Mas mesmo esses docentes com formação reconhecem a necessidade de haver mais profissionais específicos atuando nos cursos.

Além da problemática da falta de professores efetivos nos cursos e de as DCN não contemplarem um espaço tão amplo e preciso para o trabalho com Educação Especial nos cursos, de acordo com as afirmações dos(as) entrevistados(as), verifico que o governo também não tem priorizado a elaboração de políticas para resolver esse problema da formação.

A entrevista com os(as) professores(as) universitários(as) mostrou que, embora todos(as) os(as) entrevistados(as) atribuam importância e reconhecem a necessidade de um bom preparo na formação inicial, os egressos que quiserem realmente seguir dentro da Educação Musical Especial dependerão da formação continuada. Todavia, os(as) entrevistados(as) observam, também, que este não é um álibi para que não haja investimento na formação inicial.

Com relação aos tipos de deficiência que se mostraram evidentes no trabalho com Educação Musical Especial nos cursos de licenciatura em Música, a deficiência visual é a que está sendo mais abordada. Também houve outras citações de situações envolvendo outros tipos de deficiência nos cursos, tais como a deficiência auditiva e o autismo. Ademais, o discurso sobre Educação Musical Especial se pautou em um aspecto mais geral sobre as deficiências e a inclusão.

Para que a Educação Musical Especial possa ser impulsionada nos cursos de licenciatura, seria necessário que se aprimorasse esse cenário. As problemáticas abordadas pelos(as) entrevistados(as), tais como a falta de professores especialistas e efetivos, a falta de espaço na carga horária do curso, falta de políticas públicas que desenvolvam essa área, falta de ambiente e estruturas físicas adequadas, são condições que precisariam ser modificadas para que o preparo dos licenciandos em Música pudesse contemplar as demandas de conhecimento necessárias para atuação com alunos com deficiência.

A partir disso, considero que esta pesquisa colaborou para que se pudesse obter este mapeamento sobre a situação da Educação Musical Especial nas licenciaturas em Música do Paraná e para se repensar a formação dos futuros Educadores Musicais no que se refere à atuação com alunos que se encontram em situação de deficiência. Dessa forma, colabora-se para que possa haver uma democratização do ensino e aprendizagem musical para todas as pessoas, incluindo as que apresentam algum tipo de deficiência, e para que possa haver professores preparados para aturem nessa perspectiva.

Como futuros desdobramentos desta pesquisa, considero que seria necessário a elaboração de propostas práticas para preparar o futuro Educador Musical dentro da temática, pois esta pesquisa constatou o quanto ainda são acanhados os estudos focados em propostas de formação, sendo em sua maioria voltados para identificar quais são as problemáticas envolvidas no contexto da Educação Especial. Por esse motivo, a partir deste mapeamento obtido, torna-se necessário pesquisar sobre propostas práticas para a formação dos futuros Educadores Musicais para atuarem com Educação Musical Especial.

REFERÊNCIAS

AGÊNCIA SENADO. Senadores elogiam liminar que suspende decreto sobre educação especial. *Senado notícias*. Disponível em: https://www12.senado.leg.br/noticias/materias/2020/12/02/senadores-elogiam-liminar-que-suspende-decreto-sobre-educacao-especial. Acesso em: 24 set. 2021.

BRASIL. *Lei n. 9394. Lei de Diretrizes e Bases da Educação Nacional,* de 20 de dezembro de 1996. Estabelece as Diretrizes e Bases da Educação Nacional. Disponível em: http://www.planalto.gov.br/ccivil/LEIS/L9394.htm. Acesso em: 25 abr. 2020.

BRASIL. Conselho Nacional de Educação. Câmara de Educação Básica. *Resolução n. 2,* de 11 de setembro de 2001. Institui Diretrizes Nacionais para a Educação Especial na Educação Básica. Brasília, DF, 2001. Disponível em: http://portal.mec.gov.br/cne/ arquivos/pdf/CEB0201.pdf. Acesso em: 20 nov. 2019.

BRASIL. Ministério da Educação. Secretaria de Educação Especial. *Política Nacional de Educação Especial na Perspectiva da Educação Inclusiva*. Secretaria de Educação Especial – MEC/SEESP, 2008. Disponível em: http://portal.mec.gov.br/arquivos/pdf/politicaeducespecial.pdf. Acesso em: 25 abr. 2020.

BEYER, Hugo Otto. A Educação Inclusiva: incompletudes escolares e perspectivas de ação. *Revista do Centro de Educação,* Santa Maria, n. 22, 2003.

BOCCATO, Vera Regina Casari; FUJITA, Mariângela Spotti Lopes. Discutindo a análise documental de fotografias: uma síntese bibliográfica. *Cadernos BAD,* Lisboa, n. 2, p. 84-100, 2006.

CARMO, B. C. M. *et al.* Políticas públicas educacionais e formação de professores: convergências e distanciamentos na área de Educação Especial. *Revista Educação Especial,* v. 32, 2019.

DUARTE, Karine Rayara Peres. *Educação musical especial nos cursos de licenciatura em música das universidades públicas do Paraná*. Dissertação (Mestrado em Música) – Universidade Estadual de Maringá, Programa de Pós-Graduação em Música, CCH. Maringá, 2022.

DUARTE, Karine Rayara Peres. Entrevista do Professor 1 concedida à autora, Caderno de Transcrições, Maringá, 2021.

DUARTE, Karine Rayara Peres. Entrevista do Professor 2 concedida à autora, Caderno de Transcrições, Maringá, 2021.

DUARTE, Karine Rayara Peres. Entrevista do Professor 3 concedida à autora, Caderno de Transcrições, Maringá, 2021.

DUARTE, Karine Rayara Peres. Entrevista do Professor 4 concedida à autora, Caderno de Transcrições, Maringá, 2021.

DUARTE, Karine Rayara Peres. Entrevista do Professor 5 concedida à autora, Caderno de Transcrições, Maringá, 2021.

DUARTE, Karine Rayara Peres. Entrevista do Professor 6 concedida à autora, Caderno de Transcrições, Maringá, 2021.

FANTINI, Renata Franco Severo; JOLY, Ilza Zenker Leme; ROSE, Tânia Maria Santana. Educação Musical Especial: produção brasileira nos últimos anos. *Revista da Abem,* Londrina, v. 24, n.3 6, p. 36-54, 2016.

LIMA, Flávia Albano de. *Os cursos de licenciatura em Música*: sentido, intencionalidade e funcionalidade da educação brasileira. 2017. 103 f. Tese (Doutorado em Educação) – Pontifícia Universidade Católica de São Paulo, São Paulo, 2017.

LOPES, Josiane Paula Maltauro; SCHAMBECK, Regina Fink. Currículo, Deficiência e Inclusão. *In:* SOARES, José; SCHAMBECK, Regina Fink; FIGUEIREDO, Sérgio. *A formação do Professor de Música no Brasil.* 1. ed. Belo Horizonte: Editora Fino Traço, 2014.

MATEIRO, Teresa. Uma análise de projetos pedagógicos de licenciatura em música. *Revista da Abem*, Porto Alegre, v. 22, p. 57-66, set. 2009.

MAZZOTTA, Marcos J. S. *Educação Especial no Brasil*: história e políticas públicas. 6. ed. São Paulo: Cortez, 2011.

MINAYO, Maria Cecília de Souza (org.) *Pesquisa Social Teoria Método e Criatividade.* Editora Vozes: Petrópolis, 2009.

MINETTO, Maria de Fátima. *Currículo na educação inclusiva*: entendendo esse desafio. 2. ed. Curitiba: Editora IBPEX, 2008.

REIS, Marília Freitas de Campos Tozoni. *Metodologia da Pesquisa.* 2. ed. Curitiba: IESDE Brasil S.A., 2009.

ROCHA, Alessandro Santos da; BERNARDO, Débora Giselli. Pesquisa Bibliográfica: entre conceitos e fazeres. *In:* TOLEDO, Cézar Alencar Arnaut de; GONZAGA, Maria Teresa Claro (org.). *Metodologia e Técnicas de Pesquisa nas Áreas de Ciências Humanas.* Maringá: Eduem, 2011. p. 81-100.

SCHAMBECK, Regina Finck. Inclusão de alunos com deficiência na sala de aula: tendências de pesquisa e impactos na formação do professor de música. *Revista da Abem*, Londrina, v. 24, n. 36, p. 23-35, 2016.

SKALINSKI JÚNIOR, Oriomar. Técnicas de Entrevista e sua aplicação em Pesquisas Científicas. *In:* TOLEDO, Cézar Alencar Arnaut de; GONZAGA, Maria Teresa Claro (org.). *Metodologia e Técnicas de Pesquisa nas Áreas de Ciências Humanas.* Maringá: Eduem, 2011. p. 173-202.

SEBBEN, Egon Eduardo. Formação e Atuação Docente de Licenciados em Música: o contexto do estado do Paraná. 2017. 196 f. Tese (Doutorado em Educação) – Universidade Estadual de Ponta Grossa, Ponta Grossa, 2017.

SILVA, Fabiany de Cássia Tavares. DOCUMENTOS CURRICULARES E AS FLEXIBILIZAÇÕES: Escrita histórico-social do currículo em educação especial. *Revista Teias*, v. 17, n. 46, p. 56-71, 2016.

SILVA, Tomaz Tadeu da. *Documentos de identidade*: uma introdução às teorias do currículo. 3. ed. Belo Horizonte: Autêntica Editora, 2015.

TERRA, R. N.; GOMES, C. G. Inclusão escolar: carências e desafios da formação e atuação profissional. *Revista Educação Especial*, Santa Maria, v. 26, n. 45, p. 109-123, 2013. Disponível em: http://cascavel.ufsm.br/revistas/ojs2.2.2/index.php/educacaoespecial/article/view/5629/pdf. Acesso em: 24 abr. 2015.

UNIVERSIDADE ESTADUAL DE LONDRINA – UEL. Resolução CEPE/CA n. 140/2018. Reformula o Projeto Pedagógico do Curso de Música – Licenciatura. Londrina, 2018.

UNIVERSIDADE ESTADUAL DE MARINGÁ – UEM. Projeto Pedagógico. [Projeto Pedagógico de Curso do curso de Música – Habilitação Licenciatura em Educação Musical da UEM]. Maringá, 2007.

UNIVERSIDADE ESTADUAL DE MARINGÁ – UEM. Resolução n. 159/2013-CI/CCH. Aprova alterações curriculares no Projeto Pedagógico do Curso de Graduação em Música. Maringá, 2013.

UNIVERSIDADE ESTADUAL DE MARINGÁ – UEM. Resolução n. 242/2017-CI/CCH. Aprova as alterações curriculares no Projeto Pedagógico do Curso de Graduação em Música. Maringá 2017.

UNIVERSIDADE ESTADUAL DE MARINGÁ – UEM. Programa de Disciplina. Maringá: UEM, 2013.

UNIVERSIDADE ESTADUAL DE MARINGÁ – UEM. Programa de Disciplina. Maringá: UEM, 2018.

UNIVERSIDADE ESTADUAL DE PONTA GROSSA – UEPG. Projeto Político Pedagógico. Ponta Grossa, 2008.

UNIVERSIDADE ESTADUAL DO PARANÁ – UNESPAR a. Formulário para Propostas dos PPCs dos Cursos De Graduação Da UNESPAR. [Projeto Pedagógico de Curso da Licenciatura em Música da UNESPAR – Campus I – EMBAP]. Curitiba, [2012?].

UNIVERSIDADE ESTADUAL DO PARANÁ – UNESPAR b. Projeto Pedagógico de Curso. Curitiba, 2017.

UNIVERSIDADE FEDERAL DO PARANÁ – UFPR. Projeto Pedagógico do Curso de Licenciatura em Música. Curitiba, 2020.

VEIGA, Ilma Passos da. Projeto político-pedagógico da escola: uma construção coletiva. *In:* VEIGA, Ilma Passos da (org.). *Projeto político-pedagógico da escola*: uma construção possível. Campinas: Papirus, 1998. p. 11-35.

VIANA, Ana Célia de Lima. Uma proposta de capacitação na área da Educação Musical Especial. 2015, 119 f. Dissertação (Mestrado em Educação Especial) – Universidade Federa de São Carlos – São Carlos, 2015.

6

MÚSICA CAIPIRA DE RAIZ E SEMIOLOGIA MUSICAL: DUAS MODAS DE VIOLA SOB A ÓTICA TRIPARTITE DE JEAN MOLINO E JEAN-JACQUES NATTIEZ

José Roberto de Oliveira Oleriano

John Kennedy Pereira de Castro[45]

A Música Caipira de Raiz é um gênero musical e, historicamente, sua prática se deu por pessoas simples. Mendonça (1990) afirma que por razões de essas pessoas terem origem em ambientes rurais, onde raramente haviam instituições de ensino, elas possuíam baixa escolaridade. Segundo a Pesquisa Nacional por Amostra de Domicílio (PNAD), em 2007 cerca de 40% dos brasileiros analfabetos vivem no campo (SUESS; SOBRINHO; BEZERRA, 2014). Essa realidade acaba refletindo na falta de registros na forma escrita (textos, partituras etc.) que sistematize o conhecimento musical praticado entre eles. Lacorte e Galvão (2007) afirmam que na cultura rural o aprendizado musical ocorre pelo tocar junto, quando os músicos mais experientes passam seu conhecimento de maneira informal sem muita explicação teórica.

Com isso, percebemos que há um pequeno número de registros na forma escrita a respeito da interpretação da Música Caipira de Raiz, aplicado a uma metodologia que pudesse auxiliar na construção de sentido e performance para aqueles não pertencentes ao ambiente rural. Durante a pesquisa, constatamos que, apesar de nos últimos anos ter ocorrido um aumento do número de estudos científicos sobre o tema, ainda há várias possibilidades de análises e aplicações metodológicas que poderão contribuir em diversos aspectos para o entendimento do funcionamento simbólico do universo caipira contido em sua música. Nesse momento surgiu a oportunidade de realizarmos um estudo sobre esse gênero à luz da Semiologia Musical,

45 Professor orientador de mestrado de José Roberto de Oliveira Oleriano, mestre pelo Programa de Pós-Graduação em Música da Universidade Estadual de Maringá.

elaborada por Jean Molino e desenvolvida por Jean-Jacques Nattiez. Tal oportunidade, visto o que os teóricos aspiram com esse modelo proposto, nos conduziu a uma compreensão de música como Fato Social Total.

Um dos pilares desse método elaborado por Molino é o entendimento da música como *forma simbólica*[46]. Partindo dessa premissa, podemos nos mover em direção à aplicação de uma perspectiva semiológica abordada nesta pesquisa. Para Nattiez (1990, p. 17), uma forma simbólica "não é um intermediário na comunicação que transmite o significado pretendido pelo autor a um público". Pelo contrário, "é o resultado de um complexo *processo* de criação que está relacionado tanto com a forma quanto ao conteúdo da obra". No entanto, "também é o ponto inicial para um processo de recepção que *reconstrói* uma mensagem".

A Teoria de Molino tem sua fonte originária no estruturalismo e, portanto, é independente do contexto estilístico (no sentido de estilos musicais, por exemplo: estilo barroco, estilo clássico etc.). Consequentemente, configura-se como uma teoria para toda a música[47]. Molino propõe uma teoria esquemática da música como comunicação que, juntamente com os procedimentos de Ruwet, facilitam a análise estrutural do problemático nível "neutro", sem marginalizar fatores criativos (poiésis) e interpretativos (estésico). Para Molino e Nattiez (2009, p. 16), a tripartição é constituída por essas três dimensões, as quais são os fundamentos de uma visão da música como uma forma simbólica, ou seja, "constituída de signo" (no sentido de Santo Agostinho, Peirce, Piaget, Granger) "definida pela noção de *referência*, características da função simbólica"[48]. Com isso podemos dizer que o simbólico integra duas propriedades específicas do fato humano: significação e representação.

No esquema semiológico esboçado por Molino (1990, p. 106) na Figura 1, não há transmissão das "intenções" do compositor para um "receptor" por intermédio de uma obra e sua execução. Na perspectiva semiológica de Molino, a percepção é processo ativo que busca "reconstruir a mensagem" (NATTIEZ, 1990, p. 17; MOLINO, 1990, p. 106). O fundamento para a reversão da seta (dando ao processo estésico o papel de reconstruir a mensagem, ou vestígio material/traço) é a noção de Ruwet de uma "estratégia perceptual",

[46] Qualquer produção humana, seja um filme, um texto, uma música etc.

[47] O próprio Nattiez (2021, p. 27) afirma talvez acreditar ingenuamente que isso "funcione para todo tipo de investigação musicológica, não importando que tipo de música esteja sendo estudado", porém sua "esperança é que os analistas possam aplicar a metodologia que proponho aqui a qualquer gênero de música como desejar" (NATTIEZ, 2021, p. 1).

[48] Grifo do original.

fundamentada no conceito de Charles S. Pierce do interpretante, que pode ser definido como a infinita classe de possíveis agentes de interpretação da mensagem. Tal fato leva Nattiez (1990, p. 17) a afirmar que a seta invertida "faz toda a diferença" no processo de decodificação. Porém, ambos, Molino (1990) e Nattiez (1989, 1990, 2002, 2021), enfatizam que o processo poiético não está necessariamente destinado a terminar em comunicação.

Figura 1 – Esquema de Comunicação esboçado por Molino

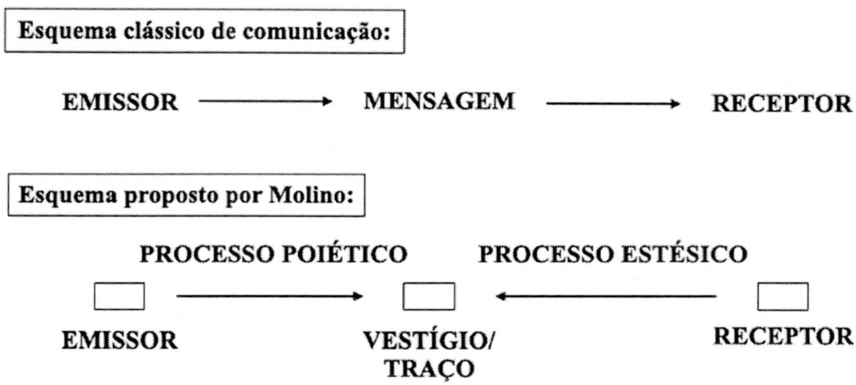

Fonte: Molino, 1990, p. 106 (adaptada pelos autores)

A teoria de Molino inclui a análise do nível "intermediário", o que ele denomina de nível *neutro*[49] ou *imanente*, correspondendo ao vestígio material que resulta do nível *poiético*. Os três níveis formam a tripartição. Dessa forma, o objeto da análise será, resumidamente: o compositor e seu contexto histórico, a análise de partituras e áudios e a contribuição dos ouvintes e intérpretes. Porém, Nattiez (2021) considera que seu ponto de vista vai contra a abordagem típica de historiadores da música, etnomusicólogos e especialistas em música popular, os quais afirmam que para interpretar uma obra musical é preciso, em princípio, entender (apenas) os aspectos históricos, culturais e contextos sociais que detêm a chave do "sentido geral"[50] da obra.

[49] Nattiez acredita que o termo "neutro" proposto por Molino seja contravertido, pois o termo "neutro" leva a entender que o analista seria neutro em relação ao objeto. Porém, "neutro" significa que o analista *neutraliza*, por razões metodológicas, as dimensões poiéticas e estésicas do objeto" (NATTIEZ, 1990, p. 174). Na busca de evitar tais polêmicas, Nattiez optou, por vezes, por utilizar os termos "nível material" e "nível imanente" (NATTIEZ, 2002, p. 16).

[50] Nattiez se refere à obra ter apenas um significado possível, algo que o autor não acredita (NATTIEZ, 1990, 2021).

Para compreender o funcionamento simbólico, precisamos, no entanto, entender o que é signo. O modelo tripartite nos auxilia a esse respeito, pois está baseado na concepção de signo de Charles S. Pierce, o qual entende que a coisa a que o signo se refere, isto é, o interpretante, também é um signo, assim formando um processo de referência infinito. Entretanto, Molino propõe uma definição de signo da seguinte forma:

> O signo é um fragmento de experiência real, referindo-se a outros fragmentos de experiência real que permanecem em geral como objeto *virtual* – que existe apenas dentro e por meio de uma infinita multiplicidade de interpretantes – um sendo o signo ou símbolo usado para aludir outro objeto (MOLINO, 1978, p. 21 *apud* NATTIEZ, 1990, p, 8).

O signo é composto por duas entidades que foram denominadas por Saussure como: significado e significante (NATTIEZ, 1990). A relação entre essas duas entidades é caracterizada pelo processo de referência ou *semiose*. Entendemos *semiose*, no sentido de Martinez (2005 *apud* VIEIRA, 2006, p. 35), como o processo de significação que oriunda da relação entre um signo e o objeto representado por ele para um interpretante. No caso da música, essa articulação ocorre em redes, pois outro signo é desenvolvido na mente do ouvinte, do músico, do compositor e do analista ou intérprete.

Situando as dimensões/níveis do modelo tripartite de Jean Molino e Jean-Jacques Nattiez em relação à definição de signo proposta por Peirce, Hatten (1992) afirma que na interpretação de Peirce, feita por Nattiez, o nível neutro/imanente constitui o *representâmen*, e os níveis poiéticos e estésicos constituem o *interpretante* para o signo musical.

Entre muitas definições de signo (mais ou menos semelhantes) encontradas nos escritos de Peirce a respeito do pragmatismo do signo, encontramos esta que foi retirada de uma carta não publicada de (1907):

> [...] signo é qualquer coisa, de qualquer modo de ser, que faz a mediação entre um objeto e um interpretante; uma vez que é determinado pelo objeto em relação ao interpretante e determina o interpretante em referência ao objeto, de modo a fazer com que o interpretante seja determinado pelo objeto por meio da mediação deste 'signo'. (PEIRCE, 1907 *apud* GANGLE, 2016, p. 113)

Ou mesmo a definição apresentada por Nattiez (2004):

> Aquilo que denominamos "significações", quaisquer que sejam as formas simbólicas (linguagem, música, mito, cinema, pintura, etc.) em que aparecem, explicam-se semiologicamente por três

> princípios: todo signo é a remissão de um objeto a uma outra coisa, (Santo-Agostinho); o signo remete a seu objeto pelo intermédio de uma cadeia infinita de interpretantes (Pierce); estes interpretantes se repartem entre as três instâncias que caracterizam todas as práticas e as obras humanas: o nível neutro, o poiético e o estésico (Molino). Quanto à música, parece-me necessário distinguir, entre as remissões intrínsecas e as remissões extrínsecas de que a música é capaz. (NATTIEZ, 2004, p. 6)

Devemos levar em consideração que o termo "signo", como utilizado por Peirce, representa um componente da relação triádica (essencialmente mediador entre o objeto e o interpretante) e toda a relação em si (a unidade ordenada do interpretante-signo-objeto). O mapeamento do esquema geral do signo de Peirce, elaborado por Gangle (2016), como podemos observar na Figura 1, apresenta o signo em relação às duas instâncias diferentes dele (à esquerda), à direita da figura é mostrado como todo um complexo signo-objeto-interpretante (o círculo no canto superior direito) pode se tornar o representâmen de uma relação triádica separada, relação superior de signo de ordem (todo o lado direito).

Peirce chamou esse processo dinâmico das relações lógicas entre o signo, objeto e interpretante de *semiose*[51]. Semiose, no entanto, é definida de acordo com Bacha (1997) como um processo de atividade característico da capacidade de produção e entendimento de signos das mais diversas naturezas. Nesse sentido, a semiótica de Peirce é a ciência que estuda os signos de todas as espécies (para Peirce, todo pensamento ou toda representação cognitiva é um signo), capaz de explicar e interpretar o processo de significação que ocorre na cognição humana.

Figura 2 – Esquema geral do signo de Peirce

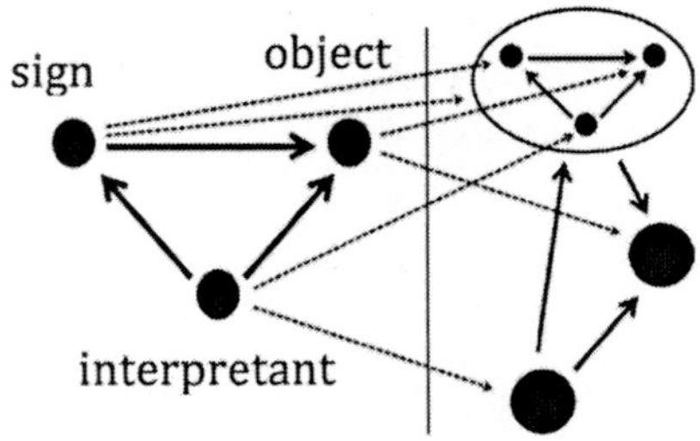

Fonte: Gangle, 2016, p. 114 (adaptada pelos autores)

[51] Termo adaptado por Peirce de um tratado do filósofo grego Philodemus.

De acordo com Nattiez (1990), umas das grandes ideias de Pierce é a noção de que a coisa a que o signo se refere, isto é, o interpretante também é um signo. Isso se confirma, pois o processo de referência efetuado pelo signo é infinito. O fundamento do signo está na sua capacidade de gerar outro signo como seu interpretante. Esse interpretante precisará de um interpretante, e assim por diante, *ad infinitum*. Podemos ver tal esquema no diagrama elaborado por Granger (1968, p. 114) citado por Molino ([1985?], p. 127) e Nattiez (1990, p. 6).

Figura 3 – Esquema de Semiose Peircena

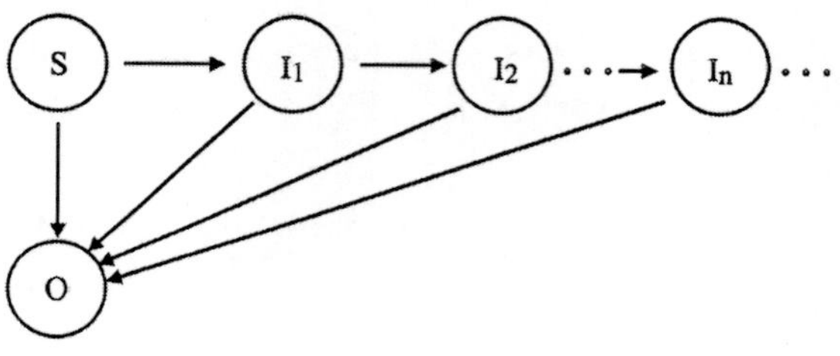

Fonte: Nattiez, 1990, p. 6 (adaptada pelos autores)

A relação entre o signo, objeto e interpretante não é simples, mas um complexo de relações triádicas, que podem ser analisadas de três maneiras diferentes. Na sua dissertação de mestrado, intitulada "A Teoria da Investigação de C. S. Peirce", Bacha (1997) afirma que tudo depende em qual dos polos a ênfase é colocada. Se o signo é enfatizado, a relação é de significação ou representação. Se o objeto é posto em evidência, a relação é de objetivação. Por fim, se o interpretante é enfatizado, tem-se uma relação de interpretação.

Segundo Santaella (1994), há nessa relação triádica (signo-objeto-interpretante) um processo de continuidade, em que nenhum interpretante pode ser considerado como absoluto ou definido. Com isso, o modo de ação do signo é o do crescimento por meio da autogeração. O signo se relaciona com seu objeto por meio de suas qualidade e potencialidades a partir de uma ligação existencial e com os efeitos provocados efetivamente pelos signos. Dessa diversidade entre o signo e o objeto, Peirce insere a noção de experiência colateral – uma familiaridade com algo objetivando veicular alguma informação ulterior sobre esse algo. "O signo é uma semelhança; e este é o principal modo de representação em toda arte" (HOUSER, 1992, p. 282).

No entanto, Peirce apresenta as camadas de percepção ou tipos de signos, sendo eles: Ícones, Índices e Símbolos. Contudo, Molino ([1985?], p. 129) afirma que seja qual for a classificação dos signos ou definições que se escolham como quadro de referência, "a música ocupa um lugar indiscutível no mundo do simbólico". Tomando a tripartição de Peirce, Molino explica que os fenômenos sonoros produzidos pela música são ao mesmo tempo ícones: podem parecer-se com os ruídos do mundo e evocá-los, podem ser imagens dos nossos sentimentos – como tais os considerou uma longa tradição que não se pode dizer nula ou inexistente; indícios: consoante os casos, podem ser causa ou consequência ou simples concomitâncias de outros fenômenos que servem para evocar; símbolo: entidade definida e conservada por uma tradição social e um consenso que lhes dá o direito de existir. Posto isso, "a música é sucessivamente sinal, índice, sintoma, imagem, símbolo e signo" (MOLINO, [1985?], p. 129).

Por fim, Molino ([1985?], p. 129) apresenta alguns aspectos presente na música, sendo o primeiro um aspecto exegético: "comentários religiosos, filosóficos ou psicológicos revelam a significação dos sons"; um aspecto operacional: "para a música também o sentido compreende não só o que é dito a seu respeito, mas também como é utilizado"; um aspecto posicional: "o elemento musical só tem sentido desde que modificado ou substituído por símbolos vizinhos no espaço e no tempo, no interior de um sistema dado". Sendo assim, é mais uma vez afirmado que "o critério da intenção de comunicação não é mais eficaz".

Ao concordarmos que a música é uma forma simbólica e ao buscarmos entender como ocorre o funcionamento simbólico na Música Caipira de Raiz, devemos, no entanto, ter em mente a afirmação de Molino ([1985?], p. 132): "o simbólico não é, pois, a liberdade de efabulação sem vinculação nem sanção face à gravidade da técnica ou da ciência... Compreender o simbólico consiste antes de mais, em descrever os sistemas em que ele se consubstancia".

Para entender alguns desses aspectos do funcionamento simbólico dessa cultura, estudamos elementos da Música Caipira de Raiz pelo viés da semiologia musical, a qual entende a obra como um Fenômeno Social Total. A partir dos estudos históricos e sociais, análise de elementos encontrados no fonograma e nas suas transcrições, vimos a abrangência dessa música em aspectos sociais, onde o povo pôde, por meio de signos, utilizá-la como porta-voz de sua cultura.

Com todo esse cenário surge a questão norteadora da pesquisa: como construir um processo interpretativo com aporte teórico da Semiologia Musical e Modelo Tripartite de Nattiez e Molino que contribua para a performance da Música Caipira de Raiz? Na busca pela resposta para tal questionamento, tivemos como principal objetivo analisar duas obras modas de viola caipira que estão inseridas no gênero da Música Caipira de Raiz, com o intuito de auxiliar o processo interpretativo e construção de sentido, visando a uma performance contextualizada, sob a perspectiva e orientação da Semiologia Musical e Modelo Tripartite propostos por Jean Molino e Jean-Jacques Nattiez.

Modelo Tripartite de Jean Molino e Jean-Jacques Nattiez

A ideia teórica central das obras de Nattiez, *Music and Discourse* (1990) e *Musical Analyses and Musical Exegesis* (2021), é a tripartição, a qual foi emprestada do linguista francês, Jean Molino. Ao abordar esse assunto, Massi (1992, p. 1287) afirma que "em sua totalidade, música – ou qualquer outra configuração social ou cultural – deve ser compreendida não apenas como um objeto autocontido". Podemos entender tal definição nas palavras de Nattiez (1990, p. ix) como "[...] um todo composto de 'estruturas' que incluem os procedimentos que o engendram (atos de composição), e os procedimentos que a ela dá origem: atos de interpretação e percepção". No entanto, Nattiez (1990) afirma que se a única contribuição da semiologia for substituir o que todos chamam de "composição" e "percepção" por bárbaros neologismos como "poiético" e "estésico", então a semiologia acarretará risivelmente pequenos lucros. Devemos, pois, agora nos determos em cada dimensão da tripartição.

Análise Poiética

No campo da análise do processo poiético, Nattiez (2021) aborda questões a respeito das fontes (possíveis fontes que influenciaram a obra do compositor) e questões sobre o processo criativo. Ou seja, Nattiez (2021, p. 292) parte de estudos dos esboços e variações da obra que diferem da versão final publicada, "seja qual for sua natureza" desde que traga "à luz as circunstâncias de sua produção". Dessa forma temos o que Nattiez chama de Poiética Externa. No entanto, Nattiez também constrói uma outra abordagem poiética, levantando hipótese sobre o processo criativo a partir de análises das estruturas musicais presentes na versão final da obra. Nattiez chama essa abordagem de Poiética Indutiva.

Na obra *Music and Discourse*, Nattiez (1990, p. 168) estabelece algumas diretrizes norteadoras para a realização da análise poiética. Em sua análise poiética do solo de trompa inglesa no ato III de *Tristan und Isolde* de Richard Wagner, Nattiez (2021, p. 235-236) ratifica essas diretrizes e afirma que devemos escolher parâmetros que melhor se adaptem ao seu estudo:

- Buscar fontes que são identificadas diretamente pelo compositor (esboços, cartas, entrevistas).
- Observar semelhança e fazer uma comparação cuidadosa entre melodias do próprio compositor ou de outros compositores que poderiam ter influenciado ou no mínimo despertado a imaginação do compositor.
- Examinar fontes musicais que possam, ou não, ratificar que o compositor conhecia conscientemente as peças que o influenciaram.
- Considerar e construir essas redes de significado à luz do que se sabe sobre o meio cultural e histórico do compositor.
- Somente depois de conectar estruturas específicas com interpretações gerais será possível relacionar essas estruturas e interpretações à dimensão estésica. Assim podendo, então, tirar conclusões sobre a presença, ou ausência, de comunicação entre o compositor e seus ouvintes.

Análise Imanente

A análise imanente se configura como aqueles modelos que não atribuem, a priori, pertinência ao conteúdo poiético ou estésico. Nesse sentido, Nattiez (2021, p. 180) afirma que "uma análise do nível imanente não é apenas legítima, mas também é necessária para explicar plenamente uma obra, ainda mais quando ela também se torna poieticamente pertinente".

Segundo Nattiez (2021), se tivermos como objetivo entender como uma obra musical depende dos caminhos que ela segue e dos contextos que mediam seus significados associados, deveremos descrever suas estruturas imanentes. Porém, o autor afirma que, se não começarmos nossa análise de uma obra no nível imanente, corremos o risco de atribuir identidade real a certos momentos e colocar precocemente relações entre estruturas, percursos, significados, história e cultura. Obviamente os caminhos e contexto contribuem para a construção de sentido de uma obra, mas ao passar de estruturas para caminhos e contextos, apenas certos aspectos específicos da música podem ser relacionados a cada contexto e a cada significado particular. Nesse sentido, Nattiez (2021, p. 8) diz que "devemos evitar a ilusão de que qualquer aspecto individual da música explica a totalidade da obra, porque isso nunca é o caso".

No entanto, ao realizar a análise do nível imanente devemos ter em mente algumas questões apresentadas por Nattiez (2021, p. 94):

- A análise apela a uma metodologia explícita?
- A análise cria uma hierarquia de níveis?
- Quais são os traços, aspectos ou parâmetros privilegiados da superfície musical?
- A análise fornece apenas uma descrição de nível imanente da obra ou tem pertinência poiética ou estésica?
- Quais são os princípios orientadores da análise?

Segundo Nattiez (2021), a análise imanente revela as relações entre as unidades sobrepondo-as visualmente, trazendo à luz elementos repetidos e transformados dentro de cada família de unidades. O ouvido pode ou não perceber as repetições e semelhanças reveladas por essa análise do nível imanente. No entanto, essas unidades idênticas ou semelhantes obedecem a apelos sintagmáticos mais ou menos regulares "que levam o ouvido a esperar o retorno de um esquema já ouvido uma ou mais vezes" (NATTIEZ, 2021, p. 178).

Analise Estésica

a. Performance como análise estésica inicial

Para realizar a análise estésica, Nattiez (2021) sugere analisar diversas performances da obra, pois, segundo o autor, a análise do artista realizada sobre a obra determina suas frases. Porém, devemos ressaltar que essas marcas não são necessariamente resultado de intenções conscientes, pois, segundo Nattiez (2021, p. 147),

> [...] os intérpretes reconstroem as obras musicais a partir dos próprios percursos poiéticos determinados pelas suas sensibilidades estéticas, talento e capacidade técnicas, bem

> como pelos contextos específicos de performance e gravação em que trabalha.

Por meio desse processo, os intérpretes criam a forma simbólica particular da obra sonora, que carrega seus próprios atributos únicos. Por sua vez, os ouvintes reconstruirão a obra e sua performance por meio de seus próprios caminhos estésicos (NATTIEZ, 2021).

Ao afirmar que uma performance52 musical é uma análise estésica (2021, p. 159), Nattiez conclui sugerindo que mesmo uma performance cuidadosa, que cria escrupulosamente a identidade sonora de uma obra ao mesmo tempo em que faz os compromissos necessários, "pode servir apenas como uma análise preliminar, um ponto de partida a partir do qual outros intérpretes farão suas próprias interpretações, igualmente conscientes, mais muitas vezes muito diferentes" (NATTIEZ, 2021, p. 159).

b. Análise Estésica das Estruturas Imanentes

Aqui, Nattiez examina os caminhos perceptivos do ouvinte no sentido mais tradicional, ou seja, a percepção estésica do ouvinte sobre as estruturas imanentes. Pela relação que o analista tem com a obra, Nattiez (2021) afirma que ele deve ressaltar alguns aspectos acima de outros, dessa forma, análises são *construções* ou mesmo *substitutos* das vias simbólicas poiéticas e estésicas (NATTIEZ, 2021). Contudo, Nattiez (1990; 2002; 2021) deixa claro que não é de forma alguma garantido que toda estrutura de nível imanente será poiética e estesicamente relevante. Para fundamentar tal afirmação, Nattiez (2021) nos dá os seguintes motivos: a) nem sempre temos as ferramentas para demonstrar tal significância; b) uma vez que a obra musical é composta, às vezes ela carrega características que talvez não sejam fruto de percursos poiéticos nem estésicamente perceptíveis; c) o nível imanente serve como um artefato metodológico, um dos meios pelos quais podemos acessar o poiético e o estésico.

Nattiez (2021, p. 162) apresenta alguns princípios norteadores que auxiliarão a estabelecer o que podemos entender sobre a percepção do ouvinte:

1. O ouvinte pode perceber cada obra ou produção musical a partir de duas perspectivas: sua *organização formal* e sua *rede de significados associados*.

[52] "Ela difere de outras formas de análise, porém, na medida em que não pode escapar das restrições e contingências exclusivas de cada contexto de performance individual" (NATTIEZ, 2021, p. 159).

2. No nível imanente, a abordagem estésica particular adotada dependerá se as estruturas segmentais ou lineares estão sendo consideradas.
3. Ao abordar as segmentações de uma perspectiva estésica, é útil distinguir entre a *identificação dos limites das unidades* e a *percepção das relações entre as unidades* após sua identificação.
4. Ao nível dos significados é útil distinguir, tanto quanto possível, entre as características semânticas associadas às referências afetivas, emotivas e expressivas do material musical e suas interpretações exegéticas ou hermenêuticas, que podem ser psicológicas, históricas, culturais, filosóficas, religiosas, ideológicas e assim por diante. Ambas as categorias variam entre ouvintes, críticos, jornalistas e intérpretes.
5. Utilizar as abordagens metodológicas para a análise estésica:
    a. Estésica Indutiva.
    b. Estésica Externa.

Nattiez (2021, p. 163) afirma que "essas duas perspectivas [estésicas] se complementam e se enriquecem", pois os resultados da estésica externa podem influenciar a metodologia estésica indutiva, enquanto os princípios em ação na abordagem indutiva podem esclarecer as evidências coletadas experimentalmente na estésica externa. Contudo, Nattiez (2021, p. 163) lamenta o fato de ser impossível acessar faixas inteiras de experiências estésicas por meio de relatos e experiências dos ouvintes, "por ser difícil de validar análises estésicas indutivas como resultado". Com isso, Nattiez (2021, p. 163) nos aconselha a "nos concentrar nas poucas coisas que sabemos". Devemos *observar* o processo interno de percepção com a ajuda de vários tipos diferentes de dados, "incluindo ações ou descrições verbais obtidas dos participantes do experimento e as palavras daqueles que falam e escrevem sobre música" experimentada em tempo real (NATTIEZ, 2021, p. 187).

Sendo assim, Nattiez (2021) sugere que devemos criar hipóteses pertinentes à percepção de relações obtidas do nível imanente ou realizar experimentos com ouvintes e coletar informações pertinentes à percepção. Segundo o autor, confiar em experimentos para entender melhor como os caminhos perceptivos da mente musical funcionam "não é apenas necessário, mas inevitável" (NATTIEZ 2021, p. 187).

Análises das obras

Rei do Gado

Segundo Sant'Anna (2000), o Brasil, desde o período colonial até os dias atuais, tem como principal atividade econômica a agricultura (cultivo de plantas) e a pecuária (criação de animais). No fim do século XIX e início do século XX houve uma evolução no setor cafeeiro. Marcondes (2007) afirma que de 1889 a 1900 haviam cerca de quatro milhões de pés de café inventariados. No ano de 1902 o volume da produção era em média de três milhões de arrobas. Nesse período, Ribeirão Preto (SP) era o maior produtor de café do estado de São Paulo.

Por outro lado, a demanda internacional de carne, leite e couro crescia, o que fomentava a multiplicação das unidades agropastoris no Centro-Oeste brasileiro. Mesmo o consumo da carne estando desde o período colonial presente nos sertões do país, o que balizava o comércio interno, a mudança estrutural na produção – de mercado interno para externo –, só viria ocorrer a partir de 1915 com a demanda do consumo europeu e introdução dos frigoríficos no Brasil no início do século XX.

Nesse momento havia no imaginário popular duas grandes potências econômicas: os grandes produtores de café e os grandes pecuaristas. Consequentemente, esse cenário era inserido no enredo das modas de viola, podendo ser utilizadas como veículo das críticas à desigualdade social e ao preconceito contra o caipira. Segundo Neves (2003), existiam guarânias, catiras, cantadas em duas vozes, acompanhadas por um par de violas de cinco ordens, apresentando a disputa entre grandes potências econômicas, mitificadas no "rei do café" e no "rei do gado", reportando a valores morais como o triunfo do bem sobre o mal.

Análise Poiética Externa

Teddy Vieira de Azevedo nasceu em Itapetininga-SP, no dia 23 de dezembro de 1922. Aos 18 anos já escrevia versos caipiras, porém foi no ano de 1948 que duas de suas primeiras músicas (*Preto de Alma Branca* e *João-de-Barro*) foram gravadas pela dupla Mineiro e Manduzinho. Contudo, foi com o cururu *O Menino da Porteira* em parceria com Luizinho, gravada pelo trio Luizinho, Limeira e Zezinha em 1955, que Teddy se consagrou como compositor.

Além de músico, Teddy Vieira era subtenente do Exército, da reserva, e quando tinha momentos livres compunha modas de viola, cururus e toadas, resultando em uma vasta obra em sua carreira. Em 1956, o compositor saiu da gravadora RCA Victor e se tornou diretor sertanejo da Colúmbia, onde teve sucesso com diversas composições e foi responsável por criar a dupla Tião Carreiro e Pardinho.

Entretanto, no dia 16 de dezembro de 1965, o compositor Teddy Vieira de Azevedo sofreu um grave acidente que consequentemente o levou a óbito com mais seis pessoas. Além de suas músicas e o relato do Tião Carreiro, temos poucas informações a respeito do seu processo criativo da moda *Rei do gado*. Com isso, recorremos a entrevistas de pessoas que o conheceram procurando pistas a respeito do processo criativo do compositor. Nesse sentido, a dona Nair, em outra entrevista, desta vez na TV Alpha em 2014, faz a seguinte descrição da criatividade do compositor Teddy Vieira:

> [...] o Teddy era um cara assim: ele tava numa rodinha de amigos lá no Paiçandu, no 'café dos artistas', o Carreirinho, qualquer um chegava, contava uma história que nem o rei do gado. Contou uma história pra ele, ele subia no sobrado que tinha em cima, daí a pouco ele chegava e falava assim: ponha a música que a letra tá pronta. (DIAS, 2014)

Em uma entrevista na TV Cultura em 1991, o próprio Tião Carreiro afirma que para escrever moda de viola, Teddy Vieira "foi um dos maiores autores". Tião Carreiro conta que ao estar no bar da Av. São João (conhecido por "Café dos Artistas"), Teddy Vieira leu uma discussão53 publicada em um jornal da época entre Antônio Joaquim de Moura Andrade (rei do gado) e Geremia Lunardelli (rei do café). Tal discussão era uma disputa sobre quem tinha melhores condições de vida. De acordo com o violeiro, em determinado momento da discussão, o rei do gado fez a seguinte afirmação: *"Em cada pé do seu café eu amarro um boi e ainda me sobra muito gado"*.

O violeiro deixa claro na entrevista que a ideia da moda partiu dessa história publicada no jornal. O fato de o peão citar Andradina (v. 20), "É só chegar lá em Andradina e perguntar pelo rei do gado", pode ser uma maneira que o compositor tenha utilizado para remeter à Antônio Joaquim de Moura Andrade, pois este foi fundador da cidade e dono do frigorífico

[53] Acredita-se que a discussão seja uma ficção poética, pois ao participar de uma reportagem da emissora Rede Globo, a neta de Antônio Joaquim de Moura Andrade, rei do gado, revela que os dois fazendeiros tinham uma relação de amizade. Disponível em: https://gshow.globo.com/EPTV/Mais-Caminhos/resumo/conheca-as-historias-que-inspiraram-a-musica-rei-do-gado.ghtml. Acesso em: 12 mar. 2021.

Mouran. Esses atributos favoreciam sua popularidade por parte da população daquela região, de modo que qualquer pessoa da cidade tinha conhecimento da sua reputação como grande pecuarista, ou melhor, como rei do gado.

Características Imanentes

O dialeto utilizado nas obras do universo caipira remete ao português arcaico do século XVI ou até antes. Segundo Santos e Barboza (2019), pode estar vinculado à língua galaico-portuguesa que surgiu aproximadamente por volta do século II.

Na interpretação das duplas Tião Carreiro e Pardinho e Tonico e Tinoco podemos perceber a presença do dialeto caipira em diversas palavras, sendo estas explicadas por Amadeu Amaral no livro *O dialeto caipira*, de 1920, do seguinte modo: "l" em final de sílaba, muda-se para "r" como no verso 2 "arta", (v. 5) "***ar**mofadinha*", (v. 7) "*qua**r**quê*", (v. 9) "***sar**va*", (v. 9) "***par**ma*"; as palavras com grupos de vocábulos terminadas em aí, el, il... frequentemente aparecem apocopadas[54], como no (v. 5) "*eu tenho má fé*"; a consoante "r" cai quando aparecem no final da palavra, (v. 19) "*quisé*"; quando (em) ocorre no final de vocábulos, reduz-se a (e) grave, (v.1) "*passa**ge***", (v. 4) "*fria**ge***"; reduz-se (ei) a (e) quando seguido de r, x ou j, (v. 9) "*fazend*êro", (v. 11) "*estrang*êro", (v.12) "*ramp*êro", (v. 17) "***dexô***".

O autor afirma que a consoante palatal molhada lh não existe no dialeto, então vocaliza-se em i (v. 1) "óio", (v. 10 – Tonico e Tinoco) "*mião*". Além das alterações francamente normais, que ficaram registradas, há toda uma multidão de modificações acidentais como "*agaranto*" (v. 16 – Tonico e Tinoco). Em seu glossário, Amaral (1920) define *invernada* como lugar de pastagem onde deixam descansar e refazer os animais equinos e bovinos, após extenso ou longo tempo de serviço.

Acreditamos ser importante destacar essas características do dialeto caipira, pois, segundo Ferreira (2015), o código linguageiro consiste em um estilo, na medida em que revela um modo específico de dizer, que nos conduz a um modo de ser. Assim, o sujeito pode manuseá-lo de acordo com suas necessidades, habilidades e interesses. Assim, a autora afirma que a maneira de anunciar "é a que melhor representa o universo de sentido construído no discurso" (FERREIRA, 2015, p 75).

---

[54] Conceito vem da gramática e significa cortar o fonema ou a sílaba no fim de uma palavra.

Conforme podemos ver na Figura 4, a moda inicia com um rasgueio conectado com a batida tradicional de catira, o que possibilita tocar o ritmo utilizando cordas soltas. Isso só foi possível porque o violeiro utilizou a afinação conhecida como "Cebolão", em Fá. O campo harmônico da moda está em (B♭) maior, porém o ritmo de catira ocorre no V grau do campo harmônico com variações para a dominante do V grau. No compasso 6, encerra-se o ritmo de catira e um sutil *rallentando* antecede o recortado que inicia no compasso 7, agora na tônica do campo harmônico (B♭). Essa variação contrasta tanto com o ritmo de catira anterior quanto com o ritmo que será cantado pela dupla. O violeiro utiliza essa variação como forma enunciativa para chamar a atenção do ouvinte para a narrativa.

Figura 4 – Introdução com elementos da batida tradicional de catira e do recortado

Fonte: transcrição dos autores baseada no LP *Rei do Gado* lançado em 1961 pela gravadora Chantecler

Umas das principais características da moda de viola é o dueto vocal, cantando paralelamente, geralmente com a distância de uma terça ou sexta entre elas, ou seja, uma voz canta a melodia e a outra voz canta a terça ou sexta correspondente, podendo a viola caipira dobrar a melodia ou não. Garcia (2011) acredita que tal afirmação não esteja incorreta, porém incompleta. A voz que fica em segundo plano, com o intuito de fugir da monotonia que o canto em terças ou sextas proporciona, realiza nuances melódicas ocasionando diversos intervalos. Ao que tudo indica, essas nuances são realizadas de forma consciente por apresentarem coerência, principalmente harmônica. Porém, como podemos ver na Figura 5, na moda de viola *Rei do Gado*, o movimento oblíquo possibilita a aproximação ou distanciamento intervalar entre as vozes.

Figura 5 – Variações entre intervalos de terças e sextas por movimento oblíquo

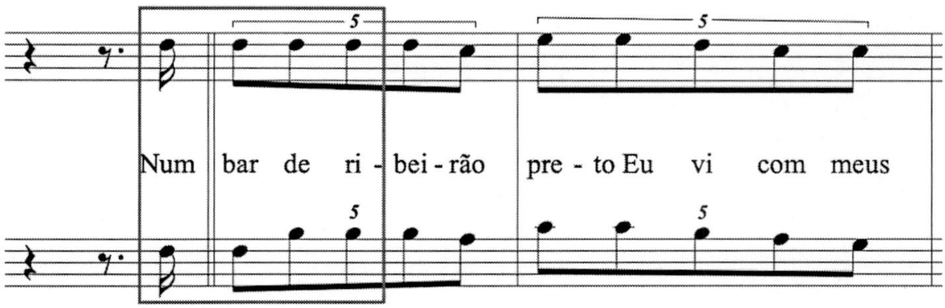

Fonte: transcrição dos autores baseada no LP *Rei do Gado* lançado em 1961 pela gravadora Chantecler

Figura 6 – O Mineiro e o Italiano – quiálteras

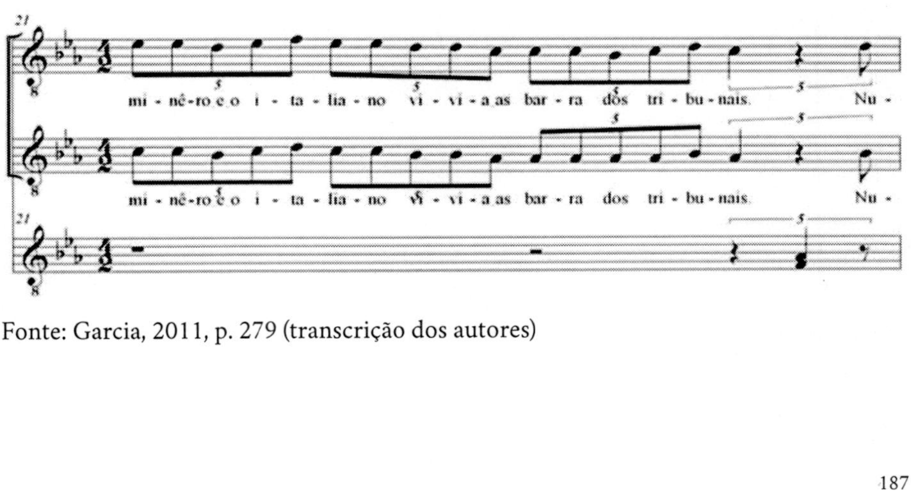

Fonte: Garcia, 2011, p. 279 (transcrição dos autores)

Notamos na Figura 5 que a divisão rítmica dessa narrativa (de acordo com nossa transcrição) foi composta a partir de quiálteras de cinco notas (quintinas). Como podemos observar na Figura 6, outra moda de Teddy Vieira que possui essa mesma configuração de quiálteras é a moda de viola *O Mineiro e o Italiano*.

Sant'Anna (2000) pondera que mesmo coincidindo com o refinamento de tantos poetas clássicos, o poeta caipira, autodidata, tem seu caminho trilhado não pelos modismos e regras de concordância, mas pelo aprendizado de boca a boca, pelo aprimoramento do tempo, da memória auditiva, ditado pelo saber popular, seguindo o princípio de que mais vale a prática do que a gramática. Podemos ver na Figura 7 a variação na figura rítmica em favor do texto. Sai da sequência de quiálteras de quintinas para quiálteras de sextinas.

Figura 7 – Variação do ritmo em favor do texto

Fonte: transcrição dos autores baseada no LP *Rei do Gado* lançado em 1961 pela gravadora Chantecler

Parâmetros da dimensão estésica na análise das performances

Para esta análise inicial utilizaremos duas performances que foram gravadas em discos de 78 rotações. Dentre diversas duplas que surgiram entre 1940 e 1950, a escolha dos intérpretes ocorreu devido à sua importância no cenário da Música Caipira de Raiz. Segundo Araújo (2014, p. 121), "Tonico e Tinoco e Tião Carreiro e Pardinho foram determinantes, em épocas distintas, para a formação dessa tradição musical rural/nacional". Já a escolha das performances ocorreu pelo fato de acreditarmos serem estas as interpretações mais reconhecidas da moda: a gravação da dupla Tonico e Tinoco (1959) e Tião Carreiro e Pardinho (1961). O primeiro aspecto a ser o observado na Figura 8 é a mudança na letra entre as duplas.

Figura 8 – Comparação da letra – Rei do gado

REI DO GADO (Teddy Vieira de Azevedo)
moda-de-viola

[1]Num bar de Ribeirão Preto eu vi com meus óio essa passage
Quando champanha corria a rodo nas arta roda da granfinage
E logo chegô um peão trazendo na testa o pó da viage
Pediu uma pinga para o garçom, que era pra rebater a friagem

[5]Levantô o amofadinha falô pro dono: "Não tenho fé"
Quando um caboclo que não se enxerga, num lugar desse vem pôr os pé.
Senhor que é o dono da casa não dexa entra uns home quarqué,
E principarmente nesta ocasião que está presente o rei do café.

[9]Foi uma sarva de parma, gritarô viva pro fazendêro
Quem tem mião de pé de café por esse rico chão brasilêro.
O seu nome é conhecido lá no mercado dos estrangêro
Portanto, veja que este ambiente não é pra quarqué tipo rampêro.

[13]Um modo muito cortês respondeu o peão pra rapaziada:
"Essa riqueza não me assusta, topo e aposta quarqué parada.
Cada pé do seu café eu amarro um boi da minha boiada
Pra vocês tudo eu agaranto que ainda sobra um boi na invernada".

[17]Foi um silêncio profundo o peão dexô povo mais pasmado
Pagando a pinga com mil cruzêro, disse ao garçom pra guarda o trocado
Quem quisé sabê meu nome que não se faça de arrogado
É só chega lá em Andradina e perguntar pelo rei do gado.

(Tonico e Tinoco)

REI DO GADO (Teddy Vieira de Azevedo)
moda-de-viola

[1] Num bar de Ribeirão Preto eu ví com meus olhos esta passage
Quando champanha corria a rodo no alto meio da granfinage
Nisto chegô um peão trazendo na testa o pó da viage
Pro garçom ele pediu uma pinga, que era pra rebater a friage

[5] Levantô um armofadinha e falô pro dono: "Eu tenho má fé"
Quando um caboclo que não se enxerga, num lugar deste vem pôr os pé.
Senhor que é o proprietário deve barrar entrada de quarqué,
E principarmente nesta ocasião que está presente o rei do café.

[9] Foi uma sarva de parma, gritaram viva pro fazendêro
Quem tem bilhões de pés de cafés por este rico chão brasilêro.
Sua safra é uma potência em nosso mercado e no estrangêro
Portanto, veja que este ambiente não é pra quarqueé tipo rampêro.

[13] Com um modo bem cortês respondeu o peão pra rapaziada:
"Essa riqueza não me assusta, topo e aposta quarqué parada.
Cada pé desse café eu amarro um boi da minha invernada
E pra encerrar o assunto eu garanto que ainda me sobra uma boiada".

[17] Foi um silencio profundo o peão dexô povo mais pasmado
Pagando a pinga com mil cruzeiro, disse ao garçom pra guarda o trocado
Quem quisé meu endereço que não se faça de arrogado
É só chega lá em Andradina e perguntar pelo rei do gado.

(Tião Carreiro e Pardinho)

Fonte: transcrições baseadas no LP *Rei do Gado* de Tião Carreiro e Pardinho, lançado em 1961 pela gravadora Chantecler, e no LP *Na Beira da Tuia* de Tonico e Tinoco, lançado em 1959 pela gravadora Continental

As duas gravações realizadas por Tião Carreiro, a primeira em dupla com Carreirinho (1958) e posteriormente com Pardinho (1961), diferem pouquíssimo em relação à letra. Porém, ao comparar com a performance da dupla Tonico (João Salvador Pérez [1917-1994]) e Tinoco (José Pérez [1920-2012]), notamos alguns aspectos diferentes, tanto linguístico quanto musicais. Em entrevista ao Globo Repórter de 1985, Tonico e Tinoco (2018) afirmam que por não ter rádio em casa, a única opção era ir ouvir o rádio na sede da fazenda. Porém, os funcionários não podiam entrar dentro da casa da sede. Era permitido ouvir o rádio apenas do lado de fora, o que dificultava decorar as músicas inteiras, sendo necessário criar o que não decorou. Confirmamos isso no relato de Tonico: "a gente aprendia, por exemplo, um versinho e depois o resto nós fabricava".

Ao comparar as letras na Figura 8 percebemos que a dupla Tonico e Tinoco utilizou um padrão de frases mais "acaipiradas" do que a dupla Tião Carreiro e Pardinho. Tal fato talvez nos dê luz sobre Tonico e Tinoco serem considerados, ao longo dos anos 50, os típicos representantes da música "genuinamente caipira" (ARAÚJO, 2014, p. 114). O autor ainda afirma que em seu repertório se apoiavam figuras e símbolos míticos[55], que seriam fundamentais para as definições daquela a ser considerada música caipira "de raiz", em distinção à música sertaneja moderna.

Portanto, temos três hipóteses, podendo elas se complementarem para tais mudanças nos versos: a) talvez esse hábito criativo desenvolvido pela falta do rádio tenha influenciado na mudança da letra da moda; b) variação do dialeto caipira regional em que os cantores foram criados; c) Tonico e Tinoco, uma dupla já consagrada no mercado, buscava colocar sua personalidade na moda, pois além da voz e modo de cantar, buscaram diferenciar do texto original cantado por Tião Carreiro.

A partir das transcrições realizadas, apresentamos algumas diferenças musicais que foram constadas por meio da análise da dimensão imanente.

Figura 9 – Início da estrofe *Rei do gado* – Tião Carreiro e Pardinho

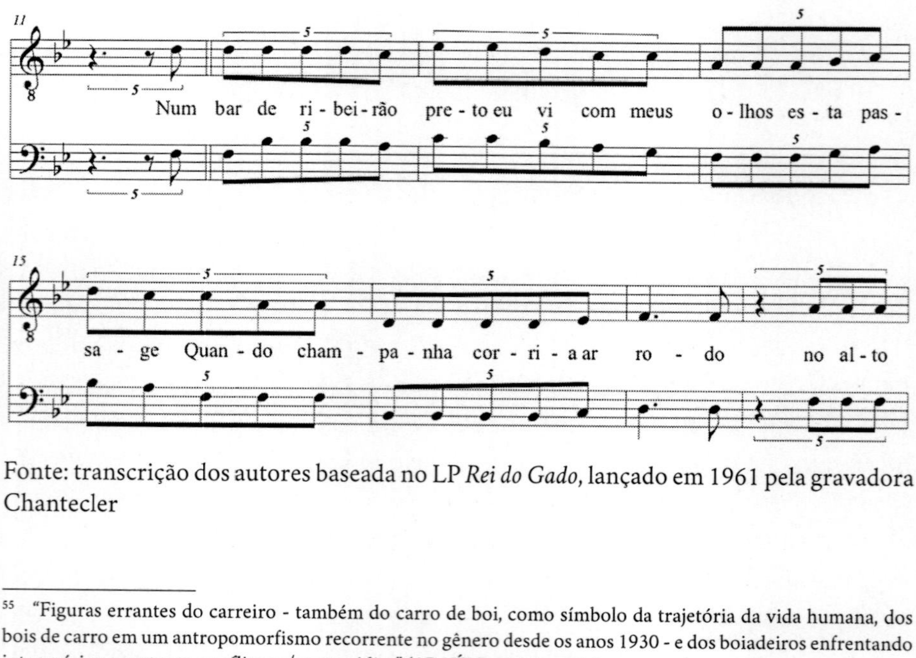

Fonte: transcrição dos autores baseada no LP *Rei do Gado*, lançado em 1961 pela gravadora Chantecler

[55] "Figuras errantes do carreiro - também do carro de boi, como símbolo da trajetória da vida humana, dos bois de carro em um antropomorfismo recorrente no gênero desde os anos 1930 - e dos boiadeiros enfrentando intempéries, aventuras, conflitos e/ou tragédias" (ARAÚJO, 2014, p. 114).

Figura 10 – Início da estrofe *Rei do gado* – Tonico e Tinoco

Fonte: transcrição dos autores baseada no LP *Na Beira da Tuia*, lançado em 1959 pela gravadora Continental

Sobre as diferenças, o primeiro aspecto observado nas Figuras 9 e 10 é a tonalidade entre as performances. Enquanto Tião Carreiro e Pardinho cantam na tonalidade de (Si♭) maior, Tonico e Tinoco interpretam em (Mi) maior. A melodia está na voz de Tonico (clave de fá) e inicialmente não salta o intervalo de 4ª J, iniciando diretamente na tônica. Nas duas performances temos a predominância de intervalos de 3ª (respeitando a tonalidade) entre as vozes, porém em ambas as performances ocorrem algumas variações intervalares. Por exemplo: em ambas as performances temos o intervalo de 4ª J entre as vozes na última colcheia do compasso 13. Já na performance de Tonico e Tinoco temos o intervalo de uníssono na última colcheia do compasso 15.

Empatia do público (recepção da obra) com elemento de análise estésica

Em um documentário sobre o Carreirinho (Adauto Ezequiel) encontramos a seguinte afirmação do jornalista José Hamilton Ribeiro sobre a separação da dupla: "Tião tinha luz própria e foi procurar um parceiro que permitisse que seu peito aparecesse mais" (RIBEIRO, 2020).

Na tese intitulada "Ethos discursivo na constituência lítero-musical da moda de viola", publicada em 2015, Cristiane da Silva Ferreira afirma que na década de 50 houve uma identificação do público pela voz de Tião Carreiro e Pardinho, os quais foram os responsáveis por popularizar, ainda mais, a música caipira de raiz no cenário musical. Segundo Ferreira (2015, p. 55-56), pelo fato de a voz do "Tião Carreiro ser mais grave, destacava-se mais do que a do Pardinho", estabelecendo "um tom mais incisivo no discurso da moda-de-viola que coincide com uma fala autoritária e certa do que diz".

No texto biográfico de Tião Carreiro, o cantor Donizete Santos afirma: "não desmerecendo os demais parceiros de Tião Carreiro, sua 'segundona' grave soava sob medida para a primeira voz [referindo-se a voz mais aguda] de Pardinho"[56]. Ainda a esse aspecto, dona Nair, viúva do Tião Carreiro, fez a seguinte afirmação em uma entrevista ao programa *Chora Viola*: "o Pardinho era a metade da laranja do Tião [...]. A voz do Pardinho nasceu para a do Tião e a do Tião nasceu para a do Pardinho" (DIAS, 2013).

De acordo com essas e tantas outras afirmações ditas por violeiros e admiradores, a nossa hipótese sobre a moda não ter alcançado sucesso com a interpretação de Tião Carreiro em dupla com Carreirinho é: devido à voz de Carreirinho também ser potente, competia com o brilho da voz do Tião Carreiro. Já a voz do Pardinho cedia espaço para a predominância da potente voz do "Rei do pagode", a qual causava empatia no povo.

Boi Soberano

A moda de viola *Boi Soberano* é outro clássico do gênero Música Caipira de Raiz, composta em 1954 por Adauto Ezequiel (1921-2009), conhecido como Carreirinho, Izaltino Gonçalves de Paula (1929 -) e Pedro Lopes de Oliveira. A moda ficou conhecida na interpretação da dupla Tião Carreiro e Pardinho lançada em 1966 pela gravadora Chantecler.

Segundo Sant'Anna (2000), *Boi Soberano* é a moda emblemática e mais significativa a respeito da simbologia heroica do boi. De acordo com o autor, é a moda de viola mais regravada e cantada de todos os tempos.

Análise Poiética Externa

Veremos agora alguns aspectos levantados a respeito da composição da obra por Izaltino Gonçalves de Paula (1929-), também listado como um dos compositores da moda de viola *Boi Soberano*. Em entrevista gravada em

[56] Disponível em: https://tiaocarreiro.com.br/biografia/

2011 com Romildo Sant'Anna, a primeira declaração que temos no vídeo é Izaltino afirmando que Carreirinho não participou do processo de composição da moda. O compositor afirmou ainda ter a carta que Carreirinho enviou para ele a respeito da letra que Izaltino havia enviado para Carreirinho musicar. Izaltino resume a carta do seguinte modo:

> Ele disse assim: seu Izaltino, quando o senhor mandou, aquela moda ficou... aqui uns dias sem música. Aí veio o Pedro Lopes de Oliveira[57] e pediu uma cópia pra ver se ele conseguia musicar né. Eu pus uma música e ele pôs outra, mas a dele não se comparava com a minha. Ficou uma verdadeira beleza, ele pôs na carta né. Então ele está fora né? Mas ele mandou contrato pra assinar [...] ele assinou também. (SANT'ANNA, 2021)

Ao sairmos desse impasse da autoria da moda, Romildo também questiona sobre a escolaridade e formação do compositor, pois segundo Romildo, ao analisar o poema da moda *Boi Soberano*, percebe-se que a estrofe e os versos são perfeitos. Izaltino afirma: "nunca tive na escola". De acordo com o compositor, "a poesia veio no sangue já, e as matérias são inspirações. [...] é aquele momento. Perdeu não volta mais. É tanto que fazia numa canetada só, não tinha negócio de parar" (SANT'ANNA, 2021, n.p.). Acreditamos que tal relato, apesar de ser genuinamente o que o compositor acreditava, não seja verdadeiro, pois o compositor afirma que começou a escrever poemas aos 20 anos de idade e ouvia alguns poetas brasileiros como Olavo Bilac, Monteiro Lobato, Machado de Assis, Álvares de Azevedo, Castro Alves, Fernando Pessoa (poeta português) e Casemiro de Abreu. O compositor afirma que decorava a maioria das poesias e depois já com idade avançada era capaz de recitar algumas delas. Certamente sua forma de compor versos foi influenciada por esses poetas, mesmo que ele não tenha conhecimento disso.

Romildo ainda questiona como o compositor construiu o enredo da moda. Segundo Izaltino, a moda foi construída em cima de uma ficção. O compositor afirma que ao voltar da casa da namorada, "no caminho brotou isso né. Cheguei em casa bati um lápis numa folha do caderno". Ainda na mesma entrevista, o compositor afirma para Sant'Anna (2021) que "a boa música, pelo menos a sertaneja, tem que conter mensagem e suspense", pois se o menino tivesse morrido, se não houvesse um suspense, a moda tinha morrido também. A poesia lírica-narrativa da Moda Caipira é, pois, resultado de uma afirmação ética, portanto "dialógica e social com seu público,

[57] Não conseguimos informações relevantes sobre o compositor.

cabendo a ele a validação do efeito de transitividade da obra. Esses elementos são fatores essenciais da coerência interna da moda, e determinam sua natureza e estrutura significativa" (SANT'ANNA, 2000, p. 115).

Características Imanentes

De início, temos um elemento comum nas modas de viola, o recorte ou "repique" na viola, utilizado pelos violeiros nas introduções e nos interlúdios entre cada estrofe. Porém, temos um elemento que difere dos que já foram apresentados na moda *Rei do gado*. Ao tocar o acorde maior final do recorte, notamos a presença de um mordente simples de duas notas, com função de ornamentação suspendendo a tônica para um acorde de quarta-e-sexta que rapidamente retorna à função de tônica.

Na transcrição apresentada na Figura 11, notaremos indicações de andamentos e alteração de tempo. Essas indicações são apenas sugestões para uma execução aproximada, pois o pulso na moda de viola é oscilante, por se assemelhar ao falar habitual e depender da prosódia. Segundo Leandro (2011, p. 71), "a importância que o caipira dá ao texto é infinitamente superior à dada ao ritmo e à melodia". Acrescentamos as setas indicando o sentido da mão direta como sugestão do que comumente ocorre na performance da moda.

Figura 11 – Recortado introdutório – *Boi Soberano*

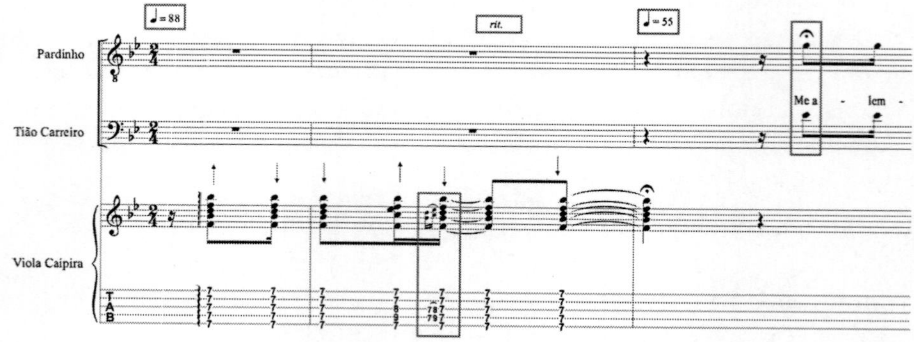

Fonte: transcrição dos autores baseada no LP *Boi Soberano*, lançado em 1966 pela gravadora Chantecler

A estruturação estrófica possui característica própria, dessa forma, optamos por distribuir os versos em duas quadras e uma sextilha (Figura 12). A métrica predominante é a redondilha maior, encontrando nas linhas ímpares os versos brancos (que não rimam), intercalados por versos que rimam nas linhas pares. Também notamos o emprego de rima toante (- *ando* rimando com *ano*). As estrofes estão divididas de uma forma que intercalam em duas quadras[58] e uma quadra e meia[59].

Figura 12 – Divisão da primeira estrofe em versos – *Boi Soberano*

BOI SOBERANO (Isaltino G. de Paula, Pedro L. de Oliveira e Carreirinho)
moda-de-viola

1 Me alembro e tenho saudade
Do tempo que vai ficando
Do tempo de boiadêro
Que eu vivia viajando

5 Eu nunca tinha tristeza
Vivia sempre cantando
Mês e mês cortando estrada
No meu cavalo ruano

9 Sempre lidando com gado
Desde a idade de quinze ano
Não me esqueço de um transporte
Seiscentos boi cuiabano
13 No meio tinha um boi preto
Por nome de Soberano

Fonte: transcrição dos autores baseada no LP *Boi Soberano*, lançado em 1966 pela gravadora Chantecler

Pelo fato de o tempo verbal da narrativa estar em primeira pessoa, isso evoca um estado psicológico abstrato que se caracteriza pelo retorno ao tempo de outrora: a nostalgia. Nos primeiros versos da moda *Boi Soberano*, observamos esses aspectos justamente pelo fato de o narrador estar vivendo a tragédia narrada juntamente com seus personagens (v. 1): *"Me alembro e tenho saudade"*. Fato este que proporciona ao intérprete se valer das emoções como se ele estivesse vivenciando o ocorrido. A esse respeito invocamos o pensamento de Luiz Tatit (2003, p. 9), pois segundo ele "todos os recursos utilizados para representificação da relação eu/tu (performer/público) num aqui/agora contribuem para a construção do gesto oral do cancioneiro". Desse modo, o "eu" se mistura com o "nós", nos termos de Sant'Anna (2000, p. 278) o violeiro "personifica os anseios da coletividade".

[58] São quatro versos mais quatro versos (4+4), conhecido entre os caipiras como verso dobrado.

[59] São quatro versos mais dois versos (4+2), conhecido como verso e meio.

Segundo Ferreira (2015), a configuração melódica com notas repetidas na moda corrobora com a cenografia[60] da recordação, pois a autora afirma haver uma aproximação da fala com a melodia.

Figura 13 – Configuração melódica do verso dobrado – *Boi Soberano*

Fonte: transcrição dos autores baseada no LP *Boi Soberano*, lançado em 1966 pela gravadora Chantecler

Outra característica observada pela análise do nível neutro são as rupturas entre as frases. Neste caso, como observado na Figura 13, não são pausas para respiração dos cantores, são cesuras que influenciam no ritmo recitativo do enredo. Essas cesuras podem gerar novas sensações ao público, ou até mesmo dar sentido à divisão dos versos. A partir das observações, acreditamos que essa característica depende da escolha estética do intérprete, guiada pela intuição.

60 "[...] espaço dinâmico e imprevisível, que o co-enunciador (ouvinte) se confronta, visto que se trata de uma cena bastante eficaz na conquista de adesão. [...] A cenografia é a própria enunciação que, à medida que se desenvolve, vai sendo constituída" [...] é ao mesmo tempo a fonte do discurso e aquilo que ele engendra [...] deve ser capaz de associar a figura do enunciador á figura do co-enunciador, de modo que estabeleça uma identidade e empatia entre ambos, pois só assim o segundo acatará o lugar que lhe é designado na cenografia" (FERREIRA, 2015, p. 44-45)

Já a estrutura da sextilha segue outro padrão melódico, com descida gradual para a tônica, como podemos ver na Figura 14. Tatit (2003) afirma que essa descida gradual em direção à tônica, juntamente dos prolongamentos de vogais, deixam a canção mais lenta, adequada à introspecção e à tensão.

Tais prolongamentos ocorrem nas vogais das seguintes palavras: *g**a**do, **a**no, transp**o**rte e cuiab**a**no*. Como vimos anteriormente, essas palavras estão gradativamente caminhando para o grave. De acordo com Garcia (2011, p. 145), essas características declamatórias e dramáticas da moda de viola correspondem a "um drama falado". No penúltimo verso encontramos uma sequência ascendente partindo do primeiro ao terceiro grau da melodia (B♭, C, D) culminando com um salto de 6ª menor ascendente (D, B♭), que é compensado com um movimento descendente por graus conjunto até a tônica. Esse salto é o ápice da frase, o que gera inflexão na voz e exige um esforço físico maior que acentua a palavra ***pre**to* (v. 13), fazendo referência ao protagonista do enredo. Já no início do compasso 22 (Figura 13) optamos por colocar uma fermata, deixando para o intérprete a possibilidade de prolongamento da nota por mais tempo.

Figura 14 – Estrutura da quadra e meia ou sextilha – *Boi Soberano*

Fonte: transcrição dos autores baseada no LP *Boi Soberano*, lançado em 1966 pela gravadora Chantecler

Durante a moda, o narrador dá voz aos personagens no discurso *"Cuidado com esse boi /Que nas guampa é leviano/Esse boi é criminoso/ Já me fez diversos dano!"* (v. 17-21); *"Se esse boi matar meu filho/Eu mato que vai tocando"* (v. 43-44); *"Esse boi salvou meu filho/Ninguém mato o Soberano!"*. Vemos aqui a possibilidade de mudança interpretativa, em que cada personagem tem uma perspectiva diferente. Pai temendo que o boi mate o seu filho. O que nos faz imaginar aqui a agonia em sua voz: *"Sarvai, meu anjo-da-guarda/ Deste momento tirano"* (v. 49-50). Por outro lado, temos a participação do fazendeiro alertando sobre a tragédia que o boi poderia causar, possibilitando ao intérprete variação timbrística e articulação, dando uma intenção de aviso ou advertência.

Por ser uma canção estrófica, a melodia se repete em todas as estrofes, entretanto a ação executada pelos personagens conduz a uma performance diferente. Aconselhamos que o intérprete não se detenha ao aspecto melódico, pelo contrário, sugerimos que primeiro construa uma interpretação falada, como recitar um poema, após isso realizado, insira a melodia.

Notamos duas interpretações que ressignificaram os símbolos contidos na presente moda. A primeira que destacaremos é a versão feita pelo pesquisador e violeiro Ivan Vilela (1962 -) em seu CD *Caipira* (2004). No arranjo do violeiro encontramos diversos novos elementos que diferem das práticas do violeiro caipira. Até poderíamos dizer que tais elementos são atípicos nas modas de viola. A segunda interpretação a ser destacada é a versão da dupla Mayck e Lyan (2021)[61]. Entretanto, nenhuma dessas interpretações, apesar de inserirem elementos "sofisticados" na moda, tiraram as características básicas da obra.

Parâmetro da dimensão estésica na análise das performances

Para esta análise utilizamos duas gravações com o intuito de observarmos o que difere e o que se assemelha nas performances, mesmo os intérpretes sendo diferentes. A escolha da primeira gravação da moda ocorreu devido a encontrarmos nela a performance de um dos seus compositores, o Carreirinho da dupla Zé Carreiro e Carreirinho. Já a escolha da segunda performance, a dupla Tião Carreiro e Pardinho, ocorreu por acreditarmos que seja a performance de maior sucesso da moda. Apesar da dupla Zé Carreiro e Carreirinho ter lançado a moda em 1955, para esta

[61] A versão está disponível no canal do YouTube da dupla no seguinte link: https://www.youtube.com/watch?v=gvhYBib4C18. Acesso em: 12 dez. 2021.

análise utilizaremos a versão relançada no LP intitulado *Canoeiro* (1961) e a do LP intitulado *Boi Soberano*, da dupla Tião Carreiro e Pardinho (1966).

O primeiro aspecto observado entre as Figuras 13 e 15 é a tonalidade. Enquanto a dupla Tião Carreiro e Pardinho interpretaram a moda em (Si♭) maior, Zé Carreiro e Carreirinho interpretaram em (Si) maior. A hipótese que temos a esse respeito segue o que foi apresentado por Pinto (2008), pois não possuindo um diapasão Lá (440Hz), os violeiros afinavam suas violas entre si sem referência em relação à determinada nota específica do diapasão. Tal prática poderia proporcionar performances em diferentes tonalidades de uma música, mesmo sendo interpretada pela mesma dupla. Como podemos observar no vídeo Tião Carreiro (2010) em dupla com Praiano interpretando a moda em (A) maior.

Figura 15 – *Boi Soberano* – Zé Carreiro e Carreirinho

Fonte: transcrição dos autores baseada no LP *Canoeiro*, lançado em 1961 pela gravadora Chantecler

Como podemos ver na Figura 15, na performance de Zé Carreiro e Carreirinho temos as configurações de frases mais ligadas sem pequenas interrupções, como apresentadas na performance de Tião Carreiro e Pardinho (Figura 13). O poeta da moda, Izaltino Gonçalves de Paula (2021), em sua declamação da moda em uma entrevista concedida ao pesquisador Romildo Sant'Anna, observamos que as cesuras feitas pelo compositor são semelhantes às cesuras realizadas pela dupla Tião Carreiro e Pardinho.

Outro aspecto analisado é o plano de evidência das vozes durante a performance. Mesmo a voz do Zé Carreiro estando com a melodia, assim como a voz do Tonico na interpretação da moda *Rei do gado*, sua voz fica em segundo plano em relação à voz de Carreirinho. Como vimos na análise da moda anterior, talvez isso tenha motivado a separação entre Tião Carreiro e Carreirinho. Já na dupla Tião Carreiro e Pardinho podemos observar que, mesmo a voz de Tião Carreiro sendo mais grave, ela fica em evidência em todo momento.

Considerações finais

Podemos averiguar no *corpus* de obras selecionadas a possibilidade de funcionalidade social na Música Caipira de Raiz, especificamente as matrizes moda de viola, como detentores de valores e princípios que, durante a performance, o público os recebe como seus. Dessa forma, percebemos que, nas representações musicais do caipira, "o público é partícipe, intervém produtivamente e influi como modelador e realimentador de energias criativas, no ensejo da ação performática do cantador (SANT'ANNA, 2000, p. 117).

Nos fonogramas e nas transcrições encontramos elementos que nos ajudaram a inventariar aspectos que estavam inacessíveis nas dimensões poiética e estésicas. As características melódicas se assemelham ao falar habitual do caipira, as características poéticas e linguísticas dos versos revelam a expertise de um poeta que aprendeu a rimar por tradição oral, porém sua maneira de construir versos e estrofes coincide com técnicas de poetas eruditos. Já características vocais dos intérpretes podem ter influenciado na recepção e causado empatia por parte do público. A criatividade dos poetas e dos intérpretes construíram obras que marcaram a matriz moda de viola.

Segundo Sant'Anna (2000), o poeta representa a média do *pensamento* e *afetividade* geral, ou seja, o comportamento de seu grupo como unidade significativa. Dessa forma, os poetas caipiras utilizam signos do seu meio como inspirações para apresentar os temas recorrentes em sua sociedade, desde a discriminação do caipira por parte de certos grupos citadinos até questões políticas.

Esta pesquisa nos lembra que a substância formal de uma obra musical foi uma vez criada por alguém, foi executada, ouvida e analisada por outros. Também possui abertura no sentido de Eco (1968). Dessa forma, Nattiez (2021, p. 414) afirma que a obra musical "[...] estará sempre sujeita ao nosso desejo infinito de compreender seu sentido, mergulhar em suas sutilezas estéticas e abraçar as emoções que ela desperta em nós com terror, deleite e fascínio".

REFERÊNCIAS

AMARAL, A. *O dialeto caipira*. São Paulo: Parábola, 1920.

ARAÚJO, Lucas Antonio de. *Tensões e ajustes entre tradição e modernidade nas definições de padrões da música sertaneja entre os anos 50 e 70*. 274 f. Tese (Dourado em História) – Faculdade de Ciências Humanas e Sociais, Universidade Estadual Paulista, Franca, SP, 2014.

BACHA, Maria de Lourdes. *A teoria da investigação de C. S. Peirce*. 1997. 187 f. Dissertação (Mestrado em Comunicação e Semiótica) – Universidade Católica de São Paulo, São Paulo, 1997.

CARREIRO, Tião. *Tião Carreiro – Entrevista na TV Cultura 1991* – parte 1. YouTube. 5 set. 2014. Disponível em: https://www.youtube.com/watch?v=vChXaSdzn9Q. Acesso em: 9 maio 2022.

DIAS, Nair Alves. *MEMÓRIAS BOTUCATU 124* – 13/11/2014. YouTube. 14 set. 2014. Disponível em: https://www.youtube.com/watch?v=bCyJSJ-s73I. Acesso em: 4 fev. 2022.

DIAS, Nair Alves. *História de Tião Carreiro* – REPORTAGEM COMPLETA. YouTube. 14 jan. 2013. Disponível em: https://www.youtube.com/watch?v=-Y8LbcRhhbI. Acesso em: 20 fev. 2022.

ECO, Umberto. *Obra aberta*. São Paulo: Perspectiva, 1968.

FERREIRA, Cristiane da Silva. *Ethos discursivo na constituência lítero-musical da moda de viola*. 2015. 257 f. Tese (Doutorado em Língua Portuguesa) – Pontifícia Universidade Católica de São Paulo, PUC-SP, São Paulo, 2015.

GALVÃO, A. C.; LACORTE, S. Processos de aprendizagem de músico populares: um estudo exploratório. *Revista da Abem*, Porto Alegre, v. 17, p. 29-38, 2007.

GANGLE, Rocco. *Diagrammatic Immanence*: category theory and philosophy. Edinburgh University Press, 2016.

GARCIA, Rafael Martin da Silva. *Moda-de-viola*: lirismo, circunstância e musicalidade no canto recitativo caipira. 335 f. Dissertação (Mestrado em Música) – Universidade Estadual Paulista, Instituto de Artes, São Paulo, 2011.

HATTEN, Robert S. [Review of Playing with Signs: A Semiotic Interpretation of Classic Music; Music and Discourse: Toward a Semiology of Music, by K. Agawu, J.-J. Nattiez, & C. Abbate]. *Music Theory Spectrum*, v. 14, n. 1, p. 88–98, 1992.

LEANDRO, José Dário. *Da Poesia Épica à moda-de-viola*: uma aliança inseparável entre literatura e música. 93 f. Dissertação (Mestrado em Literatura) – Instituto de Letras, Universidade de Brasília, 2011.

MARCONDES, Renato Leite. O café em Ribeirão Preto (1890-1940). *História econômica & história de empresas*, Riberão Preto, v. 10, n. 1, 2007.

MASSI, R. Wood. Review of Music and Discourse: Toward a Semiology of Music, by J.-J. Nattiez & C. Abbate. Notes. *Music Library Association*, v. 48, n. 4, p. 1286-1288, jun. 1992.

MENDONÇA, M. F. L. Moda de viola uma leitura sociolinguística. *Signótica*, Goiânia, v. 2, p. 123-145, Jan./Dez. 1990.

MOLINO, Jean, J. A. Musical Fact and the Semiology of Music. *Music Analysis*, New York, v. 9, n. 2, p. 105-156, 1990.

MOLINO, Jean. Facto musical e semiologia da música. *In:* NATTIEZ, J.-J. *et al. Semiologia da música*. Lisboa: Vega, [1985?], p. 109-194.

MONELLE, Raymond. Music and the Peircean trichotomies. *International Review of the Aesthetics and Sociology of Music*, Zagrebe, p. 99-108, 1991.

NATTIEZ, Jean-Jacques. Reflections on the development of semiology in music. *Music Analysis*, New York, v. 8, n. 1/2, p. 21-75, 1989.

NATTIEZ, Jean-Jacques. *Music and Discourse*: toward a semiology of music. Carolyn Abbate (trad). Princeton, New Jersey: Princeton University Press, 1990.

NATTIEZ, Jean-Jacques. O Modelo Tripartite de Semiologia Musical: o exemplo de La Cathédral e Engloutie de Debussy. *Debates*, caderno do programa de pós-graduação em música da UniRio, v. 6, p. 7-39, 2002.

NATTIEZ, Jean-Jacques. Modelos linguísticos e análise das estruturas musicais. Tradução de Sandra Loureiro de Freitas Reis. *Per Musi*, Belo Horizonte, v. 9, p. 5-46, jan./jun., 2004.

NATTIEZ, Jean-Jacques. *Musical Analyses and Musical Exegesis*: the shepherd's melody in Richard Wagner's Tristan and Isolde. Joan Huguet (trad). Rochester, University of Rochester Press, 2021.

NEVES, Erivaldo Fagundes. Sertão como recorte espacial e como imaginário cultural. *Politeia-História e Sociedade*, v. 3, n. 1, 2003.

PINTO, J. P. A. *A viola caipira de Tião Carreiro*. 371 f. Dissertação (Mestrado em Música) – Instituto de Artes da Universidade Estadual de Campinas, Unicamp, Campinas, 2008.

REI DO GADO. Intérprete: Tonico e Tinoco. Compositor: Teddy Vieria. *In:* NA BEIRA da Tuia. Intérprete: Tonico e Tinoco. São Paulo: Continental, 1959. 78 rpm, LP, (2:53 min). Disponível em: https://immub.org/album/rei-do-gado-tiao-carreiro-e-pardinho. Acesso em: 26 maio 2020.

REI DO GADO. Intérprete: Tião Carreiro e Pardinho. Compositor: Teddy Vieria. *In:* Rei do Gado. Intérprete: Tião Carreiro e Pardinho. São Paulo: Chantecler, 1961. 78 rpm, LP, (2:55 min). Disponível em: https://immub.org/album/na-beira-da-tuia. Acesso em: 26 maio 2020.

RIBEIRO, José Hamilton. *CARREIRINHO DOCUMENTARIO (globo rural)*. YouTube. 3 set. 2020. Disponível em: https://www.youtube.com/watch?v=Ya6A3mvVMPA. Acesso em: 28 mar. 2022.

SANTAELLA, Lúcia. *Estética*: de Platão a Pierce. São Paulo: Experimento, 1994.

SANT'ANNA, Romildo. *A moda é viola*: ensaio do cantar caipira. Marília: Ed. Unimar, 2000.

SANT'ANNA, Romildo. *Izaltino Gonçalves de Paula (1929), autor da letra de 'Boi Soberano'*. YouTube, 1 dez. 2021. Disponível em: https://youtu.be/zNxZX98QQ9I. Acesso em: 16 mar. 2022.

SANTOS, Wilson Rogério; DOS SANTOS BARBOZA, Rosilene Ribeiro. Música caipira de raiz e modelos de canções medievais. *ouvirOUver*, Uberlândia, v. 15, n. 2, p. 600-618, 2019.

SUESS, R. C.; CARVALHO SOBRINHO, H.; BEZERRA, R. G. Educação no/do campo: desafios e perspectivas de uma escola no campo localizada no Distrito Federal. *Cadernos de Pesquisa*, São Luiz, v. 21, n. 1, 2014.

TATIT, Luiz. Elementos para a análise da canção popular. *CASA*: Cadernos de Semiótica aplicada, v. 1, n. 2, 2003.

TIÃO CARREIRO E PARDINHO. 1966/2000. LP relançado em CD. Boi Soberano. Continental / Warner Music Brasil. São Paulo, Brasil.

TIÃO CARREIRO E PARDINHO. *Tião Carreiro & Pardinho – Boi Soberano (raridade).* YouTube. 16 nov. 2010. Disponível em: https://www.youtube.com/watch?v=d-TrwSMZ6CgQ. Acesso em: 18 abr. 2022.

TINOCO. *Globo Repórter com Tonico e Tinoco 1985.* YouTube. 18 fev. 2018. Disponível em: https://www.youtube.com/watch?v=oUY_G6EQ19M. Acesso em: 19 abr. 2022.

VIEIRA, Josélia Ramalho. *José Siqueira e a Suíte Sertaneja para violoncelo e piano sob a ótica tripartite.* João Pessoa, 2006. 97 f. Dissertação (Mestrado em Música) – Universidade Federal da Paraíba, João Pessoa, 2006.

7

PROJETO DE PREPARAÇÃO PARA A PERFORMANCE: GERENCIAMENTO PARA EFICIÊNCIA, AUTONOMIA E INTEGRAÇÃO

Laís Fernandes dos Santos
Alfeu Rodrigues de Araújo Filho[62]

INTRODUÇÃO

Em trabalhos de revisão e análise de literatura na área da música, como de Barros (2008) e Ray (2019), foi identificado que pesquisas acerca da performance musical estão majoritariamente voltadas para questões pontuais da prática. A revisão de literatura da pesquisa aqui apresentada de forma resumida reforça tais dados, pois mais da metade dos textos encontrados têm temáticas voltadas para a análise musical, interpretação, aspectos técnicos e improvisação.

O restante dos trabalhos aborda a forma de organizar, planejar e escolher estratégias, mas não tratam da preparação para a performance de maneira abrangente e integrada. Dentre os assuntos abordados estão: materiais didáticos, estratégias, prática deliberada e autorregulação, esse último tratando do indivíduo integralmente, e indiretamente do estudo. O texto que mais se aproxima é o de Reid (2002), no qual o autor apresenta os principais objetivos da preparação para a performance e as fases da aprendizagem, buscando formas de aumentar a eficiência e eficácia, e finaliza com três questionamentos que o músico deve fazer a si mesmo: qual o objetivo, como alcançá-lo e se os métodos foram eficazes. Há também pesquisas sobre a autonomia, mas normalmente são direcionados para a forma que o professor pode promover para os alunos.

Em busca de soluções para problemas pessoais na prática musical e considerando a lacuna na literatura do campo musical, a proposta da pesquisa de mestrado aqui apresentada teve como ponto inicial o Trabalho

[62] Professor orientador de mestrado de Laís Fernandes dos Santos, mestra pelo Programa de Pós-Graduação em Música da Universidade Estadual de Maringá.

de Conclusão de Curso de Graduação (TCC)[63] da autora, no qual o gerenciamento de projeto foi abordado a partir de três áreas de conhecimento[64] do "Um Guia do Conhecimento em Gerenciamento de Projetos – Guia PMBOK® – quinta edição": gerenciamento do escopo, da qualidade e do tempo. Podem ser entendidos, respectivamente, como: o que estudar; requisitos e necessidades da performance; ordem, quando e como estudar cada aspecto contemplado.

Por conta da centralização na busca pela solução de um problema específico na área da performance musical, a corrente filosófica que se mostra mais coerente é a pragmática. O autor adotado, especialmente por conta da ênfase na autonomia do indivíduo, é John Dewey, para quem liberdade significa "[...]iniciativa intelectual, independência na observação, invenção judiciosa, previsão de consequências, e engenhosidade de adaptação a elas".[65] (DEWEY, 1916, l. 4985, tradução nossa). Adotamos a palavra autonomia, pois está centrada nos momentos de ausência do professor, ou seja, no processo de estudo instrumental no qual o músico necessita gerir suas ações para obter a própria liberdade.

No empenho de encontrar fundamentos para a elaboração de metodologias, nasceu a ideia de utilizar conhecimentos de campos especializados em gestão, organização e planejamento, no caso, o gerenciamento de projetos. Este se configura como uma profissão do campo administrativo, cujo objetivo é, de maneira geral, garantir que determinadas atividades atinjam os resultados almejados com eficiência (PMI, 2017). Para isso, a construção de teorias pode ser feita por meio da abstração: um aspecto de uma experiência é desprendido de seu contexto (gerenciamento de projetos empresariais) para sugerir novas respostas aos problemas previstos (prática musical).

Tais metodologias são elaboradas, dentro de algumas instituições, como parte do Gerenciamento Organizacional de Projeto (Organizational Project Management – OPM). Seu intuito é fornecer um suporte aos gerentes para o alinhamento do projeto com os propósitos e as estratégias da empresa (PMI, 2018), isto é, desenvolver modelos que servirão de base. Na música, o gerente é o próprio instrumentista, enquanto o suporte organizacional pode ser o professor ao estabelecer os parâmetros da performance,

[63] Cf. SANTOS, L, F. dos. Organização do estudo de obras musicais: identificação de itens de estudo. 2017. 32 p. Monografia (Bacharelado em Música com Habilitação em Flauta Transversal) – Faculdade de Música do Espírito Santo "Maurício de Oliveira", Vitória, 2017. (não publicado).

[64] Disciplinas de abordagem do projeto em que o Guia PMBOK® divide.

[65] Original: "intelectual initiative, Independence in observation, judicious invention, foresight of consequences, and ingenuity of adaptation to them".

o repertório e orientar a prática. Nessa direção, o objetivo da pesquisa é propor um suporte metodológico que promova eficiência[66] e autonomia no gerenciamento da preparação para a performance de obras musicais, sendo destinado, mas não limitado, a músicos em início de carreira profissional (alunos de Graduação em Música ou recém-formados) no meio erudito, por conta das características desse gênero.

Tal investigação é ratificada pela escassez de tempo, característica da contemporaneidade, e busca pela autonomia na preparação para a performance, evitando assim a dependência em relação ao professor e consequente falta de postura reflexiva e crítica do processo de prática musical, ações automáticas e desprovidas de significados internos.

Como parte do desenvolvimento dos modelos, a proposta foi aplicada na prática individual da autora, ou seja, uma experiência, considerando esta como a interação do indivíduo com o meio em um processo contínuo em que uma experiência modifica a outra (DEWEY, 1938). O registro ocorreu em forma de diário da prática, considerando a descrição de Zabalza (2004) de diários de aula, trazido para o estudo individual como relato de impressões de forma sistemática.

Guia PMBOK

Para elaborar uma metodologia para o contexto da música, consideramos alguns fatores como universais pela sua frequência dentro do contexto social em que a autora está inserida. Porém, não procuramos um padrão no sentido de molde, algo a ser imitado ou utilizado como parâmetro de comparação, e sim como um modelo para auxílio, um ponto de partida.

O primeiro aspecto a ser considerado são as áreas de conhecimento em gerenciamento de projetos, principal divisão do Guia PMBOK®:

- Integração: unifica os processos de todas as áreas;
- Escopo: descreve o trabalho a ser feito e assegura a abrangência de tudo que é necessário;
- Cronograma: organiza as atividades para garantir o término pontual;
- Custos: controla o orçamento, incluindo o valor da hora de trabalho empreendida;

[66] Eficiência aqui se refere à otimização do tempo e do esforço empreendidos na preparação para a performance, visando assim a reduzir tempo e esforço e/ou aumentar a qualidade.

- Qualidade: define as características do resultado almejado e as condições de qualidade para alcançá-lo;
- Recursos: materiais, equipe e instalações necessárias (partitura, estante, metrônomo, afinador, sala para a prática, gravador de áudio e de vídeo);
- Comunicações: contato com envolvidos (e-mails, números de telefone e reuniões);
- Riscos: problemas que podem ocorrer (erros em trechos difíceis, partitura cair, esquecer a música tocando sem partitura, som falhar, ambiente muito quente ou frio, iluminação ruim etc.);
- Aquisições: o que precisa comprar ou alugar;
- Partes interessadas: quem está envolvido na coordenação do projeto.

Considerando que a área integração é a conexão entre as demais, podemos inserir nela as informações essenciais das outras e utilizá-la como resumo de todos os processos. Para a presente pesquisa, vamos nos aprofundar, além da própria integração, nas primeira e terceira áreas mencionadas por Zwikael (2009) – tempo (cronograma)[67] e escopo – como duas das três mais influentes para o sucesso do projeto, pois são responsáveis pelo cumprimento de todas as exigências do resultado final e pela pontualidade.

Segundo Vargas (2001; 2017b), olhar o gerenciamento a partir dos grupos de processos facilita a compreensão da cronologia do gerenciamento, como ele acontece de fato. Dessa maneira, há relacionamento lógico entre os processos e integração da preparação para a performance, levando à eficácia da proposta.

Os processos de gerenciamento são "séries de atividades de gerenciamento de projeto" (PMI, 2017, p. 22), traduzidos na música como o conjunto de procedimentos inseridos em cada etapa da organização da preparação para a performance, não incluindo o ato de praticar em si, que é constituído das atividades definidas por meio dos processos de gerenciamento. Eles são agrupados de acordo com a função e o momento em que ocorrem, sendo citados cinco grupos no Guia PMBOK®: iniciação, planejamento, execução, monitoramento e controle e encerramento (PMI, 2017). Apresentamos nossa versão para o campo da música por meio da Figura 1.

[67] Na nova versão do Guia PMBOK®, essa área passou a se chamar cronograma.

Figura 1 – Fluxo de processos de gerenciamento da preparação para a performance

Fonte: elaborada pelos autores

Iniciação: este é o momento em que a ideia se delineia e que as informações gerais são definidas. Configura-se em registrar os dados gerais da preparação para a performance. A seguir devem ser identificadas as partes interessadas, correspondentes às pessoas ou instituições envolvidas na coordenação do projeto

Planejamento: neste grupo é construído, na integração, o plano de gerenciamento do projeto, composto pelos planos de gerenciamento de cada área de conhecimento, apresentando seus critérios específicos com o objetivo de alcançar o resultado almejado descrito anteriormente no termo de abertura, como regras de um jogo. A primeira área é o escopo, o qual declara as entregas, as metas.

A próxima área é o cronograma. Seu objetivo é alcançar o término pontual da preparação para a performance, por isso contém dados de quando e como deve ser realizada cada tarefa.

Execução: é o momento de realização da prática musical. Entretanto, no cenário empresarial, muitas vezes o gerente de projeto não é responsável por executar as atividades, por isso os processos centrais de integração são orientar e gerenciar o trabalho do projeto, e gerenciar o conhecimento do projeto. Na música, traduz-se no relato dos imprevistos, tanto positivos quanto negativos, enfrentados ao longo da preparação, assim como as ações tomadas ou sugeridas.

Monitoramento e controle: este grupo acontece simultaneamente à execução do projeto. Ao longo da realização das atividades, deve-se conferir se está ocorrendo conforme o planejado e realizar as alterações necessárias nos casos de divergência. Tais mudanças devem ocorrer de forma integrada, observando o todo, não a situação isolada.

Encerramento: nele há apenas um processo: entregar o produto e finalizar o projeto, incluindo a realização da performance final do projeto ou da fase, acrescida de autoavaliação, resposta dos pares e análise dos impactos do resultado.

Uma alternativa viável para a aplicação prática dessa forma de gerenciamento está na elaboração de três documentos, equivalentes às áreas aprofundadas nesta proposta: Integração, Escopo e Cronograma.

A experiência

Chamamos de pré-experiência a aplicação prática sem os modelos, apenas com a lista de perguntas baseadas no Guia PMBOK®. A partir das observações produzidas, a experiência foi dividida em quatro partes, sendo desenvolvido um modelo em cada uma durante a preparação para a performance de duas obras por vez, conforme apontado na metodologia, culminando em um recital on-line.

Pré-experiência: esboço

> Dia 23 de novembro de 2020, soube de um concurso de flautistas e resolvi participar. A obra definida pelo edital foi *Insigne*, de Renan Mendes (1992), composta especialmente para o concurso, ambos em homenagem a Jean-Noel Saghaard (1945-2020). Iniciei respondendo às perguntas de gerencia-

> mento, elaborando a EAP e sequenciando os itens. Após o terceiro dia de prática, defini as atividades. O planejamento auxiliou na assertividade da seleção de trechos e ferramentas para correção da técnica, especialmente o dedilhado em passagens rápidas. O processo de gerenciamento proporcionou resultados positivos, os aspectos que não funcionaram foram por negligência minha no não cumprimento fiel da proposta, como: não defini as atividades antes de elaborar o cronograma, tarefa realizada após o terceiro dia, e como consequência, tive que refazer o sequenciamento. (trecho de diário de campo. SANTOS, 2021, p. 43 - 44)

Para complementar as informações, foram feitas anotações diárias das tarefas e lições aprendidas, que constam na dissertação (SANTOS, 2021).

Já em 2021, foi realizada a experiência para elaboração dos modelos. Ela foi dividida em quatro partes, baseadas em concepções diferentes sobre música e performance com objetivos distintos visando à plasticidade dos modelos. Em cada uma foi elaborado um modelo a partir da preparação de duas obras musicais – um excerto orquestral de solo de flauta e uma das *12 Fantasias para Flauta Solo – TWV 40: 2–13* - de G. P. Telemann. A seguir, a definição inicial na elaboração dos modelos:

- Documento de integração – lista de perguntas sobre o contexto do projeto e do indivíduo;
- EAP – similar ao modelo do TCC e à EAP feita na pré-experiência;
- Cronograma – similar ao elaborado na pré-experiência;
- Monitoramento e controle e lições aprendidas – um esquema de registro simplificado.

Além da divisão da experiência em quatro partes, todas ocorreram em duas fases: preparação (Fase 1) e revisão (Fase 2), terminando na performance por meio de um recital on-line, seguida de uma autoavaliação do desempenho.

A primeira parte teve como foco a determinação das perguntas para guiarem o gerenciamento, isto é, a construção do modelo "documento de integração", que ao longo da experiência passamos a chamar de "plano de gerenciamento". Por conta da necessidade da inclusão da obra como base para a integração, a concepção escolhida foi a performance como um meio para traduzir a obra musical em sons, ou seja, a interpretação a partir da visão analítica da partitura.

> 28/04/2021 - Revisei trechos do Guia PMBOK® referentes à integração e planejamento do escopo e do cronograma para identificar as informações para o primeiro modelo, e assim direcionar a busca por literaturas.29/04/2021 - As perguntas devem envolver os assuntos apontados no Guia PMBOK® em três contextos diferentes: da performance, da prática e do indivíduo.
> 30/04/2021 - Selecionei autores, dentre os apontados na revisão de literatura, que abordam cada um dos contextos: Elementos da Performance Musical na preparação para a performance, de Carvalho (2016); uma análise fenomenológica da prática, de Mantovani e Santos (2018); autorregulação aplicada à prática musical de Veloso e Araújo (2019).
> 05/05/2021 – Como resultado da relação entre os aspectos apontados nos textos, obtive muitas perguntas, o que dificultaria para o instrumentista respondê-las. Dessa forma, retirei a divisão por grupos de processos para possibilitar a junção de questões similares ou sobre o mesmo assunto, convertendo se em uma lista de informações a serem registradas, semelhante a um formulário.
> 07/05/2021 - Decidi estimar as durações das atividades no dia em que for colocá-las em prática, dessa forma poderei adiantar ou prolongar tarefas quando possível ou necessário.
> 15/05/2021 - Para rever o modelo, vou considerar dois fatores para aumentar a objetividade das informações solicitadas: utilidade e dificuldade. (trecho de diário de campo. SANTOS, 2021, p. 52 - 61)

Segunda parte: EAP[68] — Para a identificação dos itens da EAP (posteriormente chamados de metas), considerando os principais aspectos no contexto da música erudita, a segunda parte da experiência teve como objetivo a preparação para processos seletivos de flauta. Consequentemente, foi adotado um dos conceitos de música mais difundidos: uma mensagem do compositor para o ouvinte, sendo o performer o transmissor. Dessa forma, foi fundamental a coerência com os aspectos estéticos e históricos do contexto em que as obras foram compostas.

> 17/05/2021 - Para a construção do modelo de EAP, vou seguir os mesmos passos da primeira parte: buscar no Guia PMBOK® o que é necessário no escopo e na EAP, selecionar as literaturas dentro da área da música e depois conectar os elementos para elaborar o modelo. A partir da seleção e

[68] Estrutura Analítica de Projeto

tradução dos processos relativos ao escopo para o contexto de prática musical, cheguei em dois fatores para a escolha das referências: identificar os aspectos musicais e a forma de alcançar os critérios e objetivos.
18/05/2021 - Durante a busca pelos textos, separei aqueles que apresentam o que deve ser praticado, estágios da prática e características de uma performance de excelência. Foi escolhido, dentre esses, um trabalho que aponta os estágios em que se divide a prática – cognitivo, associativo e autônomo – e os dois principais objetivos na preparação para a performance: interpretar e desenvolver a técnica (REID, 2002). Além disso será utilizado também uma dissertação que aborda a preparação para audições orquestrais (RODRIGUES, 2015), foco desta parte da experiência.
19/05/2021 - A ideia é construir uma EAP dividida nos dois objetivos apontados pelo texto – interpretação e técnica. Para encontrar os subitens da interpretação me embasarei no modelo tripartite de análise semiológica (NATTIEZ, 2002), que considera a música uma mensagem emitida pelo compositor, já os subitens da técnica, nos critérios de avaliação em audições apontados na pesquisa de Rodrigues (2015).
20/05/2021 - Para ser mais acessível, busquei substituir os termos semiológicos por termos comuns que apontem significados similares, sendo esse o fator mais complexo na montagem do modelo. Percebi a falta das três etapas da prática – cognitiva, associativa e autônoma – quando comecei a elaborar o cronograma, então coloquei em forma de três colunas, sendo a fase cognitiva equivalente à técnica, e as outras duas utilizei termos mais fáceis – refinamento e assimilação –, contendo apenas um item inicial em cada uma das duas: testar e isolar erros/dúvidas, os quais serão convertidos em novos itens da EAP.
24/05/2021 - Os modelos de EAP e cronograma estão se misturando, pois ela tem colunas que se equiparam a etapas, enquanto o formato de cronograma que estou utilizando é em lista de pendências, similar à EAP; isso traz mais integração, porém necessita explicação clara.
28/05/2021 - Para ajustar o modelo de EAP, vou analisar a utilidade de cada item, a possibilidade de junção com outro e revisar os termos para que fiquem mais objetivos. A coluna da assimilação acho que não é necessária no modelo de EAP, contudo, o instrumentista pode acrescentá-la com itens para memorização, por exemplo. (trecho de diário de campo. SANTOS, 2021, p. 62 – 70)

Nesta terceira parte, construímos o cronograma, isto é, a definição, sequenciamento e distribuição das atividades no tempo. A aplicação se baseou no conceito de música como uma ação – verbo musicking:

> Quando usamos o verbo, levamos em conta todo o evento, não apenas o que os artistas estão fazendo, e certamente não apenas o trabalho que está sendo tocado. Reconhecemos que uma performance musical é um encontro entre humanos em que significados estão sendo gerados. (SMALL, 1995, p. 3)

Por se referir diretamente a ações, mostra-se um conceito adequado para auxiliar na escolha de atividades.

> 31/05/2021 - Iniciando a terceira experiência, reli os trechos do Guia PMBOK® que tratam da elaboração do cronograma e, a partir dos processos encontrados, comecei a busca por trabalhos na área da música. No encontro para orientação com o professor Alfeu, decidimos ser "metas" o termo mais apropriado para substituir "EAP", lembrando que o trabalho parte de uma tradução para o campo musical. Isso também auxilia na diferenciação entre os itens da EAP (metas) e as atividades, que são as ferramentas e caminhos para alcançar as metas. Informei que farei o modelo de cronograma à mão, visando maior acessibilidade, pois muitas pessoas têm dificuldades com as novas tecnologias.
> 01/06/2021 - Selecionei um texto de Nielsen (1999) que categoriza estratégias de prática e aprendizagem para fundamentar a escolha das atividades para o modelo.
> 02/05/2021 - Como não encontrei trabalhos que ofertem atividades para cada uma das metas, complementarei com algumas das ferramentas que utilizo e foram testadas nas duas partes anteriores. Foi difícil definir a sequência das metas de acordo com suas dependências, pois não encontrei nenhum estudo que me auxiliasse nesse processo.
> 04/06/2021 - Encontrei a maneira de utilizar um sistema de organização da prática – Sistema Rodízio, de Póvoas (2017) – no modelo de cronograma. Segundo esse sistema, a prática deve ser dividida em Unidades de Trabalho (trechos da obra), traduzida aqui para metas (aspectos musicais), distribuídas em sessões de 20 a 30 minutos variando as características de uma para a outra, seguidas de intervalos de 10 a 15 minutos.
> 07/06/2021 - Organizei o modelo de cronograma em colunas e linhas, sendo cada dia uma coluna, cada linha uma categoria de meta, e as sessões numeradas; as metas são definidas no próprio dia segundo as possibilidades identificadas no

> sequenciamento. Ao responder as questões da integração, percebi que algumas não são necessárias quando os demais modelos são usados – itens 10 a 15 – e performance almejada e critérios de avaliação são idênticas, portanto, podem ser unidas em uma única. (trecho de diário de campo. SANTOS, 2021, p. 71 - 73)

A quarta e última parte da experiência teve como conceito base a música como forma de expressão e comunicação das emoções pessoais do intérprete. Dessa forma, a prática musical deu mais destaque ao monitoramento e controle da execução como forma de analisar os aspectos de caráter subjetivo.

> 14/06/2021 - Assim como nas outras partes, fiz uma nova leitura do Guia PMBOK® e encontrei os tópicos necessários no modelo: como medir o desempenho e como registrar as mudanças feitas. Os textos encontrados no campo musical tratam da autorregulação.
> 15/06/2021 - Selecionei os textos: Veloso e Araújo (2019) sobre autorregulação – etapas e informações que devem ser registradas; Nielsen (2001) sobre autorregulação – classificar entre sucesso ou errado, manter ou mudar estratégias, e rever ou não o problema; e de Palmer e Sande (1995) sobre classificação dos erros – tamanho, fonte, tipo e movimento. O refinamento está diretamente relacionado com o monitoramento e controle, por conta disso, esses trabalhos ofertaram atividades para identificar e resolver erros.
> 21/06/2021 - Devido ao surgimento de problemas que não consegui resolver, comecei a refletir sobre o modelo de monitoramento, que se aplica apenas ao final da prática, entretanto deveria ocorrer ao longo de toda a prática.
> 22/06/2021 - Acredito que um ponto importante do monitoramento é a análise da gravação do dia anterior para guiar a determinação do cronograma do dia, incluindo assim os problemas que não foram resolvidos, em vez de tentar prosseguir e não assimilar. Segui o formato de registro das lições aprendidas: problema, causa e solução. Dessa forma, se o problema continuar, eu analiso se devo me dedicar mais, mudar a solução ou rever a causa.
> 24/06/2021 - Após a finalização da experiência, terei que rever alguns pontos: preenchimento simplificado do plano de gerenciamento/integração, os termos de algumas metas, algumas atividades, o sequenciamento e o cronograma com monitoramento. (trecho de diário de campo. SANTOS, 2021, p. 80 – 86)

Fase 2: revisão e performance. Ocorreu na última semana que antecedeu o recital como um período de ensaio, contemplando também a performance propriamente e a autoavaliação que sucedeu. O foco, nesse momento, foi: relembrar o que havia sido preparado na fase 1; corrigir os principais erros; assimilar mais as obras e trabalhar a execução em sequência. A divisão nas quatro partes se manteve, cada uma em um dos cinco dias de ensaio, e, no último, a passagem de som. Entretanto, elas se misturaram no relato que segue, pois algumas necessitam mais tempo e outras menos, levando à prática de peças de mais de uma parte no mesmo dia.

> 25/06/2021 - Continuei o gerenciamento nos mesmos documentos da fase 1.
> 28/06/2021 - Na comparação entre a prática gerenciada de acordo com a proposta atual e da época em que cursava a graduação, percebi que despendi menos tempo e esforço com a atual, pois sabia objetivamente o que praticar, como integrar as atividades, encontrar problemas e escolher soluções.
> 30/06/2021 - Durante uma das sessões resolvi os problemas mais rápido que o previsto, dessa forma sobrou uma sessão inteira para revisar as peças das partes anteriores (o que salienta a diferença entre os resultados das partes). (trecho de diário de campo. SANTOS, 2021, p. 87 – 88)

Performance: recital e autoavaliação

> Avaliação geral – Considerando os dois objetivos comuns estabelecidos para a performance de todas as obras, alcancei os resultados almejados: controle dos aspectos técnicos básicos e decisões reflexivas sobre as diferentes formas de interpretação. De um modo geral, obtive modelos aplicáveis que contribuíram para a minha prática.
> Primeira parte - Os critérios para avaliação foram: precisão das notas e ritmos, clareza fraseológica e expressividade. Em ambas as obras conquistei a clareza das notas e controle rítmico, com algumas irregularidades; expressei com maior consciência os crescendos e descrescendos em torno dos pontos de tensão, assim como realizei pequenos contrastes timbrísticos entre os trechos anterior e posterior ao clímax. No excerto da *Sinfonia nº 4* de Tchaikovsky, as frases ficaram pouco compreensíveis. Já na *Fantasia nº 4 em Sib Maior*, de Telemann, tive algumas desafinações, porém frases bem definidas.
> Segunda parte – Foram estabelecidos diferentes critérios de avaliação para cada obra. Para o excerto de *Sonho de uma Noite de Verão* de Mendelssohn: precisão rítmica e de articulação,

> respiração, constância de timbre, fraseado e transmissão da mensagem do compositor. Cumpri com todos os critérios, apesar de pequenos erros de notas. Na *Fantasia nº 5 em Dó Maior* de Telemann: expressão do afeto característico da tonalidade (rude e atrevido), de liberdade, característica da fantasia, precisão de notas e ritmos e aspectos técnico-interpretativos coerentes com a época de composição. Houve expressividade e coerência com a época de composição, entretanto errei notas, tive irregularidades rítmicas e faltou liberdade.
> Terceira parte – O critério central está na expressão das relações igualitárias, definida na fidelidade ao objetivo para o qual a obra foi composta, relações sonoras evidenciadas, informalidade e proximidade com o público, qualidade técnica e expressão das minhas sensações. Apesar de cometer pequenos erros nas notas, sonoridade e respiração, considero ter conquistado todos os itens descritos acima em ambas as obras: o excerto da abertura *Leonore nº 3* de Beethoven e a *Fantasia nº 8 em Mi menor* de Telemann.
> Quarta parte – Os critérios foram a transmissão das emoções pessoais provocadas pela música e precisão técnica. Consegui realizar as nuances timbrísticas, de intensidade e de andamento definidas previamente, mantendo a precisão técnica. Cometi um erro de nota no excerto do *Prelúdio à Tarde de um Fauno* de Debussy e, por conta do grau de dificuldade e o pouco tempo disponível, tive imprecisões e erros de notas na *Fantasia nº 10 em Fá# menor* de Telemann. (trecho de diário de campo. SANTOS, 2021, p. 90 – 91)

Modelos para aplicação prática

Em decorrência da vivência realizada na pré-experiência e na experiência, alcançamos o objetivo principal desta dissertação: a construção de modelos que guiem a aplicação prática do gerenciamento integrado do projeto de preparação para a performance. Cabe lembrar que modelo aqui se refere a algo semelhante a um protótipo – "Primeiro tipo ou primeiro exemplar. = MODELO, PADRÃO" (PROTÓTIPO, 2008-2021). Ou seja, são pontos de partida que guiam a construção de documentos em constante mutação, adequados às particularidades de cada projeto e indivíduo. Em decorrência disso, buscamos, por meio do diálogo e conciliação entre teoria e experiência (prática), elaborar três modelos que direcionam a proposta:

- Plano de gerenciamento: informações gerais do projeto e do indivíduo;

- Metas e atividades sequenciadas: aspectos a serem alcançados com suas respectivas atividades sequenciadas em formato de organograma;
- Cronograma e monitoramento: tabela com divisões para o registro das metas separadas em categorias e dos problemas identificados durante a prática com suas causas e soluções.

Os elementos musicais foram retirados de outras pesquisas do campo musical (CARVALHO, 2016; VELOSO; ARAÚJO, 2019; MANTOVANI; SANTOS, 2018) e analisados na experiência levando em consideração: frequências de uso no contexto da música erudita ocidental, adequação à proposta e funcionalidade. Para selecionar, observamos as modificações em comum entre as quatro visões de performance adotadas na realização da experiência.

Na sequência, apresentamos os modelos ajustados e finalizados para a aplicação prática. Ratificamos que a construção partiu das ferramentas ofertadas pelo Guia PMBOK®, combinadas com pesquisas do campo musical e ajustadas pela aplicação prática.

Plano de gerenciamento / integração

Um dos principais documentos apontados pelo Guia PMBOK® é o Plano de Gerenciamento do Projeto, que é produzido na área de conhecimento Integração.

> Desenvolver o Plano de Gerenciamento do Projeto é o processo de definição, preparação e coordenação de todos os componentes do plano e a consolidação em um plano de gerenciamento integrado do projeto. O principal benefício deste processo é a produção de um documento abrangente, que define a base de todo o trabalho do projeto e como o trabalho será realizado. (PMI, 2017, p. 82)

A partir das informações que devem estar contidas nesse documento, segundo o Guia PMBOK®, foram selecionadas as que se mostram pertinentes à prática musical, apresentadas na forma de perguntas no capítulo anterior. Na realização da experiência e construção do modelo, as perguntas foram modificadas para contemplar os contextos da performance, do indivíduo e da prática. Para isso, tomamos por base três textos do campo musical:

- "Elementos da performance musical (EPM) na preparação de recitais de grupos de flautas doce" (CARVALHO, 2016) – pontua os seis componentes da performance: conhecimento musical, aspectos técnicos, aspectos anato-fisiológicos, aspectos psicológicos, aspectos neurológicos e musicalidade e expressividade;
- "A aprendizagem da performance musical na visão sociocognitiva: aportes da Abordagem Multidimensional da Autorregulação" (VELOSO; ARAÚJO, 2019) – combina as fases da regulação metacognitiva (planejamento, monitoramento e avaliação), os subprocessos da autorregulação (auto-observação, autojulgamento e autorreação), as dimensões da autorregulação (motivação, método, tempo, desempenho, ambiente físico e influências sociais) e as fontes das crenças de autoeficácia (experiências de domínio, experiências vicárias, persuasões sociais e indicadores fisiológicos e emocionais);
- "Categorias Psicossensoriais da prática pianística em diferentes níveis de expertise: perspectivas de deliberação" (MANTOVANI; SANTOS, 2018) – cita as nove categorias, essências da prática (testar, repetir, isolar, alternar, explorar, ajustar, lapso, dispersão, parar).

Para construir o modelo, combinamos esses fatores com as informações que devem estar contidas no documento: necessidades e objetivos do projeto, padrões e critérios de sucesso, abordagem do escopo e requisitos, coleta de requisitos (do projeto, de qualidade e das soluções), abordagem do cronograma e métricas de desempenho, análise e registro das lições aprendidas, medição do desempenho, análise de causa-alternativa-tendência, performance e avaliação. Como subtópicos de cada um desses itens, foram distribuídos os elementos apontados nos textos, analisando com qual informação do gerenciamento cada um está relacionado. Exemplo: como subtópicos das necessidades e objetivos do projeto estão: motivação, tempo, ambiente físico e experiência de domínio (indivíduo), conhecer o conteúdo, aspectos técnicos, anato-fisiológicos, psicológicos e neurológicos (performance), testar, isolar, lapso, dispersão, parar (prática).

O resultado foi uma longa lista de perguntas. Para simplificar a aplicação prática, retiramos a divisão por grupos de processos e áreas de conhecimento para possibilitar a junção de questões similares ou acerca do mesmo assunto. Dessa maneira, boa parte dos fatores exemplificados se uniu e foi redistribuída. Exemplo: testar, isolar e aspectos técnicos se uniram em uma única questão, entretanto se separaram de aspectos neurológicos, psicológicos, anato-fisiológicos e demais elementos.

Em decorrência das dificuldades evidenciadas na experiência prática, como repetição de respostas, segregação de informações e excessos de detalhes, fizemos mais alterações até alcançar o modelo a seguir (Figura 2):

Figura 2 – Modelo de Plano de Gerenciamento

PLANO DE GERENCIAMENTO

1. Obra, compositor, estilo e gênero:
2. Evento, repertório* e objetivo:
3. Data do evento, disponibilidade de tempo e de esforço*:
4. Locais da prática e da performance, riscos* e soluções:
5. Instrumentação, músicos, datas e locais dos ensaios:
6. Coorganizadores*, avaliadores e público-alvo:
7. Descrição da performance almejada:
8. Analisando a gravação da execução de leitura à primeira vista, demandará maior atenção:
9. Modificações* nas questões de gerenciamento, nas metas, atividades, cronograma, monitoramento e controle:

*Repertório: conjunto de obras que serão executadas no mesmo evento.
*Disponibilidade de esforço: limitações físicas e mentais.
*Riscos: possíveis problemas e empecilhos que o local pode gerar na prática ou na performance.
*Coorganizadores: pessoas que contribuem no gerenciamento.
*Modificações: ajustes nos modelos para se adequarem às particularidades do projeto e do indivíduo.

Fonte: elaborado pelos autores

O foco do plano de gerenciamento é promover clareza das informações por meio da sua escrita, por isso o instrumentista deve preencher o documento com os dados solicitados (respostas suscintas). As respostas de cada questão têm como propósito:

Questão 1: resumir o projeto e relembrar informações relevantes que guiarão as respostas das questões 2, 5, 6 e 7.

Questão 2: informar o contexto do evento e a motivação, que auxiliará na questão 7.

Questão 3: apontar a data do evento, a consequente disponibilidade de tempo e de esforço físico e mental para a preparação, visando à montagem do cronograma.

Questão 4: indicar os possíveis problemas e empecilhos gerados pelos ambientes em que a prática e a performance serão realizadas, o que direciona o cronograma e a resposta da questão 7.

Questão 5: listar datas importantes (ensaios com outros músicos), instrumentação e demais músicos, o que afeta a questão 7 e o cronograma.

Questão 6: definir requisitos, padrões e critérios de sucesso utilizados por outras pessoas para avaliar o desempenho.

Questão 7: descrever aspectos técnicos e interpretativos que atendam aos objetivos do projeto, requisitos, padrões e critérios de sucesso que serão considerados para avaliação da performance.

Questão 8: testar, isolar e relatar os aspectos técnicos que já foram alcançados, os erros e dificuldades por meio do autojulgamento, guiando as modificações nas metas e atividades.

Questão 9: informar modificações nos modelos incluindo questões do plano de gerenciamento, metas, atividades, sequenciamento, formato do cronograma, medição de desempenho e registro do monitoramento e das lições aprendidas para que se ajustem às particularidades da performance, da prática e do indivíduo. O processo de adequação será mais fácil após o início da experiência pessoal de aplicação da proposta.

Metas e atividades sequenciadas

A EAP é o conjunto de metas do projeto, identificadas por meio da decomposição do trabalho e do resultado almejado, sendo uma das principais ferramentas do Guia PMBOK®: "o principal benefício desse processo [criar a EAP] é que ele fornece uma visão estruturada do que deve ser entregue" (PMI, 2017, p. 156). A partir das dificuldades encontradas na pré-experiência e na primeira parte da experiência, perceptíveis no volume de separações e junções das metas e atividades no momento da prática, procuramos um caminho de decomposição que mantivesse a integração dos aspectos musicais.

Para iniciar o desenvolvimento do modelo no campo musical, selecionamos como primeiro nível de divisão os dois objetivos principais na preparação para a performance apontados por Reid (2002): interpretar e desenvolver a técnica. Consideramos também os três estágios apresentados pelo autor: cognitivo (prática consciente), associativo (refinamento) e autônomo (assimilação). Inicialmente, dispomos todos como colunas da EAP (grupos de metas), sendo o primeiro estágio equivalente à técnica. Durante a experiência notamos que a coluna assimilação não é necessária no modelo, mas o instrumentista pode acrescentá-la com metas para memorização, por exemplo.

As metas da coluna interpretação foram encontradas no sistema de análise semiológica tripartite de Nattiez (2002): análise de nível neutro (material), *poiética* indutiva (processo composicional a partir do material), *poiética* dedutiva (processo composicional a partir de informações externas), *estésica* indutiva (possíveis entendimentos a partir da partitura), *estésica* dedutiva (entendimentos reais) e comunicação (performance). Por partirem da análise da notação musical, o nível neutro e a *poiética* indutiva foram unificados na meta análise da partitura. A *poiética* dedutiva foi traduzida como a meta contexto composicional, a qual pode conter informações sobre o compositor, a época, história da obra etc. E as *estésicas* indutiva e dedutiva se tornaram decisões interpretativas.

Para identificar as metas relativas à técnica, buscamos no texto de Rodrigues (2015) sobre a preparação para audições orquestrais os aspectos mais relevantes cobrados em provas e competições: "afinação, mecanismo, qualidade do som, articulação, vibrato, caráter, andamento, ritmo, postura, fraseado e dinâmica" (RODRIGUES, 2015, p. 23). Conforme as necessidades encontradas na experiência, retiramos o aspecto vibrato, que pode ser incluído no timbre, e modificamos alguns termos para que fiquem mais claros.

A última coluna, refinamento, abrange as metas: identificar e resolver erros. A diferença entre as metas de refinamento e o monitoramento e controle é o momento em que ocorrem, pois no refinamento são realizadas suas atividades como integrantes da prática, ocupando uma sessão no início e quando finalizamos as demais metas, servindo para conferir se é necessário trabalhar algo a mais ou refazer alguma atividade; já o monitoramento é a auto-observação constante e deve estar presente ao longo de todo o processo. Apesar disso, as atividades de refinamento podem ser empregadas como parte do monitoramento e controle.

Quadro 1 – Metas

Interpretação	Técnica	Refinamento
Análise da partitura	Afinação	Identificar erros
Contexto composicional	Notas	Resolver erros
Decisões interpretativas	Qualidade de som	
	Articulação	
	Timbre	
	Andamento	
	Acurácia rítmica	
	Postura	
	Fraseado	
	Dinâmica	

Fonte: elaborado pelos autores

Complementarmente, as atividades são o caminho para alcançar as metas, definidas e sequenciadas nos processos de elaboração do cronograma. Em vista da conexão e consequente integração entre o que e como devemos praticar, observada na experiência prática, decidimos unificar as metas e atividades no mesmo modelo.

Na busca pelas ferramentas específicas da prática musical, utilizamos a pesquisa de Nielsen (1999), que apresenta uma categorização de estratégias de aprendizagem. As principais categorias apontadas pela autora são:

- Estratégias de seleção: identificação das áreas problemáticas, incluindo o exame visual da partitura, a execução no andamento próximo ao final e execução da leitura à primeira vista. Dentre essas atividades, aplicamos a execução no andamento próximo ao final na meta identificar erros, e a última no plano de gerenciamento (questão 8);
- Estratégias de organização: repetição com variações de andamento e de estrutura rítmica, combinar estratégias, isolar o menor movimento possível, mudar e testar diferentes soluções, desenvolver exercícios a partir de trechos da obra, dividir a obra em partes para trabalhar, fazer marcações na partitura, sintetizar movimentos em acordes (para compreender), exagerar movimentos, isolar movimentos parciais de padrões com base em acordes (o que foi compreendido).

- Estratégias de integração: abarca estratégias como ensaio mental (prática sem o instrumento, apenas a imaginação), tocar junto com expressão vocal, ouvir outras performances e identificar similaridades e diferenças.

Empregamos grande parte dessas estratégias no modelo, realizando modificações para se ajustarem às especificidades de cada meta. As atividades para identificar e resolver erros foram retiradas de outro texto da mesma autora (NIELSEN, 2001) e de Palmer e Sande (1995). Nielsen (2001) indica quatro caminhos na avaliação do desempenho: sucesso e busca por novo problema; errado e mantém a estratégia; errado e muda a estratégia; errado e revisão do problema ou causa. Palmer e Sande (1995) desenvolveram uma maneira de classificar os erros quanto ao tamanho, fonte, tipo e movimento, ou seja, a descrição detalhada do erro.

Como não encontramos atividades para todas as metas, complementamos com estratégias utilizadas na experiência da autora desta pesquisa, principalmente para as metas de interpretação, buscando a descrição do que será feito, sua função prática e a auto-observação.

O sequenciamento foi feito a partir da análise conceitual e de execução das metas na experiência prática da autora por conta da carência bibliográfica. No modelo (Figura 3), dispomos, à esquerda, as metas independentes em relação às demais, logo à frente, conectadas por setas, estão as que dependem dessas, e assim sucessivamente. Isto é, para realizar as atividades das metas à direita, é necessário fazer as que estão à esquerda conectadas por setas. Exemplo: para trabalhar o timbre é preciso, antes, tomar as decisões interpretativas, que, por sua vez, depende da análise da partitura e do contexto composicional.

De acordo com a sequência estabelecida, separamos as metas em quatro grupos: expressividade (interpretação e técnicas), mecanismo (habilidade técnica), sonoridade (técnica para a produção de sons) e outras (demais metas). Essa categorização e o sequenciamento servem de base para o cronograma, elaborado a partir das atividades buscando a variabilidade da prática.

Figura 3 – Modelo de Metas e Atividades Sequenciadas

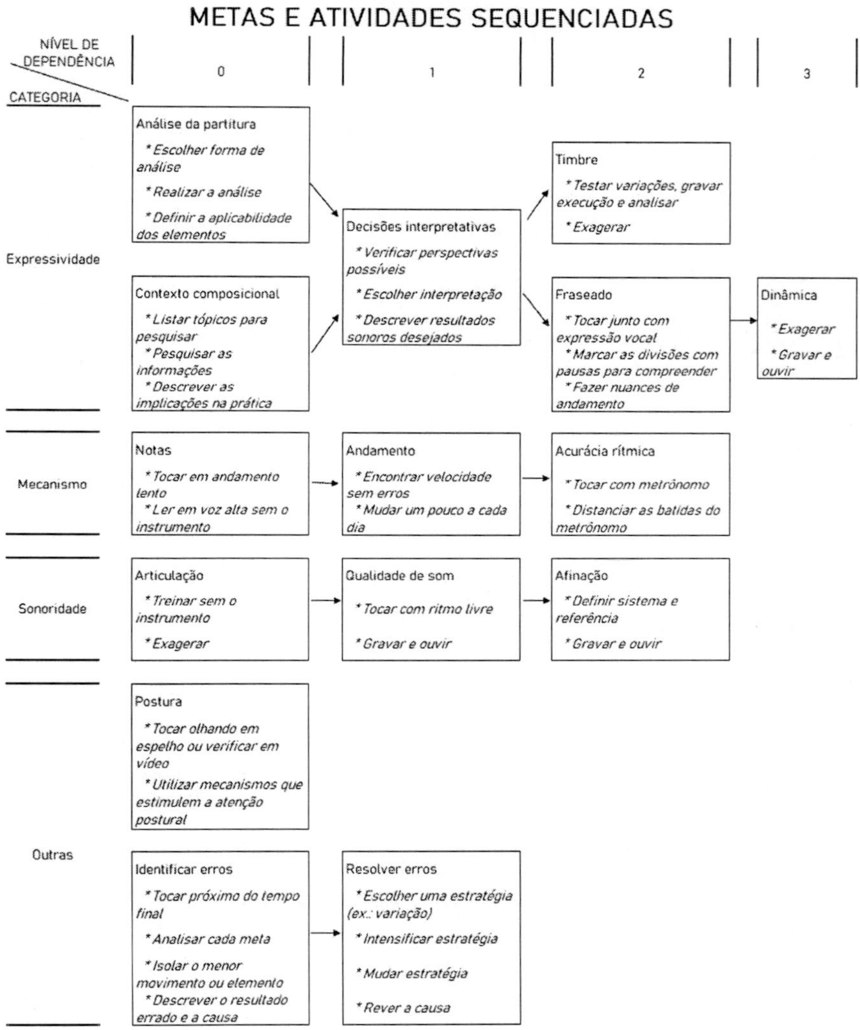

Fonte: elaborada pelos autores

Com o objetivo de esclarecer a origem na escolha de atividades para elaborar o modelo, fornecemos exemplos conectados com as experiências.

Atividades de Análise da partitura na *Fantasia nº 4* de Telemann na primeira experiência:

- Escolher forma de análise: análise fenomenológica com base nas ideias de Celibidache (MARIN, 2015);

- Realizar a análise: encontrar os pontos de tensão e relaxamento e criar um gráfico;
- Definir a aplicabilidade dos elementos: criar diferenças timbrísticas e de intensidade entre tensão e relaxamento.

Exemplificando as atividades de Contexto composicional na *Fantasia nº 5* de Telemann na segunda experiência:

- Selecionar tópicos a serem pesquisados: compositor (estilo de composição principal, influência na história e cultura, breve biografia, compositores de referência), histórico e sociocultural (principais acontecimentos históricos, cultura local, organização social, estilo musical em voga na época, transformações sociais e musicais que estavam ocorrendo), obra (significado e função para a época, inspirações) e instrumento da época (características sonoras, técnicas específicas, reflexos na composição);
- Pesquisar as informações: buscar em sítios eletrônicos confiáveis, artigos científicos, livros, vídeos de professores, anotações de aulas etc.;
- Descrever implicações na prática: marcar articulações segundo as regras da época, não fazer muitas diferenças de intensidade e de timbre (limitações do instrumento da época), valorizar as vozes contrapontísticas e o baixo contínuo (característica do estilo), a harmonia (compositor que foi um precursor do classicismo), caráter racional (iluminismo) e polido (música para corte), imitando a voz humana (compôs muitas cantatas).

Exemplificando as atividades de Decisões interpretativas na *Fantasia nº 8* de Telemann na terceira experiência:

- Verificar perspectivas possíveis: articulação para ajudar na técnica instrumental, para enfatizar as tensões e distinguir vozes contrapontísticas ou segundo regras conforme o intervalo e o encadeamento harmônico; pouca diferença de intensidade e timbre pela limitação do instrumento da época, muita diferença para expressar os afetos ou diferença considerável em função do encadeamento harmônico; fraseado de acordo com a linha melódica, a harmonia ou ritmo; regularidade rítmica pela cultura rígida do país ou nuances no andamento (acelerar ou desacelerar) para expressar os afetos;

- Escolher interpretação: articulação para enfatizar tensões; muita diferença de intensidade e timbre para expressar os afetos; fraseado de acordo com a linha melódica; nuances no andamento para expressar os afetos;
- Descrever resultados sonoros desejados: articulações separadas e curtas para as tensões e mudança de vozes, ligadas para os relaxamentos, notas próximas e na mesma voz; aumento da intensidade e do andamento nas tensões, e redução nos relaxamentos; timbre opaco e denso (poucos harmônicos e reforço dos graves) para expressar tristeza e aflição.

Cronograma e monitoramento

Dentre as diversas maneiras de elaborar cronogramas, foi escolhido para o modelo, em decorrência das observações feitas na experiência prática quanto à funcionalidade e praticidade, a elaboração iterativa com lista de pendências:

> Esta é uma forma de planejamento em ondas sucessivas [...]. Os requisitos são documentados em histórias de usuário, que por sua vez são priorizadas e refinadas pouco antes da construção, e as características do produto são desenvolvidas usando períodos de trabalho definidos. [...] O benefício desta abordagem é que ela facilita as mudanças durante todo o ciclo de vida de desenvolvimento. (PMI, 2017, p. 177)

Ou seja, o cronograma não é elaborado por inteiro, mas em etapas. Dessa forma, propomos um modelo em que as atividades são selecionadas no início de cada dia de prática, respeitando o sequenciamento do modelo de metas e atividades, o que simplifica a realização de ajustes conforme necessário, fator fundamental para uma prática reflexiva e adequada ao indivíduo.

O texto do campo musical utilizado para a construção deste modelo foi de Póvoas (2017), que apresenta o Sistema Rodízio, baseado na variabilidade e na distribuição. A autora recomenda a realização da prática dividida em sessões com duração entre 20 e 30 minutos cada, seguidas de intervalos com 10 a 15 minutos. Elas devem ser contrastantes (alternância de obras com estilos distintos, segundo a autora), por isso segmentamos o modelo de cronograma nas quatro categorias de metas: expressividade, mecanismo, sonoridade e outras. Sugerimos que seja escolhida uma meta de cada categoria por dia, conforme for possível, para possibilitar maior variabilidade.

Considerando que as atividades de refinamento atendem também ao monitoramento e controle, acrescentamos campos para registro dos problemas com suas respectivas causas e soluções. Mostrou-se relevante o registro desses três elementos com base nos subprocessos da autorregulação apontados por Veloso e Araújo (2019): auto-observação (identificar o problema), autojulgamento (encontrar possíveis causas) e autorreação (escolher uma solução). Dessa forma, caso o problema não seja resolvido, ficará mais claro o que tinha sido determinado, contribuindo para modificar a solução ou encontrar uma nova causa.

As lições aprendidas, preferencialmente informando também problema, causa e solução, devem ser registradas à parte, para facilitar o acesso em projetos futuros. Sugerimos a criação de um documento (em qualquer formato) para lições de técnica instrumental e a anotação das reflexões de interpretação na própria partitura.

Quadro 2 – Modelo de Cronograma e Monitoramento

CRONOGRAMA E MONITORAMENTO

	Dia 1	Dia 2	Dia 3
Meta - expressividade			
Problema causa solução			
Meta - mecanismo			
Problema causa solução			
Meta - sonoridade			
Problema causa solução			
Outras metas			
Problema causa solução			

Fonte: elaborado pelos autores

CONSIDERAÇÕES FINAIS

Por meio da revisão de literatura, constatamos que a característica comum entre os trabalhos está na preocupação com aspectos específicos, faltando investigações acerca do gerenciamento integrado desses mecanismos ofertados pelos pesquisadores da música. Nosso intuito foi propor uma alternativa para a integração dos inúmeros assuntos, unificando subdivisões normalmente realizadas.

Fundamentar na área administrativa empresarial reforça os objetivos direcionados para eficiência e autonomia por meio da gestão integrada. A escolha do Guia PMBOK® se justifica por ser um dos principais materiais da profissão de gerenciamento de projetos, por isso traduzimos tais práticas para a preparação para a performance musical, ratificando que ambas representam esforços temporários com um objetivo final.

O processo metodológico alicerçado em Dewey (1938), autor da corrente pragmática, salienta a centralidade da proposta na função prática, assim como o valor da autonomia do indivíduo, promovendo independência. A realização de experiências, compreendidas por Dewey como elemento essencial na vivência do sujeito, complementou a proposta com ajustes observados ao longo da aplicação prática. Em consonância, o registro em diário conforme o conceito de Zabalza (2004) enriqueceu a proposta por meio da perspectiva particular.

Ao longo da experiência, detectamos quais eram as dificuldades na aplicação da proposta, assim como as necessidades para a construção dos modelos. A mudança de perspectiva adotada como base para a performance de cada parte da experiência contribuiu para a verificação da versatilidade dos modelos, uma vez que buscamos formatos abrangentes que permitam adequação às particularidades do projeto e do indivíduo.

Os modelos foram elaborados durante a experiência, alinhando teoria e prática. Inicialmente, combinamos os processos de gerenciamento de projeto com pesquisas do campo musical, tendo como foco integrar diversas propostas realizadas por pesquisadores em música. Para isso, utilizamos estudos de pontos específicos, como lista e categorização de estratégias, sistema de planejamento do tempo (Rodízio), elementos que compõem os contextos do projeto, ferramentas de autorregulação etc.

O passo seguinte ocorreu na experiência prática com o objetivo de complementar a elaboração teórica por meio da verificação da eficácia e identificação de dificuldades não previstas. A primeira parte da experiência ofertou um plano de gerenciamento mais simples, porém com repetições de respostas ou detalhes desnecessários, além de dúvidas, segmentação e ineficiência geradas pelos formatos dos demais documentos.

A segunda, permitiu clareza nas metas pela observação e correção dos problemas ocorridos no estágio anterior, evitando dúvidas e segmentação de aspectos musicais interligados, entretanto as atividades apresentavam desconexão e o cronograma complexo e impreciso.

Na terceira, foram selecionadas atividades mais direcionadas, com sequenciamento lógico e distribuídas em um modelo de cronograma que, conforme verificamos, proporcionou efeitos positivos na performance. O modelo de monitoramento se mostrou necessário, pois seu registro ficou confuso.

A última parte contribuiu para monitorar integralmente a prática, assim como provocou questionamentos sobre todos os modelos para a realização de mais ajustes. Dessa forma, chegamos a três modelos com os seguintes intuitos:

- Plano de gerenciamento: clareza da visão geral do projeto;
- Metas e atividades sequenciadas: conexão da estratégia com sua finalidade;
- Cronograma e monitoramento: unificação do planejamento diário e da reflexão sobre a prática.

Os resultados obtidos na performance final, o recital on-line[69], salientam e reforçam a importância da proposta e sua funcionalidade: as obras preparadas na primeira parte demandaram mais tempo e apresentaram mais dificuldades que as obras da quarta parte, gerando mutação, qualidade de tempo e ação direcionada na resolução de problemas.

Vale frisar que integração é o centro desta pesquisa, relacionando e valorizando os diversos contextos envolvidos: performance, prática e indivíduo.

REFERÊNCIAS

BARROS, L. C. *A pesquisa empírica sobre o planejamento da execução instrumental*: uma reflexão crítica do sujeito de um estudo de caso. 2008. 265 p. Tese (Doutorado em

[69] Performance de finalização da experiência: recital online completo. Disponível em: https://youtu.be/y0-C-6nC1zaE. Acesso em: 18 nov. 2022.

Música) – Universidade Federal do Rio Grande do Sul, Porto Alegre, 2008. Disponível em: https://lume.ufrgs.br/handle/10183/13245. Acesso em: 6 nov. 2020.

BAXTRESSER, J. *The Orchestral Excerpts for Flute with Piano Accompaniment*. King of Prussia: Theodore Presser Company, 2008.

CARVALHO, C. S. *Elementos da performance musical (EPM) na preparação de recitais de grupos de flautas doce*. 2016. 46 p. Dissertação (Mestrado em Música) – Universidade Federal de Goiás, Goiânia, 2016. Disponível em: https://sucupira.capes.gov.br/sucupira/public/consultas/coleta/trabalhoConclusao/viewTrabalhoConclusao.jsf?popup=true&id_trabalho=3638200. Acesso em: 11 nov. 2020.

DEWEY, J. *Democracy and education*: an introduction to the philosophy of education. E-Book, edição do Kindle. ed. [*S.l.*]: Duke Classics, 1916. ISBN 978-1-62011-434-6.

DEWEY, J. *Experience and education*. Noa York: Simon & Schuster, 1938.

ERICSSON, K. A.; KRAMPE, R. T.; TESCH-ROMER, C. The Role of Deliberate Practice in the Acquisition of Expert Performance. *Psychological Review*, v. 100, n. 3, p. 363-406, 1993. Disponível em: https://graphics8.nytimes.com/images/blogs/freakonomics/pdf/DeliberatePractice(PsychologicalReview).pdf. Acesso em: 21 out. 2020.

MANTOVANI, M. R.; SANTOS, R. A. T. D. Categorias Psicossensoriais da prática pianística em diferentes níveis de expertise: perspectivas de deliberação. *OPUS*, versão digital, v. 24, n. 3, p. 26-54, 2018. ISSN 15177017. Disponível em: https://www.anppom.com.br/revista/index.php/opus/article/view/opus2018c2402. Acesso em: 15 set. 2020.

MARIN, L. *Basic fundamentals of phenomenology of music by Sergiu Celibidache as criteria for the orchestral conductor*. 2015. 31 f. Tese (Doctor of Musical Arts - DMA) – University of Kentucky, Lexington, Kentucky, Estados Unidos da América, 2015. Disponível em: http://uknowledge.uky.edu/music_etds/41. Acesso em: 23 jul. 2021.

MENDES, R. D. *Insigne*. São Paulo: [s. n.], 2020. 1 partitura. Disponível em: https://abraf.org/wp-content/uploads/2020/11/Insigne-Partitura-completa.pdf. Acesso em: 17 ago. 2021.

NATTIEZ, Jean Jacques. O Modelo Tripartite de Semiologia Musical: O Exemplo de La Cathédrale Engloutie de Debussy. SAMPAIO, Luiz Paulo (Trad.). *Revista Debates*, Porto Alegre, n. 6, p. 1-33, 2002. Disponível em: http://www.seer.unirio.br/index.php/revistadebates/article/view/4049. Acesso em: 23 jul. 2021.

NIELSEN, S. G. Learning strategies in instrumental music practice. *British Journal of Music Education*, Cambridge, v. 16, n. 3, p. 275-291, nov. 1999. ISSN 1469-2104. Disponível em: https://doi.org/10.1017/S0265051799000364. Acesso em: 27 jul. 2021.

NIELSEN, S. G. Self-regulating Learning Strategies in Instrumental Music Practice. *Music Education Research*, Londres, v. 3, n. 2, p. 155-167, 2001. ISSN 1469-9893. Disponível em: http://dx.doi.org/10.1080/14613800120089223. Acesso em: 27 jul. 2021.

PALMER C.; SANDE C. van de. Range of Planning in Music Performance. *Journal of Experimental Psychology*: Human Perception and Performance, Washington, v. 21, n. 5, p. 947-962, 1995. ISSN 0096-1523. Disponível em: https://doi.apa.org/doiLanding?doi=10.1037%2F0096-1523.21.5.947. Acesso em: 6 ago. 2021.

PMI, P. M. I. *Um guia do conhecimento em gerenciamento de projetos (Guia PMBOK®).* 5. ed. Newtown Square: [s.n.], 2013. ISBN 9781628250077.

PMI, P. M. I. *Um guia do conhecimento em gerenciamento de projetos (Guia PMBOK®).* 6. ed. Newtown Square: [*s.n.*], 2017. ISBN 9781628253924.

PMI, P. M. I. *The standard for organizational project management (OPM).* Newtown Square: [s.n.], 2018. ISBN 9781628255560.

PÓVOAS, M. B. C. Desempenho pianístico e organização do estudo através do Rodízio: um sistema de treinamento baseado na distribuição e variabilidade da prática. *OPUS*, versão digital, v. 23, n. 1, p. 187-204, 2017. ISSN 15177017. Disponível em: https://www.anppom.com.br/revista/index.php/opus/article/view/440/412. Acesso em: 21 set. 2020.

PROTÓTIPO. *In: Dicionário Priberam da Língua Portuguesa* [em linha], 2008-2021. Disponível em: https://dicionario.priberam.org/prot%C3%B3tipo. Acesso em: 4 ago. 2021.

RAY, S. Prática e didática da música de câmara. *Orfeu*, Florianópolis, v. 4, n. 1, p. 151-165, 11 set. 2019. ISSN 2525-5304. Disponível em: https://www.revistas.udesc.br/index.php/orfeu/article/view/1059652525530404012019151. Acesso em: 13 out. 2020.

REID, S. Preparing for performance. *In:* RINK. J. *Musical Performance*: a guide to understanding. Cambridge: Cambridge University Press, 2002. p. 102-112.

RODRIGUES, J. M. B. *Audições orquestrais para flauta no Brasil*: um estudo sobre estratégias de preparação. 2015. 75 p. Dissertação (Mestrado em Música) – Universidade Federal de Minas Gerais, Belo Horizonte, 2015. Disponível em: https://sucupira.capes.gov.br/sucupira/public/consultas/coleta/trabalhoConclusao/viewTrabalhoConclusao.jsf?popup=true&id_trabalho=2596110. Acesso em: 11 nov. 2020.

SANTOS, L. F. dos. *Organização do estudo de obras musicais*: identificação de itens de estudo. 2017. 32 p. Monografia (Bacharelado em Música com Habilitação em Flauta Transversal) – Faculdade de Música do Espírito Santo "Maurício de Oliveira", Vitória, 2017. (não publicado).

SANTOS, L. F. dos. *Gerenciamento integrado do projeto de preparação para a performance*: modelos ajustáveis para a prática eficiente e autônoma. Orientador: Alfeu Rodrigues de Araújo Filho. 2021. 139 p. Dissertação (Mestrado em Música) – Universidade Estadual de Maringá, Maringá, 2021. Disponível em: https://sucupira.capes.gov.br/sucupira/public/consultas/coleta/trabalhoConclusao/viewTrabalhoConclusao.jsf?popup=true&id_trabalho=11254812. Acesso em: 31 jul. 2022.

SMALL, C. Musicking: um ritual no espaço social. *In:* Palestra na Universidade de Melbourne, Melbourne, 6 de junho de 1995.

SMALL, C. Musicking: the meanings of performing and listening. Middletown: Wesleyan University, 1998. ISBN 978-0-8195-2257-3.

TELEMANN, G. P. *12 Fantasias for solo flute*. Monteux: Música Rara, 1987. 1 partitura.

VARGAS, R. V. *A New Approach to PMBOK® Guide 2000.* PMI Global Congress North America. Neshville – TE - USA: [*s.n.*]. 2001. p. 215-226.

VARGAS, R. V. *Fluxo de Processos do PMBOK Guide®*. 6. ed. 2017a. Disponível em: http://rvarg.as/pmbok6. Acesso em: 12 nov. 2020.

VARGAS, R. V. *PMBOK® Guide*. 6. ed. Explicado com Ricardo Vargas! 2017b. Disponível em: https://www.youtube.com/watch?v=rvDnS_wWwJs. Acesso em: 11 nov. 2020. Duração: 49 min. e 04 seg.

VELOSO, F. D. D.; ARAÚJO, R. C. D. A aprendizagem da performance musical na visão sociocognitiva: aportes da Abordagem Multidimensional da Autorregulação. *OPUS*, versão digital, v. 25, n. 3, p. 133-157, 2019. ISSN 15177017. Disponível em: https://www.anppom.com.br/revista/index.php/opus/article/view/opus2019c2507. Acesso em: 14 set. 2020.

ZABALZA, M. A. *Diários de aula*: um instrumento de pesquisa e desenvolvimento profissional. Tradução de Ernani Rosa. Porto Alegre: Artmed, 2004.

ZWIKAEL, O. The relative importance of the PMBOK Guide's nine knowledge areas during project planning. *Project Management Journal*, Oaks, v. 40, n. 4, p. 94-103, 2009.

8

CAMINHANDO O PERCEBER: RESSONÂNCIA ESPAÇOTEMPORAL EM UMA OBRA AUDIOVISUAL

Tauan Gonzalez Sposito

Rael Bertarelli Gimenes Toffolo[70]

INTRODUÇÃO

Em um trabalho que envolve criação e estudo científico, a ação de pesquisar e compor se torna uma via de mão dupla em que, a partir dos diálogos estabelecidos entre os autores consultados, se produz o material reflexivo que alimenta o desenvolvimento das obras artísticas, ao passo que as composições infundem o texto de material estético. Por essas vias, as inquietações que foram despertadas neste trabalho de pesquisa e composição podem ser condensadas em uma questão: como a relação espaçotemporal influencia nossa experiência perceptual em uma composição audiovisual?[71]

A pergunta estabelece alguns pontos de apoio que guiam a pesquisa e a composição, tais como a relação espaçotemporal, a experiência perceptual e a composição audiovisual. O trabalho fundou suas bases sobre esses três aspectos, buscando menos encontrar uma resposta definitiva que dar luz a novas contribuições para a composição de obras audiovisuais que se preocupem com a unidade das relações entre espaço, tempo, corpo e meio – os fundamentos da percepção.

Para este capítulo, estabeleceu-se uma trajetória que parte do processo de caminhar, guiando-nos por meio das aproximações entre perceber, criar e viver; em seguida, uma discussão a respeito das relações entre os sistemas perceptuais que constituem nossa unidade corpo/mente, e como espaço e tempo podem ser encarados como fenômenos indissociáveis, originando

---

[70] Professor orientador de mestrado de Tauan Gonzalez Sposito, mestre pelo Programa de Pós-Graduação em Música da Universidade Estadual de Maringá.

[71] Uma das obras é *A Mandala Entre os Escombros* (2021), que pode ser acessada através do link: https://youtu.be/g9Qe8Fnj2vc. Acesso em: 1 jan. 2022.

um verdadeiro fluxo espaçotemporal; então, uma definição de empatia como ressonância, por meio da transdisciplinaridade e da transensorialidade da composição audiovisual e, por fim, as considerações que tomaram forma a partir das leituras, discussões e criações artísticas que emergiram neste processo.

Para tanto, foram elencados autores de diferentes áreas do conhecimento, tratando de temas como o audiovisual (BOCHIO, 2015; CHION, 2009; LIMA, 2011), a percepção (GIBSON, 1966, 2015; INGOLD, 2000, 2015; MATURANA, 2014; MERLEAU-PONTY, 2018; MICHAELS; CARELLO, 1981; NOË, 2004), a música e a escuta (CLARKE, 2005; SCHAFER, 2011a, 2011b, 2019; SMALLEY, 1986, 1996; ZAMPRONHA, 2000), a neurociência (DAMÁSIO, 2015), a empatia como ressonância espaçotemporal na experiência estética (COUCHOT, 2018; FREEDBERG; GALLESE, 2007), entre outros.

Um longo processo de caminhadas

Caminhar é uma atividade que envolve o corpo como um todo e a ação desse corpo no mundo. Trata-se de um ato exploratório que permite experiências perceptuais diversificadas e transensoriais. A construção da composição audiovisual *A Mandala Entre os Escombros* deu-se, principalmente, a partir das caminhadas, e foi no exercício das observações decorrentes do caminhar que um mundo audiovisual foi sendo construído. Caminhando, o processo criativo tomou forma; esse processo inclusive nunca é uma ponta solta, sempre amarrado às nossas atividades exploratórias, assim como à nossa disponibilidade de reconhecer as *affordances*[72] que os materiais criativos, ou potencialmente criativos – sons, imagens, palavras –, assumem.

A imersão no meio ambiente é um aspecto fundamental na existência de um organismo (INGOLD, 2000), e para seres como os animais é através da percepção que se permite essa conexão, assim como o conhecimento do mundo, um processo que para Michaels e Carello (1981) e Tim Ingold (2015) está em constante desenvolvimento. Para o psicólogo James Gibson (MICHAELS; CARELLO, 1981), a percepção ocorre sem auxílio de inferências, memórias ou representações, pois em um ambiente tão rico em estímulos o observador não necessita ter uma cópia do mundo *na cabeça*, bastando detectar as estruturas que especificam o ambiente sem representações mentais. A esse conceito de percepção não mediado por representações

[72] O termo *affordance* é um neologismo criado pelo psicólogo James Gibson a partir do verbo inglês *to afford* (proporcionar), e pode ser entendido como a relação do conjunto de possibilidades que o meio, os objetos e outros indivíduos proporcionam a um sujeito determinado.

mentais, Gibson dá o nome de *percepção direta*, campo que estuda a relação entre o animal e o ambiente, focando as formas como esse animal conhece o meio, rejeitando o dualismo que tradicionalmente separa os dois termos em aspectos distintos. Os organismos e o meio ambiente são uma totalidade única e indivisível em constante desenvolvimento (INGOLD, 2000).

Nossa existência, dinâmica, envolve uma contínua interação com o ambiente: da mesma forma como meio causa mudanças ao organismo (um sistema dinâmico determinado estruturalmente), o ser vivo, ao seu modo, também desencadeia mudanças no meio (MATURANA, 2014). A adaptação perceptual, que se constitui como um processo de aprendizado que envolve o uso do conhecimento sensório-motor apropriado a cada situação, é alcançada justamente por indivíduos que interagem de forma ativa com o meio (NOË, 2004). Para o filósofo, perceber é uma forma de agir, e são as atitudes exploratórias que nos possibilitam as experiências perceptuais; assim, podemos acessar o mundo por meio do movimento físico e da interação, sendo o fator constituinte da percepção esse conhecimento sensório-motor.

James Gibson (1966) destaca que os sentidos (visão, olfato, audição etc.) são, na realidade, um conjunto de sistemas perceptuais que envolvem não apenas os órgãos dos sentidos, mas todo o nosso corpo. Perceber não significa a coleta de informações sensoriais por um órgão específico e seu processamento pelo cérebro, mas um grande número de relações entre os próprios órgãos sensoriais, nosso corpo (incluindo o cérebro e todo o sistema nervoso), nossas atitudes e o meio em que habitamos, envolvendo um conjunto de elementos: os sistemas perceptuais, interligados por se localizarem nesse corpo único; as atividades mentais; o movimento e as ações, realizadas conscientemente ou não, entre outros. Perceber não é algo passivo, mas requer habilidades exercitadas diariamente.

Dessa forma, uma verdadeira relação cíclica se estabelece entre *percepção* e *ação/movimento*. Para Alva Noë (2004), somente criaturas com certas capacidades corporais podem perceber, assim como apenas seres com ao menos um tipo rudimentar de percepção se tornam capazes de movimentar-se espontaneamente. Impressões sensoriais e movimento espontâneo estão intimamente relacionados. Segundo Tim Ingold (2015), *mover*, *conhecer* e *descrever* são as características do processo da vida, uma relação que não ocorre de forma separada, mas engloba os três verbos paralelamente, demandando ainda a *observação*, onde um "ser que se move, conhece e descreve deve estar atento [o que significa] estar vivo *para* o mundo" (INGOLD,

2015, p. 13, grifos do autor), apontamentos que caminham lado a lado com o pensamento de Humberto Maturana, na medida em que todas essas ações se implicam mutuamente. Para o autor chileno, "conhecer é viver; viver é conhecer" (MATURANA, 2014, p. 48). A relação entre mover, conhecer e descrever poderia ser compreendida considerando que

> O corpo é o veículo do ser no mundo, e ter um corpo é, para um ser vivo, juntar-se a um meio definido, confundir-se com certos projetos e empenhar-se continuamente neles [...]: pois se é verdade que tenho consciência de meu corpo através do mundo, que ele é, no centro do mundo, o termo não percebido para o qual todos os objetos voltam a sua face, é verdade pela mesma razão que meu corpo é o pivô do mundo: sei que os objetos têm várias faces porque eu poderia fazer a volta em torno deles, e neste sentido tenho consciência do mundo por meio de meu corpo (MERLEAU-PONTY, 2018, p. 122).

O movimento das caminhadas, conhecendo e observando o mundo a partir das temporalidades da ação do corpo no ambiente, foi o que possibilitou descrever a experiência por meio de uma composição audiovisual, *A Mandala Entre os Escombros*. No levantamento dos materiais, emergidos das improvisações de direcionamento da escuta, dos olhares e das trajetórias a seguir, percebeu-se que criar está diretamente ligado ao próprio processo de estar vivo. A exploração do ambiente a partir dos movimentos conduz os indivíduos ao exercício da percepção, que por sua vez não é um elemento passivo, algo que simplesmente aparece, mas depende das ações do organismo envolvido; a criatividade também é ativa, e o maior número de estímulos – influências de escuta, de leitura, de experiências de vida, de estar disponível e de buscar materiais composicionais mesmo nos menores eventos do cotidiano – alimenta a produção criativa. Aquilo que chamamos de *processo criativo* é apenas uma forma de redescoberta de si, um processo constante de desenvolvimento pessoal que deixa marcas profundas na criação artística resultante.

A Mandala Entre os Escombros foi marcada pelas experiências vividas durante as caminhadas e observações, dessa disponibilidade de seguir o fluxo espaçotemporal, incluindo o fluxo das diferentes apreciações também realizadas (com obras musicais, visuais, literárias). Pude reencontrar sonoridades que há muito não voltava minha atenção, especialmente o som da vegetação ao vento, com o movimento das folhas, dos galhos e do mato alto ondulando e sonorizando uma das mais antigas melodias do meio ambiente e, com os processos eletroacústicos de edição, possibilitar aproximações e distanciamentos às relações de referenciais gestuais sonoros originais, a partir da teoria da imaginação da escuta de Dennis Smalley (1996).

Ao mesmo tempo, visualmente, destacaram-se as imagens em preto e branco de objetos, telhados, sulcos em paredes, raízes, cascas de árvore, grades de janela, pássaros em fios de alta tensão, emaranhados de cabos elétricos em postes, detalhes que poderiam passar despercebidos em uma imagem normal, mas que se buscou evidenciar no modo monocromático. Também foram exploradas imagens coloridas desfocadas – a partir da proximidade ou uso do *zoom* –, buscando assim por certas abstrações imagéticas.

Escutar, ver e sentir são partes de um mesmo todo

De forma tradicional, entende-se que corpo e mente atuam independentemente, ou que há uma hierarquia onde o cérebro se constitui quase como um órgão autônomo em relação ao corpo a que comanda; assim, o corpo seria apenas uma forma de suporte, um componente de sustentação ao sistema nervoso, trabalhando na captura de informações para posterior processamento pela mente, algo que se assimila à metáfora do corpo como *hardware* e da mente como *software*. Entendemos que a relação corpo/mente não é tão bem definida como a comparação com uma máquina de processamento de dados, mas uma amálgama na qual tanto corpo quanto mente não podem existir de forma independente, de modo que a existência de um é o fator determinante para a existência do outro.

De forma similar, nossa percepção de mundo não ocorre de forma segmentada, separada através daquilo que chamamos de sentidos: visão, audição, olfato, paladar, tato. O que James Gibson (1966) denomina *sistemas perceptuais* são na realidade um emaranhado de relações perceptivas possibilitadas por tudo o que compõe nosso corpo em sua relação com o mundo, desde os próprios órgãos receptores (olhos, ouvidos, pele, nariz e boca), o sistema nervoso, a consciência, a musculatura que permite os movimentos espontâneos, entre outros. Para o autor, a atuação de um sistema perceptual não anula a de outro sistema; os estímulos tanto podem ser identificados por apenas um dos sistemas perceptuais ou de forma a combinar diversos deles. Nossos sentidos operam apenas quando estimulados e, em algumas situações, as mesmas informações podem ser identificadas por mais de um sistema perceptual, algo que o psicólogo por vezes denomina *informação redundante*.

Tim Ingold (2000) ressalta o fato de que os sistemas perceptuais da visão e da audição, por exemplo, estão muito mais interligados do que nos damos conta: são sistemas *intercambiáveis* que longe de substituírem um ao outro, tornam-se indistinguíveis ao ponto de a visão ser um tipo de audição, e a audição um tipo de visão. Explorando o campo da visão e da audição como semelhantes, podemos "ser guiados não apenas por uma melhor apreciação da riqueza e profundidade da experiência visual, mas também em direção a uma compreensão mais generosa, aberta e participativa do pensamento" (INGOLD, 2000, p. 287).[73] A combinação entre sistemas perceptuais em uma mesma ação, a *redundância perceptual*, possibilita uma rica integração ao observador; por esse motivo, escolheu-se trabalhar na criação de uma obra audiovisual, permitindo um maior engajamento entre os sistemas perceptuais do espectador, de forma a oportunizar maiores situações de imersão nos fluxos espaçotemporais estabelecidos.

Para o musicólogo Eric Clarke (2005), os sons que permeiam a música habitam o mesmo ambiente que as demais sonoridades. Segundo o autor, mesmo que grande parte dos textos abordem a música isoladamente do ambiente acústico no qual ela se manifesta, é certo que para ouvirmos os sons presentes na música utilizamos os sistemas perceptuais solicitados para perceber os demais eventos sonoros. O sistema auditivo, para além de escutar, nos permite compreender uma série de outras informações importantes que auxiliam desde a orientação espacial à identificação dos eventos cotidianos a partir de suas características sonoras (GIBSON, 1966).

As relações entre os sistemas perceptuais da visão e da audição são as bases da experiência audiovisual que, plena de ressonâncias táteis, permite a ocorrência de duas situações importantes: de um lado, a *imaginação da escuta* na qual visualidades são orientadas pela audição, e de outro, a *sonorização da imagem* com as reminiscências sonoras da visão.

A imaginação, ou ação da imagem, para o compositor Dennis Smalley (1996), possibilita a existência de correspondências visuais mesmo onde há apenas sons, envolvendo diferentes formas relacionais de escuta – a imaginação da escuta. O autor ressalta que a experiência musical permite, além das referências ao seu próprio conteúdo, a relação com experiências externas que inclusive podem não estar no campo da escuta, destacando as potencialidades sinestésicas da música. Smalley ainda sugere que escutar

[73] "[...] we may be guided not only towards a better appreciation of the richness and depth of visual experience, but also towards a more generous, open-ended and participatory understanding of thought" (INGOLD, 2000, p. 287, tradução própria, assim como as traduções diretas subsequentes).

é uma ação que remete, com maior ou menor grau de proximidade, aos gestos geradores do som. Assim, apresenta o conceito de substituintes, divididos em três ordens. A primeira ordem se refere à detecção do gesto humano (como identificar o gesto de dedilhar uma harpa, ou bater palmas); a segunda ordem abrange as sonoridades que nos sugerem gestos, mas que se distanciam do comportamento natural daquele som (por exemplo, o som de alguém pronunciando uma sílaba interminável, sem respirar); por fim, os substituintes de terceira ordem são aqueles nos quais não conseguimos mais identificar os gestos geradores, mas apenas *imaginar* quais sejam.

De forma paralela, ocorre aquilo que chamamos de sonorização da imagem, a ação sonora sobre a imagem. Existe uma diferença entre o que é visível e o que é audível que, para Ingold (2000, p. 199), pode se resumir no fato de que uma coisa, para ser vista, não precisa desenvolver nenhuma ação: a visão de algo consiste

> [...] na luz refletida em suas superfícies externas. Para ser ouvida, ao contrário, uma coisa deve ativamente emitir som ou, através de seu movimento, causar o som a ser emitido por outros objetos com os quais entre em contato.[74]

Desse modo, o que ouvimos não consiste na descrição da própria coisa, mas da ação que permite a produção do som (INGOLD, 2000), ao que Eric Clarke (2005) configura o som como uma consequência direta que indica movimento.

Por conseguinte, mesmo que não haja "som na fração de segundo em que imagens pictóricas vivem [...] o som pode ser sugerido pelo movimento, e quanto maior for sua variedade e energia, mais ressonante a superfície pictórica se torna" (SCHAFER, 2019, p. 57). As sugestões de movimento em imagens estáticas, como pinturas ou fotografias, podem ser ressaltadas a partir das nuances de iluminação, da textura dos materiais registrados e/ou utilizados para a elaboração das imagens, na disposição espacial dos elementos (*mise-en-scéne*) e suas relações de perspectiva. O movimento, sempre como sugestão nas imagens estáticas, imprime outro tipo de aspecto temporal que não apenas no sentido histórico (momento da história que a fotografia, quadro ou imagem retratam ou foram criados). Toda e qualquer ação demanda, além de certa espacialidade, um tempo para ser desenvolvida. Por essa razão,

[74] "of light reflected off its outer surfaces. To be heard, on the other hand, a thing must actively emit sounds or, through its movement, cause sound to be emitted by other objects with which it comes into contact" (INGOLD, 2000, p. 199).

pintores como Pieter Bruegel, com suas telas extremamente detalhadas, são tão citados por autores como Schafer (2011a, 2011b, 2019) e Ingold (2000), ressaltando sua acuidade no registro de ações sonoras e no registro do tempo.

Também Jackson Pollock, pintor estadunidense, ao transferir a temporalidade para a pintura por meio de seus gestos de jogar a tinta no espaço pictórico, desenvolve uma *action painting* em obras que

> [...] ao mesmo tempo que envolvem o espectador, vão ao encontro de seu próprio corpo; aqui, o que está em jogo não é mais apenas a visão, mas todos os sentidos daqueles que as experimentam [...]. O gesto do artista, portanto, se faz presente por meio de um impulso, de uma forma revelada na apreciação, entre o espaço da obra e o espaço vivencial (BOCHIO, 2015, p. 27).

As evocações sonoras, *sonorizações*, são mais facilmente possibilitadas em abordagens com imagens em movimento, como o cinema, por exemplo. Para Manzano (2003 *apud* ALVES, 2012), o cinema almejava o som pelo fato de sugeri-lo, mesmo enquanto arte silenciosa, quando dos primeiros experimentos com filmes mudos. O espectador se colocava diante de situações fortemente impregnadas de sonoridades, ainda que estas não fossem literalmente reproduzidas simultaneamente às imagens.

O compositor francês Michel Chion (2009) denomina o cinema silencioso desses primeiros anos como *cinema surdo*, pois os ruídos, as vozes e todos os outros sons estão lá, mas não podem ser ouvidos pelo espectador. De acordo com o autor, no princípio do cinema houve um estranhamento por parte do público ao presenciar registros de situações animadas que não produziam quaisquer tipos de som; em seu entendimento, esse estranhamento não se deu com as fotografias, silenciosas e desde sempre entendidas como "imagens congeladas no tempo" (CHION, 2009, p. 3).[75] De certa forma, tanto as sonoridades estão permeadas de imagens ao menos sugeridas quanto as imagens induzem estímulos sonoros correspondentes.

A partir da variedade de relações entre os aspectos visuais e sonoros de nossa existência, *A Mandala Entre os Escombros* foi sendo configurada e, como uma obra audiovisual influenciada por diferentes fontes, torna-se difícil classificá-la em uma ou outra modalidade de composição. O material audiovisual utilizado, transformado e recriado a partir da montagem não é

---

[75] "images frozen in time" (CHION, 2009, p. 3).

gerado por meio de apenas um modelo de criação, mas toma influências de diversos aspectos históricos e estéticos do audiovisual, empresta elementos de minha experiência como compositor musical e explora o ambiente acústico de forma a criar um imaginário da paisagem sonora. Notam-se aproximações com diversos direcionamentos do audiovisual, como o cinema, a videoarte e a videomúsica,[76] por exemplo.

Para Marcelo Carneiro de Lima (2011, p. 33), a videoarte – segmento artístico que teve sua origem na década de 1960 com nomes como Nam June Paik, Bill Viola e Vito Acconti – "radicaliza a noção de tempo presente ao prescindir dos processos técnicos de revelação dos filmes". É por essa capacidade de manipulação das imagens em tempo real que o vídeo "parece conter, absorver e misturar todas as imagens anteriores, operando e multiplicando todas elas entre as artes até aqui" (BOCHIO, 2015, p. 169). Dessa multiplicação, da hibridização entre linguagens e técnicas, nascem "novas formas de receptividade, do fazer artístico, da análise, da concepção e conceitos do produto final" (LIMA, 2011, p. 38) e, por mesclar processos eletrônicos e digitais, o vídeo possui uma grande plasticidade de manipulação e visualização, envolvendo diferentes suportes (BOCHIO, 2015). Para a autora, "o vídeo se mostra como o lugar das flutuações, nos conduzindo aos processos de hibridizações e de relacionamento entre meios" (BOCHIO, 2015, p. 167).

Nesse processo de diálogo e transição, "o vídeo amplia suas funções e passa a ter novas atribuições e abrangências", de modo que, ao contrário de se estabelecer com uma linguagem própria, se torna "um circuito expressivo, [...] passa a ser compreendido como um procedimento de interligação midiática e a ser valorizado em seu caráter de interface, como uma rede de conexões entre as práticas artísticas" (MELLO, 2008, p. 36). Segundo Christine Mello, o vídeo, encarado em suas extremidades, nos limites não definidos que demarcam as diferentes práticas artísticas, apresenta uma capacidade de ressignificação dos mais variados processos criativos.

Para Marcelo Carneiro de Lima (2011), o trabalho composicional na videomúsica não atribui à música um papel secundário, como algo que serve apenas para ressaltar o aspecto visual. Também não ocorre o contrário, com as sonoridades em maior grau de importância. As produções de videomúsica apresentam "singularidades que estão relacionadas a um

[76] Assim como os termos *audiovisual* e *espaçotempo*, preferiu-se unir as palavras vídeo e música em um termo único, *videomúsica*, sem hífen, por fazer referência a uma relação menos separada e mais íntima entre os dois processos artísticos, resultando em uma produção que já não é uma ou outra coisa, mas uma verdadeira unidade. No entanto, para as citações foi mantida a forma com que Lima (2011) se refere ao termo, *vídeo-música*.

processo *composicional* por vezes simultâneo das suas partes integrantes, regidos muitas vezes pelos processos de composição característicos da música eletroacústica" (LIMA, 2011, p. 47, grifos do autor).

Lima (2011) elenca dois aspectos composicionais que a videomúsica compartilha com as obras eletroacústicas. O primeiro se refere à espectro-morfologia dos elementos utilizados, em relação às alturas e seu comportamento no tempo, como discutido por Denis Smalley (1986). O segundo aspecto está ligado à articulação entre os diferentes níveis de referenciação dos materiais eletroacústicos, e pode ser aproximado ao conceito de substituintes (SMALLEY, 1996). Quanto mais próximos da fonte "original", mais referenciais são os sons, e quanto mais distantes, menos referenciais.

> No caso dos vídeos-músicas, a referenciação e a não-referenciação, discursos miméticos e auditivos, se mesclam em maior ou menor sintonia com as imagens, assemelhando-se muitas vezes com as técnicas de som e música no cinema no que diz respeito à sincronicidade e assincronicidade, *valores adicionados*, ou seja, correlações reais ou sintetizadas entre um determinado som e a fonte sonora visível na tela e ao qual está ligado por meio da sincronia (LIMA, 2011, p. 50, grifos do autor).

Desse modo, para o autor, as relações formais na videomúsica se dão no cruzamento entre as linguagens, "partindo do hábito cultural de ver/ouvir/sentir do *real*" (LIMA, 2011, p. 55, grifos do autor). Esse tipo de obra audiovisual se preocupa mais com a questão perceptual que com a narrativa; a experiência está em primeiro plano, e não a linearidade de uma "história". Por esse motivo, *A Mandala Entre os Escombros* flerta com essas formas de obra imagético sonora, assumindo um posicionamento de proximidade com o cinema, a *visual music*, a videoarte e a videomúsica.

O trabalho com a videomúsica preconiza uma amálgama audiovisual, um produto "que não é mais música, não pela negação, mas por não ser mais possível utilizar os conceitos que delimitam-na histórica, social, estilística e mesmo esteticamente" (LIMA, 2011, p. 56). Surge algo a que o autor se refere como um terceiro elemento, já não mais visual ou sonoro, mas repleto de significância *audiovisual*. Se em algumas obras ainda é possível isolar o som da imagem, transformando os significados, isto não é uma opção na videomúsica, pois desse modo as "imagens e músicas dissociadas representariam, fora do seu contexto original, outros produtos artísticos que pouco ou nada têm a ver com ele, e a superposição que lhe deu origem não passaria de um recurso expressivo momentâneo" (LIMA, 2011, p. 57).

Entre imagens e sons, a arte se torna presentificada, e é nesse ponto que o espaço e o tempo, como um único evento *espaçotemporal*, permitem que, para além de apenas uma apreciação audiovisual, se dê uma verdadeira *vivência estética*. Não somos apenas nossa visão e audição, mas um corpo-mente completo, com nossas qualidades como seres viventes, nossa bagagem de experiências, nossa história, nossos trajetos percorridos que sempre convergem para um mesmo fim (como o círculo universal de uma mandala): estar vivo e estar aqui, agora, fazendo parte do ambiente. Uma obra audiovisual pode ser tudo isso. Ou muito mais.

O fluxo espaçotemporal

O antropólogo Tim Ingold (2000) considera que nossas ações não transformam nosso mundo, mas se fundem com ele como uma parte de sua transformação. Esses eventos de transformação, assim como nossas ações ali incluídas, pertencem à dimensão do tempo. Para Merleau-Ponty (2018), é no mundo que o homem pode conhecer a si próprio. O autor assume que o corpo é o condutor de nossas ações no mundo e, a partir desse corpo, temos consciência do próprio mundo. Dessa forma, "na interação entre um sistema vivo e seu meio [...] [o] meio seleciona a mudança estrutural no organismo, e o organismo, através de sua ação, seleciona a mudança estrutural no meio" (MATURANA, 2014, p. 72). Por essa razão,

> [...] a nossa humanidade [é] o processo histórico em curso de nossa mútua e coletiva autocriação. O que somos, ou o que podemos ser, é algo que nós continuamente moldamos através das nossas ações [...]. Mas ao moldarmos uns aos outros nós também moldamos a Terra, pela qual nós também somos responsáveis (INGOLD, 2015, p. 177).

Alguns autores consideram que o ambiente não pode ser definido pelo termo *espaço*, que seria apenas um termo técnico, uma unidade de medida: o espaço entre uma coisa e outra, a distância entre os pontos, centímetro a centímetro (GIBSON, 2015). De forma semelhante, Ingold (2015) compreende o espaço como um vazio, um lugar de ausência. Em desacordo com a definição tradicional de espaço, o autor traz para seu debate a geógrafa Doreen Massey que, ao contrário dele, é a favor do termo; contudo, mesmo tomando caminhos opostos, os dois pesquisadores se posicionam contra a dualidade que divide a palavra *tempo* da palavra *espaço*.

De acordo com Massey (2008), o espaço é constituído de multiplicidades, formado por interrelações e está em contínua transformação. Para a autora, o espaço é tido como "um domínio de co-presença, de relacionamentos-em-prática, do emaranhado de múltiplas linhas de vida que se prendem umas às outras em seus respectivos caminhos" (INGOLD, 2015, p. 212). Assim, defendemos uma equivalência de significados entre as palavras *espaço* e *ambiente*, especialmente considerando as definições de *espaço* dentro da composição audiovisual: o espaço/ambiente em que se dá a imagem e o som, assim como o espaço em que se localizam os elementos imagéticos, a espacialização e o espaço das alturas do som.

O espaço não é uma superfície lisa à espera de ser ocupada com coisas ou pessoas, mas um conjunto que engloba tanto a existência das vidas que o compõem quanto das superfícies, do meio e das substâncias que permitem a permanência dessas vidas. Desse ponto de vista, ele não seria um vazio, mas um *completo* ecológico.

Se o conceito de espaço pode assumir significados contrastantes, e até mesmo opostos dependendo da forma como encarado, a maneira como a humanidade compreende o tempo também assume diferentes definições, transformando-se ao longo da história. Sabóia (2007) entende que o homem passa a apreender a ação do tempo à medida que tem conhecimento de que é mortal. O autor traz alguns pensamentos do filósofo alemão Martin Heidegger, que compreendia o tempo como uma dimensão vivida, individual e exprimida no presente, dividido em três dimensões: o *ser-sido*, o *por-vir* e o *estar em situação.*

Ser-sido remonta aos eventos ocorridos, não se limitando a uma simplificação a partir do conceito de passado. Ao se revisitar um momento já vivenciado – a partir da memória –, essa experiência anterior passa por um olhar renovado e é transformada. O *por-vir* se refere aos eventos ainda não ocorridos, mas também não é propriamente um *futuro*, mas um evento em potencial, uma possibilidade presente de tornar-se algo realmente vivenciado. Alinhado ao conceito de presente – ainda que não o sendo, efetivamente –, chegamos ao *estar em situação*, no qual as dimensões do *ser-sido* e do *por-vir* se unem, formando um "agora que atualiza as vivências e os projetos que poderão vir a ser, assim, esse 'agora' é na realidade um conjunto de 'agoras' que passaram no tempo cronológico e de tantos outros que poderão acontecer" (SABÓIA, 2007, p. 29).

Tanto para Heidegger, como apontado por Sabóia (2007), quanto para Merleau-Ponty (2018), os eventos cronológicos se entrelaçam no presente vivido, estabelecendo uma verdadeira não linearidade temporal, uma experiência que é ao mesmo tempo fato, sensação e possibilidade. Além disso, a apreensão espacial se faz presente: como sugere James Gibson (2015), se os indivíduos não podem estar no mesmo lugar ao mesmo tempo, podem, contudo, estar no mesmo lugar em momentos diferentes.

Para o compositor brasileiro Edson Zampronha (2000), o tempo existe mediante a transformação dos eventos. Nesse sentido, encontramos uma aproximação com o pensamento de Merleau-Ponty (2018) acerca da percepção, que também depende das transformações para ser experienciada por nosso corpo, já que, sem os pontos de referência estabelecidos pelas transformações, haveriam situações idealmente homogêneas que, nesse caso, nos seriam completamente vazias de sentido.

É a partir das experiências de mudanças que podemos perceber no tempo, estabelecendo essa linha de encadeamentos de eventos, o tempo crônico no qual *tempo* "é a continuidade em que se dispõem em série estes blocos distintos que são os acontecimentos" (BENVENISTE, 1989, p. 71). O linguista Émile Benveniste (1989) chama a atenção para o fato de que, se podemos estabelecer uma relação de identificação daquilo que estamos vivendo e aquilo que já vivenciamos, lançando olhares sobre os eventos passados e os eventos presentes, o tempo crônico permite uma via de mão dupla, ao passo que o tempo vivido caminha em uma única direção, do nascimento à morte, que podemos definir como um conjunto de infinitos presentes que deixam sua trajetória no espaço e que por si agem no tempo crônico.

Entre os conceitos mais ou menos abstratos que pretendem definir o tempo, o tempo experienciado no qual a percepção se faz não é um fluxo direcional, mas como uma teia que permite acesso a pontos mais distintos. A percepção dos eventos no tempo é um verdadeiro emaranhado de possibilidades, nas quais como uma pedra que cai na água, dissipa ondas em todas as direções. É uma cadeia polifônica de fluxos que tomam rumos diversos, permitindo dilatações ou contrações como no movimento de respiração constante que nos mantém vivos.

As obras audiovisuais emergem de elementos sonoros e visuais que, originados a partir de registros (gravações), edições (alterações) e sintetizações (criações), se desenvolvem (e se corporificam virtualmente) por meio de sua presença no tempo e no espaço. Aspectos relacionados aos elementos visíveis no quadro imagético, assim como os elementos audíveis, apresentam indícios de profundidades (proximidades e distâncias), dimensões, direcionalidades, densidades, foco (figura, fundo), perspectiva, presença ou ausência no campo visível, iluminação, tonalidade/cor, timbre. Todas essas informações nos auxiliam a perceber espacialmente o evento audiovisual. Outros aspectos como a duração, o ritmo (em relação aos planos, aos cortes ou tomadas longas, e mesmo em relação ao fluxo dos elementos sonoros), fluidez e indícios de uma cronologia (ou ação cronológica) estão relacionados à dimensão temporal.

No entanto, ambos os aspectos espaciais e temporais se desenrolam simultaneamente. Não nos é possível apreender uma obra audiovisual apenas espacial ou temporalmente: se analisássemos o aspecto de profundidade em uma cena, aí já estaria implícita a demanda temporal do evento; da mesma forma, encarar a duração de um trecho da obra inclui seu desenvolvimento espacial. Para Lima (2011), o espaço (e consequentemente, o tempo) de uma composição audiovisual não é o resultado dos espaços (e tomamos a liberdade de incluir os tempos) do sonoro e do visual somados, mas é algo que, ao transpor as fronteiras, se configura como um espaçotempo audiovisual.

Ao tratarmos os termos *espaço* e *tempo* separadamente, buscamos apenas evidenciar como um termo implica o outro. Espaço e tempo são expressões de origens diversas, mas que como rios que se encontram, *confluem* para um único fenômeno que permite o exercício da percepção, o fenômeno *espaçotemporal*. A própria simbologia do rio já é adequada por retomar a ideia de fluxo, de continuidade, imersão, perenidade. A despeito da direcionalidade dos rios, imaginemos fluxos que emanam em todas as direções, algo próprio do som, algo próprio das dimensões espaçotemporais em relação à nossa percepção por meio delas.

O compositor, na criação de uma obra audiovisual, se envolve com uma série de relações espaciais, seja com os espaços compostos, os espaços (ambientes) nos quais a composição será fruída pelo público, as experiências com relação à perspectiva e ao movimento (LIMA, 2011). Para Bochio (2015), um dos pontos centrais na convergência entre imagens e sons em uma obra audiovisual diz respeito ao fator temporal, pois através do tempo (e sua inscrição no espaço) se articulam os elementos desse tipo de composição.

Se por um lado o tempo do audiovisual decorre da presença em outro tempo, um tempo que o abraça, o tempo como nós percebemos a obra, também ocorre o mesmo com o espaço. A experienciação da composição audiovisual engloba espaços sobrepostos, os espaços da obra e os espaços onde se dá sua apreciação. Para BOCHIO (2015), isso vai ao encontro do pensamento musical de John Cage, quando o compositor compreende a música de uma só vez, fruto dos sons que se produzem no espaço, estando sujeita ao próprio espaço para sua realização. O espaço ambiental, repleto de movimentos que geram sons, influencia no modo como percebemos a obra audiovisual. Os espaços audiovisuais são produtos de uma ilusão que ocorre durante sua projeção bidimensional; essa ilusão, criada a partir de artifícios composicionais do conteúdo audiovisual, nos permite uma sensação de profundidade, por exemplo, alcançada pela forma como se trabalha com as sonoridades, a iluminação, a cor e o movimento (LIMA, 2011).

A experiência audiovisual, como uma situação de transdisciplinaridade, possui grande capacidade imersiva. Buscando a união de ao menos dois sistemas perceptuais (auditivo e visual, ainda que com evocações táteis), a composição audiovisual permite maior entrega e participação do espectador. As relações estabelecidas pelas confluências imagético-sonoras e espaçotemporais dialogam de forma bastante estreita com nossa existência: somos seres que se desenvolvem a partir de um corpo, de uma aprendizagem corporal em relação aos sentidos, aos sistemas perceptuais, somos presentes em um meio (um espaço) e somos sujeitos ativos de uma temporalidade. A redundância perceptual e a redundância espaçotemporal possibilitadas pela composição audiovisual se fazem necessárias por permitirem maiores graus de empatia, ou, como a define Edmond Couchot (2018), ressonância.

Ressonâncias

A capacidade de um indivíduo de colocar-se no lugar do outro, buscando a compreensão de seus sentimentos, sensações, decisões e ações é o que define, tradicionalmente, o termo *empatia*, que pode estender-se inclusive à experiência estética (BRITANNICA, 2016). Edmond Couchot (2018) comenta que, de acordo com Jean Decety, a empatia se divide em dois componentes fundamentais, sendo um de trato motor e emocional, que se desencadeia de maneira pré-consciente, e outro mais controlado, no qual se busca compreender que as intenções, as crenças e emoções do outro podem ou não ser semelhantes às nossas. A descoberta da existência dos neurônios espelho em humanos contribuiu para o estudo da ressonância de tipo motora, em uma relação na qual

> [...] os neurônios espelho, quando ativados pela observação de uma ação, permitem que o significado da mesma seja compreendida automaticamente (de modo pré-atencional) que pode ou não ser seguida por etapas conscientes que permitem uma compreensão mais abrangente dos eventos através de mecanismos cognitivos mais sofisticados (LAMEIRA; GAWRYSZEWSKI; PEREIRA JR, 2016, p. 124).

Os autores argumentam que essa reação de estímulos não se dá apenas a partir da visão, mas, como apontam algumas pesquisas, também no exercício da escuta de uma sonoridade associada a alguma ação, e na continuidade implícita de uma ação não visualizada completamente. O papel dos neurônios espelho se traduz em uma "compreensão [dos atos de outros indivíduos] 'baseada apenas no vocabulário de atos e no conhecimento motor dos quais depende nossa própria capacidade de agir'" (RIZZOLATI; SINIGAGLIA, 2008, p. 138 *apud* COUCHOT, 2018, p. 242), numa relação de quase equivalência entre os gestos dos diferentes indivíduos, "como se a intenção do outro habitasse meu corpo ou como se minhas intenções habitassem o seu" (MERLEAU-PONTY, 2018, p. 251).

Para alguns pesquisadores, como o neurofisiologista Alan Berthoz, a empatia não seria apenas uma questão espacial, mas que engloba a memória que, concretizando-se "no fluxo do vivido, provoca certa repercussão naquele que a sente" (COUCHOT, 2018, p. 249) e, dessa forma, induzindo o surgimento de dois processos: um de natureza estética em uma relação do indivíduo consigo próprio, e outro fundamentado na comunicação intersubjetiva em relação ao próximo (COUCHOT, 2018). As obras artísticas também seriam indutoras de manifestações empáticas (GALLESE; FREEDBERG, 2007), em situações nas quais, na observação de esculturas ou pinturas, por exemplo, ocorrem respostas fisiológicas que agem sobre as partes do corpo retratadas na obra. Mesmo que em certas discussões acadêmicas se exclua das obras conceituais a capacidade de proporcionar estímulos aos neurônios espelho, Couchot esclarece que

> A arte conceitual não é uma arte imaterial que se condensa em uma intenção desincorporada mesmo que, originalmente o desejo dos artistas conceituais fosse se livrar das escórias da percepção. As obras conceituais sempre têm uma certa densidade material, por menor que seja. Não são jamais inteiramente abstratas e descorporizadas. Toda obra conceitual

> resulta de um fazer artístico intencional, de uma disposição de formas [...] (COUCHOT, 2018, p. 264).

Contudo, segundo o pesquisador, o papel dos neurônios espelho, ainda que essencial na resposta empática, não é suficiente, pois existe a necessidade de um repertório cultural de experiências. Em algumas situações, esse repertório cultural é o único possibilitador da empatia, como evidenciado em um estudo com pessoas insensíveis à dor, que para "compensar sua falta de ressonância emocional automática com a dor, devem então necessariamente recorrer a um complexo trabalho de inferência emocional que depende inteiramente de sua capacidade de empatia" (DANZIGER, 2009 *apud* COUCHOT, 2018, p. 267).

Longe de ser uma relação apenas espacial – colocar-se no lugar do outro –, a empatia também ocorre como uma forma de ressonância temporal. Para o linguista Émile Benveniste, é justamente necessário que, para que haja compreensão entre dois interlocutores, antes do fato de falarem o mesmo idioma, os dois "concordem sobre a mesma temporalidade de referência", acordo não estabelecido previamente, mas baseado "no fato de que aquele que escuta aceita o presente vivido por aquele que fala, no momento em que ele fala, como seu próprio presente" (COUCHOT, 2018, p. 297). O fator temporal intersubjetivo do discurso permite a comunicação ao transpor-se do unipessoal ao onipessoal (BENVENISTE, 1989).

Couchot (2018), de forma bastante abrangente, entende a ressonância temporal como uma condição que dá ao amante da arte a possibilidade de compartilhar a experiência do fazer – a experiência de criação do artista – e, a partir de uma concepção enativa da experiência estética formulada por Alva Noë, o autor desenvolve ainda mais a teoria, voltando-se aos conceitos de acoplamento e fechamento estruturais de Maturana e Varela, revelando que, da "relação entre o organismo e o ambiente, no qual um e outro se codeterminam mutuamente no curso do tempo, emerge [...], é enactado, um 'mundo de pertinência' inseparável da experiência vivida do organismo" (COUCHOT, 2018, p. 330). Assim, estabelece-se uma correspondência do conceito de ressonância temporal como um acoplamento estrutural centrado na obra, algo de extrema importância se a intenção é um distanciamento da concepção de que o intérprete é apenas um meio pelo qual uma informação – a música – é transmitida do compositor ao receptor:

> [...] se a obra é mesmo a fonte de *stimuli* [...], estes últimos não poderiam ser considerados informações (no sentido cibernético), que bastaria o destinatário traduzir, com a ajuda de códigos artísticos convencionados e a serem assimilados, pois se tal fosse o caso ele não poderia reconhecer senão o que já é decodificável e, por isso, deixaria escapar o que fosse novo. Em consequência, não haveria transferência de informação – mensagem – entre a obra e o destinatário, nem entre autor e destinatário, mas a coconstrução de um mundo de pertinência estética (COUCHOT, 2018, p. 331, grifos do autor).

O mundo, o grande palco da vida, é o espaço onde se dá também a experiência artística, e é por meio da nossa coleção de vivências que adquirimos bagagem suficiente para desenvolver nossos próprios universos estéticos, microcosmos prenhes de vida: nossa inscrição corporal no mundo é o fator que permite a atividade exploratória de utilizar aquilo que nos é proporcionado (as *affordances* que o meio, os objetos, os indivíduos e as situações possibilitam) como mote criativo. Assim, é pelo fato de estarmos vivos, ativos e sermos seres multissensoriais que o desenvolvimento estético pode fluir. Na filosofia de John Dewey, "[a] interação, a troca entre o organismo e o mundo produz a realidade: a realidade só é realidade porque ela é 'experiência'" (COUCHOT, 2018, p. 277).

E em uma realidade na qual os movimentos artísticos, a partir de meados do século passado, passam a solicitar cada vez mais a participação do todo perceptual do espectador, a arte se transforma em uma emboscada em que o artista "[a]tuando imprevistamente, onde e quando é menos esperado, [...] cria um estado permanente de tensão, uma expectativa constante", ao passo que "o espectador vê-se obrigado a aguçar e ativar seus sentidos [...], sobretudo, necessita tomar iniciativas" (MORAIS, 1970, p. 49). O artista gera o medo no espectador, e somente dessa forma, "diante do medo, quando todos os sentidos são mobilizados, há iniciativa, isto é, criação" (MORAIS, 1970, p. 49). Na arte, ou naquilo que Morais argumenta se tratar da *guerra* da arte, as posições se tornam menos definidas, de forma que artista, público e críticos trocam de papéis continuamente. O artista seria aquele "que dá o tiro, mas a trajetória da bala lhe escapa. Propõe estruturas cujo desabrochar, contudo, depende da participação do espectador" (MORAIS, 1970, p. 51).

Se a própria vida é transensorial e transdisciplinar, é natural que a arte busque um paralelo estético. A obra audiovisual almeja uma unidade entre os sentidos (de sistemas perceptuais ao menos visuais e auditivos, com evocações hápticas), e a transdisciplinaridade d'*A Mandala Entre os Escombros* se faz em uma relação íntima entre bases como a Fenomenologia, os preceitos da Antropologia e da Psicologia ecológicas, as ciências da cognição e os próprios processos criativos do audiovisual.

A Mandala Entre os Escombros ou convergências

O processo de pesquisar e compor, simultaneamente, fez emergir algo que não poderia ser definido nem como uma, nem como outra coisa e, assim como os conceitos de *audiovisual, espaçotempo* ou *transdisciplinaridade*, contribuiu para o surgimento de um terceiro elemento, uma espécie de *compesquisa* (composição e pesquisa), melhor definida como um ato de *viver criativa e sensitivamente e em busca constante*. Viver é mesmo uma pesquisa e uma criação.

O termo espaço foi recolocado como um espaço do *ambiente*, no qual se dão as relações de mútua transformação dos elementos que o constituem e os organismos que o habitam. De forma semelhante, percebeu-se que o termo *tempo*, mais do que um aspecto cronológico, constitui-se verdadeiramente como um agente de mudança e, se as mudanças são os "estopins" do tempo, elas próprias se identificam em nossos processos perceptivos, pois percebemos apenas relações entre os eventos *no* tempo, e não o próprio tempo (INGOLD, 2015). Desse ambiente prenhe de transformações emerge o fluxo *espaçotemporal*, que estabelece diálogos muito próximos – e até intrínsecos – com o *perceber*.

Se a percepção depende de espaços e tempos, ela também não existiria sem um corpo, ao qual nós, como indivíduos, não estamos *presos*, pois não podemos estar presos naquilo que somos: um corpo que inclui (mas não distingue) uma mente. O *corpomente* é nossa única chance de conhecer o mundo, de explorar seus ambientes, de reconhecer as transformações temporais, de estabelecer comunicações diversas. Gibson (1966) propõe a compreensão de que os sentidos são algo mais complexo e abrangente ao qual denomina *sistemas perceptuais*. Tais sistemas englobam não apenas os órgãos receptores, mas todo um conjunto de músculos, órgãos e relações corporais que são solicitadas quando enxergamos, escutamos, tateamos, em um sentimento de mundo que depende estritamente da capacidade exploratória voluntária do sistema sensório-motor (NOË, 2004). A percepção é algo construído ao longo de nossas explorações do meio, de nossa aprendizagem sensória, de nossa capacidade de conhecer, dos acúmulos de experiências que escrevem nossa história. A percepção é *ativa*, e a ação perceptiva, através dos *sistemas perceptuais*, possibilita relações transensoriais de simultaneidade que podem ser entendidas em um conceito de *redundância perceptual*, ou seja, a ação de mais de um sistema perceptual em uma mesma experiência, como a experiência *audiovisual*.

Os sistemas perceptuais estabelecem uma constante rede de inter-relações, mesmo como espécies de sinestesia, nas quais as visualidades sugerem sons e promovem uma dimensão háptica, e as sonoridades sugerem gestos e visualidades, os gostos dependem dos aromas, a sensação das texturas traz imagens correspondentes ao toque. Pelo motivo de promover tanto *sugestões* – de *imaginação da escuta* (SMALLEY, 1996) ou sua equivalente *sonorização da imagem*, por exemplo – quanto *relações concretas* entre diferentes sistemas perceptuais, o audiovisual se tornou um veículo ideal de expressão.

A composição audiovisual possibilita a transensorialidade e a transdisciplinaridade, pois tanto as relações perceptuais quanto as técnicas, os desdobramentos estéticos e as áreas do conhecimento são múltiplos, esbarram-se, convergem-se, aproximam-se, tornam-se uma amálgama da qual, como os ingredientes de um bolo que não podem mais retornar aos seus estados originais, já não permitem a identificação de seus limites. Uma obra audiovisual que se preocupa com esse tipo de abordagem se transforma, portanto, em um lugar de fronteira, um terreno que é de um e de todos, e é todos e nenhum ao mesmo tempo, como o conceito de *extremidades* do vídeo, definido por Mello (2008).

Portanto, nas relações permitidas pelo audiovisual (suas *affordances*), encontramos um importante aspecto que contribui de forma efetiva para o envolvimento entre espectador, obra e compositor: a *empatia*. Para Edmond Couchot (2018), a empatia se manifesta não apenas em relação ao espaço, no fato de nos colocarmos no lugar do outro, mas também em relação ao tempo, pois é igualmente possível se colocar no tempo do outro, como demonstra o autor a partir do linguista Émile Benveniste (1989) e das pesquisas da neurociência acerca dos neurônios espelho. Couchot (2018) dá às relações de empatia no campo da estética o nome de *ressonâncias* motora (espacial) e temporal. Para o autor, os neurônios espelho contribuem para a existência desse tipo de ressonância, mas não são suficientes para que isso ocorra durante a apreciação de uma obra artística: também existe um aspecto que é desenvolvido a partir do aprendizado, de nossa inserção em determinada cultura. Desse modo, reconhece-se que a empatia pode ocorrer mesmo em artes não figurativas, em situações estéticas mais abstratas, e não apenas relacionadas a eventos concretos.

CONSIDERAÇÕES FINAIS

Se a pesquisa nos fez refletir sobre tudo isso, nossas inquietações, acerca dos processos nos quais a relação espaçotemporal influencia a experiência perceptual no audiovisual necessitavam, pois, moldar-se em uma produção estética, concretizando-se nos dois estudos audiovisuais *Escombros* e *Mandala*,[77] desenvolvidos no ano de 2020, e na composição audiovisual *A Mandala Entre os Escombros* (2021). Mais do que qualquer hibridização previamente planejada em uma composição, à medida que experienciamos um mundo múltiplo de sentidos e de desdobramentos espaçotemporais, as situações também assumem múltiplos significados, transensoriais. Da unificação dos sistemas perceptuais – corporalidade –, emergem novos elementos dotados de significações profundas e de modos diferentes de se vivenciar a experiência, de forma que a partir de uma situação de percepção redundante, com os sistemas perceptuais solicitados simultaneamente em um único evento, a obra audiovisual, por se deslocar também de forma redundante nos fluxos espaçotemporais – através dos tempos e espaços sobrepostos da obra em relação ao ambiente/tempo no qual sua experiência estética se dá –, adquire um grau ainda maior de imersividade. Seria ingênuo, talvez, buscar uma separação que não existe. Somos um corpo indiviso inscrito em uma espaçotemporalidade que também não pode ser dividida. As diversas possibilidades perceptuais são inerentes no incrível processo de viver.

REFERÊNCIAS

ALVES, Bernardo Marquez. Trilha sonora: o cinema e seus sons. *Novos Olhares,* São Paulo, v. 2, n. 1, p. 90-95, 2012.

BENVENISTE, Émile. A linguagem e a experiência humana. *In:* BENVENISTE, Émile. *Problemas de linguística geral II*. Tradução: Marco Antônio Escobar. Campinas: Pontes, 1989. p. 68-80.

[77] Os estudos audiovisuais *Escombros e Mandala* podem ser acessados, respectivamente, através dos links: https://youtu.be/rNbVTLEgxrg e https://youtu.be/mP3vBXH2p3s. Acesso em: 1 jan. 2022.

BOCHIO, Alessandra Lucia. *Entre meios*: convergência audiovisual. 2015. 234 folhas. Tese (Doutorado em Artes Visuais) – Universidade de São Paulo, Escola de Comunicação e Artes, São Paulo, 2015.

BRITANNICA, The Editors of Encyclopaedia. *Empathy*. 2016. Disponível em: https://www.britannica.com/science/empathy. Acesso em: 20 jul. 2022.

CHION, Michel. *Film, a sound art.* Translation: Claudia Gorbman. New York: Columbia University Press, 2009. 501 p.

CLARKE, Eric F. *Ways of listening: an* ecological approach to the perception of musical meaning. New York: Oxford University Press, Inc., 2005. 237 p.

COUCHOT, Edmond. *A natureza da arte:* o que as ciências cognitivas revelam sobre o prazer estético. Tradução: Edgar de Assis Carvalho. São Paulo: Editora Unesp, 2018. 486 p.

DAMÁSIO, António. *O mistério da consciência*: do corpo e das emoções ao conhecimento de si. Tradução: Laura Teixeira Motta. 2. ed. São Paulo: Companhia das Letras, 2015. 307 p.

FREEDBERG, David; GALLESE, Vittorio. Motion, emotion and empathy in esthetic experience. *Trends in Cognitive Sciences,* London, v. 11, n. 5, p. 197-203, 1 maio 2007.

GIBSON, James. *The ecological approach to visual perception.* Classic edition. New York: The Psychology Press, 2015 [1979]. 315 p.

GIBSON, James. *The senses considered as perceptual systems.* London: George Allen & Unwin Ltda., 1966. 335 p.

INGOLD, Tim. *Estar vivo*: ensaios sobre movimento, conhecimento e descrição. Tradução: Fábio Creder. Petrópolis: Vozes, 2015. 390 p.

INGOLD, Tim. *The perception of the environment*: essays on livelihood, dwelling and skill. London: Routledge, 2000. 465 p.

LAMEIRA, Allan Pablo; GAWRYSZEWSKI, Luiz de Gonzaga; PEREIRA JR., Antônio. Neurônios espelho. *Psicologia USP,* São Paulo, v. 17, n. 4, p. 123-133, 2016.

LIMA, Marcelo Carneiro de. *Vídeo-Música.* 2011. 255 f. Tese (Doutorado em Música) – Centro de Letras e Artes, Universidade Federal do Estado do Rio de Janeiro, Rio de Janeiro, 2011.

MASSEY, Doreen. *Pelo espaço*: uma nova política da espacialidade. Tradução: Hilda Pareto Maciel, Rogério Haesbaert. Rio de Janeiro: Bertrand Brasil, 2008. 312 p.

MATURANA, Humberto (Aut.). MAGRO, Cristina; GRACIANO, Miriam; VAZ, Nelson (org.). *A ontologia da realidade.* 2. ed. Belo Horizonte: Editora UFMG, 2014. 415 p.

MELLO, Christine. *Extremidades do vídeo.* São Paulo: Editora Senac São Paulo, 2008. 133 p.

MERLEAU-PONTY, Maurice. *Fenomenologia da percepção.* 5. ed. São Paulo: WMF Martins Fontes, 2018. 662 p.

MICHAELS, Claire F.; CARELLO, Claudia. *Direct perception.* Englewood Cliffs: Prentice Hall, 1981. 200 p.

MORAIS, Frederico. Contra a arte afluente: o corpo é o motor da "obra". *Vozes,* Rio de Janeiro, v. 1, n. 64, p. 45-59, jan./fev., 1970.

NOË, Alva. *Action in perception.* Cambridge: The MIT Press, 2004. 277 p.

SABÓIA, Iratan Bezerra de. *Cronos e Kairós:* reflexões sobre temporalidade laboral e solvência social. 2007. 199 f. Dissertação (Mestrado) – Centro de Ciências Humanas, Departamento de Psicologia, Universidade Federal do Ceará, Fortaleza, 2007.

SCHAFER, R. Murray. *A afinação do mundo.* Tradução: Marisa Trench Fonterrada. 2. ed. São Paulo: Editora Unesp, 2011a. 381 p.

SCHAFER, R. Murray. *O ouvido pensante.* Tradução: Marisa Trench de O. Fonterrada; Magda R. Gomes da Silva; Maria Lúcia Pascoal. 2. ed. São Paulo: Editora Unesp, 2011b. 390 p.

SCHAFER, R. Murray. *Vozes da tirania*: templos do silêncio. Tradução: Marisa Trench de Oliveira Fonterrada. São Paulo: Editora Unesp, 2019. 202 p.

SMALLEY, Denis. The listening imagination: listening in the electroacoustic era. *Contemporary Music Review,* Amsterdam, v. 13, parte 2, p. 77-107, 1996.

SMALLEY, Denis. Spectro-morphology and structuring processes. *In:* EMMERSON, Simon (ed.). *The Language of electroacoustic music.* Houdmills: The Macmillan Press, 1986, p. 62-93.

ZAMPRONHA, Edson. *Notação, representação e composição*: um novo paradigma da escritura musical. São Paulo: Annablume: Fapesp, 2000. 298 p.

SOBRE OS AUTORES

Alerson Donizete de Oliveira

Mestre em Música pela Universidade Estadual de Maringá (2021, Bolsista Capes) e Licenciado em Música pela Universidade Estadual de Londrina (2016), onde obteve láurea acadêmica. Formou-se em 2008 pelo "Conservatório Dramático e Musical Dr. Carlos Campos de Tatuí", em Guitarra MPB /Jazz. Atua, desde 2018, como professor convidado no Festival Internacional de Música de Londrina. Em 2022 ingressou na Rede Municipal de Ensino da cidade de Cubatão-SP, atuando desde então como professor de Arte do ensino fundamental e também como professor de Educação Profissional, ministrando aulas de violão e percepção musical na "Escola Técnica de Música e Dança Ivanildo Rebouças da Silva".

E-mail: alersondonioli@gmail.com

Orcid: 0000-0002-0886-4300

Alfeu Rodrigues de Araujo Filho

Natural de São Paulo, formado em Bacharel em Música (1989), com mestrado em Artes (1996) e doutorado em Música (2011) na área de práticas interpretativas (piano) pela Universidade Estadual de Campinas. Trabalhou em importantes projetos e instituições de ensino, como: Projeto Guri Santa Marcelina; Instituto Baccarelli; Escola de Música do Estado de São Paulo; Faculdade Santa Marcelina; e Conservatório de Música da Prefeitura de Guarulhos. Atualmente é professor efetivo de piano da Universidade Estadual de Maringá (UEM), assim como professor credenciado no Programa de Pós-Graduação em Música da UEM. Dentre as ações administrativas, exerceu o cargo de coordenador do Curso de Artes Cênicas; chefe adjunto do Departamento de Música e Artes Cênicas e atualmente exerce o cargo de coordenador adjunto do Curso de Graduação em Música.

E-mail: arafilho@uem.br

Orcid: 0000-0001-7221-6503

Cássia Virgínia Coelho de Souza

Bacharel em Música pela Academia de Música Lorenzo Fernandez do Rio de Janeiro, mestra em Música pela Universidade Federal do Rio Grande do Sul (UFRS) e doutora em Música pela Universidade Federal da

Bahia (UFBA). É professora da Universidade Estadual de Maringá (UEM), PR, onde trabalha no Curso de Graduação em Música e no Programa de Pós-graduação em Música, mestrado. Atua na Educação Musical com os temas formação de professores, ensino e aprendizagem de música.

E-mail: cvcsouza@uem.br

Orcid: 0000-0003-3557-8243

Débora Santos Porta Calefi Pereira

Licenciada em Educação Musical pela Universidade Estadual de Maringá (UEM), especialista em Educação Musical pela Universidade Estadual de Londrina (UEL) e mestre em Música pelo Programa de Pós-Graduação em Música da UEM. Atuou como professora colaboradora do Curso de Graduação de Licenciatura Plena em Educação Musical da UEM, de 2018 a 2020. Desde 2015 atua como professora de educação básica na rede pública paranaense, ministrando a disciplina Arte no ensino fundamental e médio.

E-mail: dehcalefi@uem.br

Orcid: 0000-0002-1594-7059

John Kennedy Pereira de Castro

Bacharel em Canto pela Escola de Música e Belas Artes do Paraná (Embap). Possui Especialização em Performance pela Embap. Mestre em Artes/Música pela Escola de Comunicação e Artes da Universidade de São Paulo (USP). Doutor em Música pela Escola de Música da Universidade Federal de Minas Gerais (UFMG). É professor efetivo do Bacharelado em Canto, vinculado ao Departamento de Música e Artes Cênicas da Universidade Estadual de Maringá (UEM) desde 16 de janeiro de 2004. Tem experiência na área de Artes, Música, com ênfase em Canto, atuando principalmente nos seguintes temas: técnica vocal, interpretação de repertório vocal, ópera, canção de câmara brasileira e estrangeira.

E-mail: jkpcastro@uem.br

Orcid: 0009-0002-8209-6773

José Roberto de Oliveira Oleriano

Graduado em Administração pela Faculdade Adventista Paranaense, bacharel e mestre em Música pela Universidade Estadual de Maringá (UEM). Autor de artigos científicos publicados em anais de eventos especializados da área. Dedica-se ao estudo da Semiologia Musical, especificamente a abordagem do teórico francês, Jean-Jacques Nattiez. Atua no desenvolvimento Web e Mobile e está cursando o MBA em Gestão de Projetos em TI e o curso Tecnólogo de Desenvolvimento Back-end, ambos pela Unopar.

E-mail: joserobertoadvir@gmail.com

Orcid: 0009-0001-3319-4556

Karine Rayara Peres Duarte

Mestre em Música pela Universidade Estadual de Maringá (UEM), com pesquisa na área de Educação Musical Especial. Especialista em Educação Musical e Ensino de Artes pela Faculdade Venda Nova do Imigrante (Faveni). Formada em Licenciatura em Educação Musical pela Universidade Estadual de Maringá (UEM). Especialização em Musicoterapia, em andamento, pela Faveni. É fundadora e proprietária do Jardim Musical – escola especializada em Musicalização de Bebês e Crianças na cidade de Maringá – PR.

E-mail: karineperesduarte@hotmail.com

Orcid: 0009-0003-6648-0115

Laís Fernandes dos Santos

Mestra em Música pela Universidade Estadual de Maringá (UEM) (2021), pós-graduada em Educação Musical pelo Centro Universitário Claretiano (2018) e bacharel em Música com habilitação em Flauta Transversal pela Faculdade de Música do Espírito Santo (2017). Foi bolsista da Coordenação de Aperfeiçoamento de Pessoal de Nível Superior (Capes) pelo programa Demanda Social durante seu mestrado e membro do grupo de pesquisa "Os Problemas da Interpretação". Seu foco de pesquisa é o estudo musical na preparação para a performance.

E-mail: laisflauta@gmail.com

Orcid: 0000-0002-7046-2900

Luis Ricardo Silva Queiroz

Violonista, etnomusicólogo e educador musical. É professor associado do Departamento de Educação Musical e do Programa de Pós-Graduação em Música (mestrado e doutorado) da Universidade Federal da Paraíba (UFPB). Doutor em Música (Etnomusicologia) pela Universidade Federal da Bahia (UFBA) (2005) e mestre em Música (Educação Musical) pelo Conservatório

Brasileiro de Música (2000) do Rio de Janeiro. Foi professor visitante da "University of Texas at Austin", EUA, tendo realizado entre agosto de 2018 e julho de 2019 pesquisa de pós-doutorado nessa instituição. É Bolsista de Produtividade em Pesquisa do CNPq desde 2013 e atua como consultor de diversas instituições nacionais de educação (MEC), cultura (MinC), ciência, tecnologia e inovação (CNPq/MCTI).

E-mail: luisrsqueiroz@gmail.com

Orcid: 0000-0003-4642-4338

Rael B. Gimenes Toffolo

Compositor, regente, pesquisador e professor na Universidade Estadual de Maringá (UEM). Dedica-se ao estudo das relações entre a Ciência Cognitiva e a Criação Musical, em especial no contexto da Arte Interativa. É sócio fundador e atual presidente da Associação Brasileira de Cognição e Artes Musicais. Como compositor, dedica-se à música instrumental de concerto, música eletroacústica, eletrônica em tempo real, instalações e performances audiovisuais com obras premiadas em concursos nacionais e internacionais.

E-mail: rbgtoffolo@uem.br

Orcid: 0000-0003-3066-8741

Tauan Gonzalez Sposito

Mestre em Música pela Universidade Estadual de Maringá (UEM/2021). Em duas ocasiões recebeu o Prêmio Funarte de Composição e teve uma menção honrosa por uma composição para cordas pelo Ibermúsicas. Recebeu o Prêmio Bolsa Pesquisa e Fazer Artístico Cultural (Lei Aldir Blanc/ Prefeitura de Maringá), por pesquisa sobre música contemporânea. Como instrumentista, explora repertório solista para violino/viola. Professor de violino/viola e composição musical na Escola de Música da UEM, coordena o Projeto Crisálida: Música e Criatividade, apresenta o programa Toda Escuta (UEM FM). Autor do livro A Vida Silenciosa.

E-mail: tauan_gs@hotmail.com

Orcid: 0000-0002-0350-4170

Vania Malagutti

Mestra e doutora em Música/Educação Musical pela Universidade Federal do Rio Grande do Sul. Professora na Graduação em Música e no Programa de Pós-Graduação em Música da Universidade Estadual de Maringá. Atua na formação inicial e continuada de educadores musicais. Dedica-se à pesquisa no campo do ensino e aprendizagem da música, no viés da sociologia da educação musical. Membra ativa da Associação Brasileira de Educação Musical (ABEM).

E-mail: vamsloth@uem.br

Orcid: 0000-0001-5505-9008

Wellington Gouvea

Graduado em Licenciatura em Música pela Universidade Estadual de Londrina (UEL), especialização em Arte Educação pela Faculdade Campos Elíseos e mestre em Música pela Universidade Estadual de Maringá (UEM). Foi bolsista do Programa Institucional de Bolsa de Iniciação à Docência (Pibid/UEL), professor de guitarra, violão e prática de banda na Cantata – Centro de Educação Musical de Londrina (2013-2016). Experiência na área educacional em Arte, com ênfase em Educação Musical. Desde 2010 atua na educação básica, inicialmente na rede Estadual do Paraná, em Londrina, e a partir de 2016 como professor efetivo de Artes/Música na rede pública do município de Maringá-PR.

E-mail: wellington_lsg@gmail.com

Orcid: 0000-0003-3114-3584